정토삼부경
淨土三部經

무량수경
관무량수경
아미타경

김진철 편역

법화선원 마하사

곽 아무개 속가 산에 계시니 그 뜻을 살펴 컴컴
영축산에 오직 크나큰 마음 한 있는 것을
사람마다 부처님이 되게 할 것이 있건만
다만 믿을 양 아래서 닦기 원하옵며

편포성판 한송 진철 씀

일러두기

1, 이경은 다른 여러 본이 있으나 한문을 배우기 쉽게 글자 한자 한자를 뜻과 음을 달아 풀이하여 넣어서 읽고 배우고 외우며 대조하면서 경을 읽게 하기위하여 출간(出刊)하였다.
2, 이 책은 민족사 간 한보광 번역 본을 모본으로 하여 편역(編譯)하였다.
3, 목차는 세부 항목까지 다 넣어서 보기 편하게 수록하였다.

서문

정토삼부경.-정토종의 근본 경이다. 무량수경(無量壽經), 관무량수경. 아미타경 셋을 말한다. 무량수경(無量壽經)2권. 조위(曹魏-조조(曹操)가 세운나라. 후위(後魏)에 대하여 조위라 함.) 천축 삼장 강승개 번역(曹魏天竺三藏康僧鎧,譯.가평(嘉平)4년 (AD252)번역. 대무량수경. 대경. 쌍권경.이라고도 한다.

범어로는 수카바티비야로 아미타경과 같아 아미타경을 소경(小經), 이경을 대경(大經)이라 함. 아미타불의 인과를 밝힌 경으로 아난의 청에 의하여 설한 경으로 아미타불의 내력과 5탁 악세의 중생을 제도하는 길은 아미타불에 귀명(歸命)하는 길 밖에 없다고 하는 것이다.

아미타불은 본래 국왕이었는데 도를 알기 위하여 출가 하여 스님이 되니 그 이름이 법장(法藏) 비구다. 세자재왕불께 나아가 성도(成道)하는 설법을 듣고 중생을 구제하여 무상(無上)불과(佛果)를 성취 하겠다고 하는 서원을 세우니 이른 바 아미타불 48원이 그것이다. 그리고 그는 이 서원을 성취하기 전에는 성불하지 않는다고 하고 수행을 쉬지 아니하였다.

그 결과 성불하여 아미타불이 되고 서방 10만억불토 밖에 극락세계를 건설하고 중생구제(救濟)의 본원(本願)을 성취하게 되었다. 라고 부처님께 말씀하시고 다음에는 불광(佛光)의 공덕과 정토의 장엄함이 나타나 있다. 하권에는 48 대원 중 가장 중요한 제18의 서원 10념(念)왕생의 서원의 성취를 명시하고 또 아미타불에 구제받는 중생의 다종다양한 것을 상중하로 나누어 그 수행법이 설명되어 있고 그것을 세 무리(삼배(三輩)라고 말씀하시었다. 그리고 아미타불의 정토(淨土)와 예토(穢土)의 사바세계를 말씀하시고 예토의 5탁(濁) 악세를 밝히고 아미타불의 정토는 10만의 세계에서 무수한 보살이 왕생함으로 그 나라를 극락세계라고 하고 말세 중생이 이익하는 경은 이 경밖에 없다고 하고 말법에 까지 이경을 전하여 가지라고 미륵보살에게 부탁하고 이 경을 부여하시었다. 그리고 이 경의 주소(註疏)는 한없이 많다.

관무량수경(觀無量壽經)1권.송나라 강량야사 번역본 만 전한다. 불설관무량수경(佛說觀無量壽經)의 약칭. 위제희(韋提希-왕후)부인의 청에 응하여 빈비사라왕의 궁중에 가서 16관(觀)을 나누어 아미타불의 모습과 정토의 모습을 관하는 것을 설 함. 왕궁의 법회가 두 번 있었는데 첫 번째는 석존이 바로 가서 16관을 설하신 것. 둘째는 기사회인데 아난이 왕궁설법시에 들은 것을 기사굴산(영축산)에 돌아와서 다시 연설(演)한 것이다. 기사굴의 법회는 그 가장 끝에 일을 기록한 것뿐이다.

아미타경(阿彌陀經1권)은 후진(後秦) 구마라집 번역의 3부경을 말함.
아미타경(阿彌陀經)의 아미타란 1,무량(無量)수(壽), 무량광(無量光), 감로(甘露)의 세 가지 뜻이 있다.
아(阿)자는 본(本) 불생(不生)의 뜻, 응신(應身)이고 이런고로 공제(空諦), 미(彌)자는 아(我나)의 뜻, 보신(報身)이며. 이것은 수연(隨緣)의 가제(假諦), 타(陀)자는 여(如-같다)의 뜻으로, 법신(法身)이며. 이것은 중체(中諦)의 뜻이다.
이런 아미타불이 계시는 곳은 여기서부터 10만억국토를 지나가서 아미타불이 계시는 데 그 국토는 온갖 것으로 장엄 되었으며 그 부처님의 광명은 시방세계를 비추시며 그 국토의 대중은 한량없으며 그 나라에 태어나려면 한량없는 복덕을 지어야 그 나라에 왕생하며 그 나라에는 6방에 부처님이 계시어 항상 설법을 하고 계신다. 고 설하였다. 임종(臨終)시에 일념으로 그 나라에 왕생하기를 발원하며 열 번을 일념으로 아미타불을 념하면 왕생 할 수 있다 고 설하고 있다.   끝

참고
부처님 49년 설법을 다섯 시기로 나누면.
        (8만 대장경의 분류.)

 1. 화엄시- 도를 이룬 후 최초 3·7일 (21일)간 화엄경을 설한 시기
 2. 아함시- 12년간 소승, 4아함경(장, 중, 잡, 증일 아함경)을 설한시기
 3. 방등시- 8년간 유마경, 사익경, 승만경등 1 화엄시. 2. 4, 5.시를 제외 한
            모든 대승경을 설한 시기
 4. 반야시- 22년간, 반야경 600반야 등 반야경, 금강경. 반야심경 등을 설한 시기
 5. 법화, 열반시-최후 8년간, 일불승(一佛乘-법화경.열반경)을 설한 시기(72세경)

최후 마지막 제5 시에 와서 그 간 숨겨 두었든 본회(本懷)를 남김없이 다 설하여 주신 것
   이 묘법연화경이다.

<차례>

일러두기 5
서문 6
차례 9

3경의 차례

불설 무량수경 15
불설관무량수경 237
불설 아미타 경 330

세부 차례

불설 무량수경 상권
제 1 장 서분 15
  제 1 절 경문의 증명
  1.여섯 가지 성취 15
    ①성문대중 16
    ② 보살대중 18
  2, 여덟 가지 모습을 보여 나타냄(보살의 수행공덕) 19
  3. 보살의 교화 24
    제 2절 발기의 차례 30
      1, 아난이 부처님께 질문하다. 30
      2, 부처님의 말씀 32
제 2 장 정종분(본론) 35
  제 1 절 극락국토의 발원 인연
    1, 과거의 53불 35
    2, 법장비구의 발심 39
      ① 국왕의 출가 39
      ② 부처님을 찬탄하는 게송 40
    3 대발원의 인연 44
    4, 법장비구의 선택 45
    5, 5겁으로 사유하다. 47
    6, 법장비구의 48의 큰 서원 48

①악도라는 이름이 없기를 서원함. ··· 49
②악도에 떨어짐이 없게 하는 서원. ·· 50
③진금색(부처님과) 같기를 서원하다.
④생김새와 모습이 차별이 없기를 서원하다. ······································ 51
⑤숙명을 성취하는 서원.
⑥생전에 천안을 얻기 서원하다. ·· 52
⑦생전에 하능의 귀(천이)를 얻는 서원.
⑧마음의 행하는 법을 다 알기 서원하다. ··· 53
⑨신령한 발(신족통)로 초월하는 서원. ·· 54
⑩청정하여 나라는 생각이 없기 바라는 서원.
⑪결정코 바른 깨달음을 서원함. ·· 55
⑫광명이 널리 비치기 바라는 서원. ··· 55
⑬수명이 한없기 서원하다. ··· 56
⑭성문이 수 없기를 바라는 서원.
⑮중생이 장수하기 서원하다. ··· 57
⑯다 좋은 이름 얻기를 서원하다 ··· 58
⑰모든 부처님께서 칭찬해 주시기 서원하다.
⑱열 번 생각하여 왕생하기 서원하다. ··· 59
⑲임종에 부처님이 앞에 오셔 이끌어 주시기 서원하다
⑳지심으로 회향하여 다 왕생하기 서원하다. ····································· 60
㉑미묘한 모습을 구족하기 서원하다. ·· 61
㉒보처(금생만 보처에 있고 다음 생은 부처가 되는 위치) 단계에 오르기를 서원하다.
㉓새벽에 다른 곳에 (계시는 부처님들께) 공양하는 서원. ····················· 62
㉔마음대로 만족하기(공양 하기)를 서원하며. ··································· 63
㉕본래의 지혜(일체지)에 잘 들어가(설법)기를 서원하다. ······················ 64
㉖나라연(하늘의 금강력사)의 힘을 가지기 서원하다.
㉗한량없이 장엄하기 서원. ·· 65
㉘도량의 보배 나무를 다 알기를 서원하다. ······································ 66
㉙수승한 말 재주를 얻기를 서원하다.
㉚훌륭한 말 재주가 끝이 없기를 서원하다. ······································ 67
㉛나라는 깨끗하고 명경같이 널리 다 비치기를 서원하다.
㉜한량없이 수승한 음성(설법)을 서원하다. ······································ 68
㉝나의 광명을 입어 안락하기를 서원하다. ······································· 69
㉞총지(다라니=진언, 주문)를 성취하기를 서원하다. ···························· 70
㉟여자의 몸을 영원히 떠나기를 서원하다.
㊱나의 이름을 듣고 성불(불과)에 이르기를 서원. ······························· 71
㊲하늘과 인간이 공경하여 예배하기를 서원하다. ······························· 72

㊳꼭 생각 대로 옷 입기를 서원하다. ································· 73
㊴비단 같이 마음이 깨끗하게 살기를 서원하다.
㊵나무에서 불국토에 나타내기를 서원하다. ··························· 74
㊶모든 중생의 6근에 결함이 없기를 서원하다. ······················· 75
㊷깨달음이 나타나 동등하게 지니기를 서원.
㊸나의 이름을 듣고 호화롭고 귀하게 태어나기를 서원하다. ········ 76
㊹선의 종자(선근)가 구족하기를 서원하다. ·························· 77
㊺부처님께 공양함이 견고(항상)하기를 서원하다.
㊻법을 듣고 싶으면 저절로 들리기를 서원하다. ····················· 78
㊼보리(깨달음)에서 물러남이 없기를 서원하다. ······················ 79
㊽3법인의 지위를 얻어 나타내기를 서원하다.
7, 거듭 서원하는 게송. ·· 80
8, 법장비구의 수행. ··· 84
9, 수행의 결과 ··· 87
제 2 절 아미타불 극락정토의 장엄 ··· 88
　1, 정보의 장엄
　　① 10겁 전의 성불 ·· 89
　　② 한량없는 광명 ··· 92
　　③ 한량없는 수명 ··· 96
　　④ 수없는 대중 ·· 98
　2, 의보의 장엄 ·· 100
　　① 칠보로 된 나무의 장엄
　　② 법음(法音) 나무의 장엄 ··· 106
　　③ 칠보로 된 누각과 연못(욕지)의 장엄 ······························· 109
　3, 정토(청정 국토)의 안락 ·· 114
　　① 왕생하는 사람의 덕상
　　② 걸인의 비유 ·· 117
　　③ 극락대중의 용모 ·· 120
　　④ 하늘사람의 쾌락 ·· 121
하권
제 3 절 극락세계에 가서 태어나는(왕생의) 인연 ····························· 126
　1, 범부의 왕생(가서 태어남)
　　① 정정취의 나라(성불할 것이 결정되어 있는 성자의 나라)
　　② 세 무리의 왕생 ··· 128
　　　① 위의 무리의 왕생
　　　② 가운데 무리의 왕생 ··· 129
　　　③ 아래 무리의 왕생 ·· 131

         2, 보살과 성문대중의 왕생 ··· 132
         3, 찬탄의 시 ··· 134
    제 4 절 정토의 안락 ··· 141
         1, 보살과 대중의 덕상
         2, 보살들의 공양 ··· 143
         3, 법 들은 공덕 ··· 145
         4, 보살과 성문 대중의 자리이타의 공덕 ··· 147
             ① 보살 대중의 마음가짐
             ② 보살의 다섯 눈 ··· 149
             ③ 보살의 지혜 ··· 150
             ④ 보살의 마음 ··· 152
             ⑤ 보살 대중의 공덕 ··· 155
    제 5 절 세간의 고통 ··· 157
         1, 정토의 왕생을 권함
         2, 고뇌의 세간 ··· 159
             ① 탐욕의 허물(죄)
                 ① 세상 사람의 탐욕
                 ② 부귀한 사람의 탐욕 ··· 161
                 ③ 가난한 사람의 탐욕 ··· 162
             ② 성냄의 허물 ··· 164
                 ① 내세에 원한으로 다시 서로 해치는 허물
                 ② 내세 악도에 태어나는 허물(죄) ··· 165
                 ③ 헤어져 다시 서로 만나기 어려운 허물 ··· 166
             ③ 어리석음의 허물 ··· 167
                 ① 나와 남이 다시 서로 우는 허물 ··· 168
                 ② 악도의 괴로운 허물 ··· 169
                 ③ 다시 서로 슬퍼하는 허물 ··· 170
                 ④ 미혹으로 인하여 고통 받는 허물 ··· 171
         3, 거듭 왕생을 권함 ··· 172
             ① 부지런히 정진을 행하라
             ② 미륵보살의 찬탄 ··· 174
             ③ 진리의 요점 ··· 176
             ④ 의심과 미혹한 중생은 변두리 땅에 태어남 ····································· 179
    제 6 절 5탁 악세(다섯 가지 흐린 악한 세상) ··· 181
         1, 총설
         2, 살생의 악 ··· 183
         3, 도적의 악 ··· 186

4, 삿되고 음탕한 악 ·· 191
　　5, 거짓말의 악 ··· 195
　　6, 음주의 악 ··· 199
　　7, 거듭 고통을 설함 ··· 205
　　8, 선행을 권함 ·· 208
　제 7 절　부처님의 큰 지혜 ··· 213
　　1, 아난이 아미타 부처님을 친견
　　2, 태생의 왕생(극락세계에 가서 태로 태어남) ······················· 216
　　3, 5지혜(다섯가지 지혜)의 의심 ·· 218
　　4, 타방 보살의 극락왕생 ·· 224
제 3 장　유통분 ·· 230
　제 1 절　미륵보살에게 부촉함 ·· 233
　제 2 절　법문(법 들은) 의 공덕
　제 3 절　대중의 환희 ··· 234

불설관무량수경

제 1 장　서분(서론) ·· 237
　제 1 절　믿음을 증명하는 서문
　제 2 절　발기 서 – 설법의 인연 – ·· 238
　　1, 왕사성의 비극
　　　① 부왕을 가둠
　　　② 어머니를 가둠 ·· 240
　제 3 절　예토를 싫어하고 정토를 구함 ····································· 243
　　1, 부처님께서 감옥을 방문하시다.
　　2, 위제희가 설법을 청함 ·· 245
　　3, 세 가지 복으로 왕생하다 ·· 249
　　4, 법을 살펴보는 공덕 ··· 251
제 2 장　정종분(본론) ·· 255
　제 1 절　16가지 관법 ·· 255
　　1, 위제희와 대중을 위한 관법(觀法)
　　　① 지는 해를 생각하는 관
　　　② 물을 생각하는 관 ··· 257
　　　③ 보배 땅을 관하다. ·· 259
　　　④ 보배 나무를 관하다. ··· 261
　　　⑤ 보배 연못을 관하다. ··· 265
　　　⑥ 보배 누각을 관하다. ··· 267

2, 미래의 중생을 위한 관법 ··· 269
　　⑦ 꽃자리에서 관하다.
　　⑧ 형상을 생각하는 관 ··· 275
　　⑨ 진실한 몸을 관하다. ··· 279
　　⑩ 관세음보살을 관하다. ··· 284
　　⑪ 대세지보살을 관하다. ··· 289
　　⑫ 자신의 왕생을 생각하는 관법(보관普觀) ······················· 293
　　⑬ 정토의 잡다한 생각의 관법 ·· 295
3, 세 무리의 중생이 9품(아홉 단계)으로 극락세계에 왕생함 ············· 298
　　⑭ 위의 무리의 관법(상품극락을 관함)
　　　　① 상품에 상중하품이 있는 대 그중 상품에 태어남
　　　　② 상품의 중품극락에 왕생함 ·· 302
　　　　③ 상품의 상중하품 중 가장 하품극락에 태어나다. ········· 305
　　⑮ 가운데 무리(중품)의 관법(관찰,) ······································· 308
　　　　① 중품에 상중하 중 그 상품극락으로 왕생함
　　　　② 중품의 중품극락에 태어남 ·· 310
　　　　③ 중품의 가장 아래품에 왕생함 ···································· 312
　　⑯ 아래 무리(하품)의 관법 ··· 314
　　　　① 하품에 상중하 중 가장 위의 품에 태어남
　　　　② 하품의 중품극락에 왕생함 ·· 317
　　　　③ 하품의 하품극락에 태어남 ·· 319
제 2 절 이익의 부분(법문들은 공덕) ··· 322
제 3 장 유통분(결론) ·· 324
　제 1 절 경의 이름과 받아 지니는 법
　제 2 절 기사굴산에 돌아오셔 거듭 설하심 ···································· 326

불설 아미타 경

제 1 장 서분 ··· 330
　제 1 절 경문의 증명
　　1, 여섯 가지 성취
　　2, 기원정사의 대중 ·· 331
제 2 장 정종분 ·· 333
　제 1 절 극락세계의 공덕과 장엄
　　1, 총설
　　2, 극락세계의 의보 장엄 ·· 334
　　　① 극락의 뜻

　　　　② 극락의 수승한(남다른 뛰어남)모습 ································· 335
　　　　　　① 연못과 누각과 연꽃의 장엄
　　　　　　② 큰 땅과 음악과 꽃의 정엄 ·································· 336
　　　　　　③ 대자연의 법문 ··· 337
　　3, 극락세계의 정보　장엄 ·· 339
　　　　① 　극락세계의 교주 ··· 340
　　　　② 극락세계의 성문 대중 ··· 341
　제 2 절　염불로 왕생하다. ··· 342
　제 3 절 부처님들의 증명과 믿는 마음의 권유 ··················· 344
　　1, 석존의 권유
　　2, 6방 부처님의 증명 ·· 344
　　　　① 동방 부처님의 증명 ··· 345
　　　　② 남방 부처님의 증명 ··· 346
　　　　③ 서방 부처님의 증명 ··· 347
　　　　④ 북방 부처님의 증명 ··· 348
　　　　⑤ 하방 부처님의 증명 ··· 349
　　　　⑥ 상방의 부처님의 증명 ··· 350
　제 4 절　현세와 내세의 이익 ·· 352
　제 5 절　모든 부처님의 찬탄 ·· 354
제 3 장　유통분　 ·· 356
　　　　　　　　끝

○佛說無量壽經　卷上

부처 말씀 없을 헤아 목숨 글　　책　웃
기쁠열　　　릴　　지날　　굽을 으뜸

불 설 무 량 수 경　　권 상

불설 무량수경 상권

曹魏　天竺三藏　康僧鎧　譯

나라 나라　하늘 나라 석 감출　편안 중 갑옷　가릴
무리 높을　　대나무　창고　할　무장　통역

조 위　천 축 삼 장　강 승 개　역

조위 천축 삼장 강승개 번역

○第一章　序分

차례 한 글　　담 나눌
　　　문장　　차례 구별

제 일 장　서 분

제1장 서분

第一節　證信序

마디　증거 믿을
단락　증명 분명할

제 일 절　증 신 서

제1절 경문의 증명

1 六成就

여섯 될 나아
　　　이룰 갈

육 성 취

여섯 가지 성취

如是我聞 하사
　　　　　오니

같을 이 나 들을
이를 옳을　맡을

여 시 아 문

이와 같이 나는 들었다.,

① 聲聞大衆

소리 들을 큰 무리
맡을 길(태 많을

성 문 대 중
① 성문대중

一時佛住王舍城耆闍崛山中 하사 與大比丘
　1　2 4 3　　　　　　　　　　　　　　3　1
　한　부처 머무 임금 집　늙을 대궐문 산우 뫼　　줄　　건줄 언덕
　때　를　　　　성　화장할 뚝할　　　더불　본뜰
　이

일 시 불 주 왕 사 성 기 사 굴 산 중　　여 대 비 구

한때 부처님께서 왕사성 기사굴산 중에 머무셨는데, 큰 비구스님

衆萬二千人俱 하얏다 一切大聖神通已達 하시 其名
　2　　　4　　　시니　　　　　　　　　　　　　니
무리 일만 일천 남 함께　　모두　성인 귀신 통할 이미 사무　그 이름
많을　　　 사람 갖출　　끊을절　　　　　　마칠 칠　그것 부를

중 만 이 천 인 구　　일 체 대 성 신 통 이 달　　기 명

1만 2천의 사람과 더불어 함께 하셨느니라. 모든 큰 성인은 신통에 이미

曰尊者了本際 와 尊者正願 과 尊者正語 와 尊
가로 높을 이 알 밑 때　　　　　바를 원할　　　　말씀
　　것 마칠 바탕 사이　　　　갓출

왈 존 자 요 본 제　　존 자 정 원　　존 자 정 어　　존

통달하셨으니, 그 이름은 요본제존자와 정원존자와 정어존자와

者大號 와 尊者仁賢 과 尊者離垢 와 尊者名聞
　이름　　　어질 어질　　　떠날 때　　　　이름 들을
　부를　　　　　　　　　　　　　　　　　　부를 맡을

자 대 호　　존 자 인 현　　존 자 이 구　　존 자 명 문

대호존자와 인현존자와 이구존자와 명문존자와

과 尊者善實 과 尊者具足 과 尊者牛王 과 尊者
　　잘 참　　　갖출 발　　　　소 임금
　　착할 열매　　그릇 족할

　존 자 선 실　　존 자 구 족　　존 자 우 왕　　존 자

선실존자와 구족존자와 우왕존자와

무량수경 17

優樓頻螺迦葉 과 **尊者伽耶迦葉** 과 **尊者那提**

| 광대 | 다락 | 자주 | 나무 | 부처 | 잎 | | 높을 | 이 | 절 | 어조사 | 막힐 | | | 클 | 끌 |
| 넉넉할 | 망루 | 급박 | 좀 | 이름 | (엽) | | 것 | | | 그런가 | | | | 어찌 | 들 |

우 루 빈 려 가 섭   존 자 가 야 가 섭   존 자 나 제

우루빈나(螺=螺)가섭존자와 가야가섭존자와 나제가섭존자와

迦葉 과 **尊者摩訶迦葉** 과 **尊者舍利弗** 과 **尊者**

| | | | 만질 | 꾸짖 | | | 집 | 이로 | 아니 | |
| | | | | 을 | | | | 울 | | |

가 섭   존 자 마 하 가 섭   존 자 사 리 불   존 자

마하가섭존자와 사리불존자와

大目揵連 과 **尊者劫賓那** 와 **尊者大住** 와 **尊者**

| 눈 | 멜 | 이을 | | | 세월 | 손 | | | 머무 | |
| | | 닿을 | | | 겁탈할 | | | | 를 | |

대 목 건 연   존 자 겁 빈 나   존 자 대 주   존 자

대목건연(揵=犍)존자와 겁빈나존자와 대주존자와

大淨志 와 **尊者摩訶周那** 와 **尊者滿願子** 와 **尊**

| 깨끗할 | 뜻 | | | | 두루 | | | 찰 | 원할 | 아들 | |
| 맑을 | 의향 | | | | | | | | | | |

대 정 지   존 자 마 하 주 나   존 자 만 원 자   존

대정지존자와 마하주나존자와 만원자존자와

者離障閡 와 **尊者流灌** 과 **尊者堅伏** 과 **尊者面**

| 떠날 | 막을 | 한정 | | | 흐를 | 물댈 | | | 굳을 | 복종 | | | 얼굴 |
| | | 문잠글 | | | | 부을 | | | | 엎드릴 | | | 표면 |

자 이 장 애   존 자 유 관   존 자 견 복   존 자 면

이장애존자와 유관존자와 견복존자와 면왕존자와

王 과 **尊者果乘** 과 **尊者仁性** 과 **尊者喜樂** 과 **尊**

| | | 과실 | 탈 | | | 어질 | 성품 | | | 기쁠 | 즐길 | |
| | | 결과 | 오를 | | | | 바탕 | | | | 좋을요 | |

왕   존 자 과 승   존 자 인 성   존 자 희 락   존

이승(果=異)존자와 인성존자와 가락(喜=嘉)존자와

者善來와 尊者羅云과 尊者阿難과로 皆如斯等

자 선 래   존 자 나 운   존 자 아 난   개 여 사 등

선래존자와 나운존자와 아난존자로, 모두 이와 같은 등의

上首者也니라

상 수 자 야

우두머리 제자(상수제자)들이었느니라.

② 菩薩大衆

보 살 대 중

② 보살대중

又與大乘衆菩薩俱하얏더시니 普賢菩薩과 妙德菩

우 여 대 승 중 보 살 구   보 현 보 살   묘 덕 보

또 대승의 많은 보살도 더불어 함께 계셨으니, 보현보살과 묘덕보살과

薩과 慈氏菩薩等과 此賢劫中一切菩薩과 又

살   자 씨 보 살 등   차 현 겁 중 일 체 보 살   우

자씨보살 등과 이 현겁(3겁의 하나. 현재의 대겁으로 대겁은 성주괴공하는 한 시기로 이 기간에 1천의 부처가 나타난다고 함=現劫) 가운데 모든 보살과 또

賢護等十六正士와 善思議菩薩과 信慧菩薩

현 호 등 십 육 정 사   선 사 의 보 살   신 혜 보 살

현호 등의 16보살(정사)과 선사의보살과 신혜보살과

과 空無菩薩	과 神通華菩薩	과 光英菩薩	과 慧
빌 없을 보살 보살	귀신 통할 꽃빛날 보살	빛 꽃뿌리 보살	슬기 지혜
공무보살	신통화보살	광영보살	혜

공무보살과 신통화보살과 광영보살과 혜상보살과

上菩薩	과 智幢菩薩	과 寂根菩薩	과 願慧菩薩
웃 으뜸	지혜 기	고요 뿌리 할	원할
상 보살	지 당 보 살	적 근 보 살	원 혜 보 살

지당보살과 적근보살과 원혜보살과

과 香象菩薩	과 寶英菩薩	과 中住菩薩	과 制行
향 코끼리 향기	보배	속 머무 가운데 를	마를 갈 누를 행할
향 상 보 살	보 영 보 살	중 주 보 살	제 행

향상보살과 보영보살과 중주보살과 제행보살과

菩薩	과 解脫菩薩	이니라
	풀 알 벗을	
보 살	해 탈 보 살	

해탈보살이니라.

2 八相示現

여덟 서로 보일 현재
바탕 나타날

팔 상 시 현

2. 여덟 가지 모습을 나타내 보임(보살의 수행공덕)

皆遵普賢大士之德	하사	具諸菩薩無量行願
1 3 2		2 1
다 쫓을 넓을 어질 선비 의 큰 모두 복종 벼슬 것 은혜		갖출 들 헤아 그릇 모든 릴

개 준 보 현 대 사 지 덕   구 제 보 살 무 량 행 원

다 보현보살(대사)의 덕을 좇아(遵=導), 모든 보살은 한량없는 수행과 서원을 갖추어,

安住一切功德之法 遊步十方 行權方
便 入佛法藏究竟彼岸 於無量世界現成

모든 공덕의 법에 편안히 머무셨느니라. 시방세계를 다니시며, 권(선교)
방편을 행하시어, 부처님 법의 창고(불법장)에 들어 피안을 다하고,(구경(究竟)

等覺 處兜率天弘宣正法 捨彼天宮降神

한량없는 세계에 등각을 이루어 나타내셨느니라. 도솔천에 계시며 널리 바른
법을 펴시더니, 저 하늘의 궁전을 버리고 어머니 태에 신령을 내리시어

母胎 從右脇生現行七步 光明顯曜 普

오른 옆구리로부터 태어나 일곱 걸음을 걸어 나타내시니, 광명은 찬란하

照十方無量佛土 六種振動 擧聲自稱

게 나타나, 널리 시방의 한량없는 불국토를 비추며 여섯 가지로 진동하며,

吾當於世爲無上尊 釋梵奉侍天人歸仰

소리 높여 스스로 부르짖되 "나는 마땅히 세상에서 위없는 세존이 되리라." 하거늘,
제석과 범천이 받들어 모시고 하늘과 사람이 우러러 귀의하였느니라.

示現算計文藝射御하고 博綜道術하며 貫練群籍
　　　　1　　2　　　3　　　　　　2　3　1　　　　4　3　1　2
보일 현재 셀,수 꾀,셀 글월 심을 쏠 모실　　넓을 잉아 길 꾀　　　꿸 익힐 무리 호적
나타날 바구니 꾀할 　　　기예 마칠석 다스릴　　　　모을 진리 수단　　적중 단련 고을 서적
시 현 산 계 문 예 사 어　　박 종 도 술　　　　관 련 군 적
산수, 문예, (활)쏘고 말 몰기를 익혔으며, 도술을 널리 모으며 많은 서적을 익혀 꿰뚫었느니라. 뒷동산에 노니시며, 무술을 익히고 예

하시니라 遊於後園하시며 講武試藝하고 現處宮中色味之
　　　　　　　　　　　　　　　　　　　　　　　　　　　　　6 5　1　　2　3
　　　　놀 ~에 뒤 동산　　　익힐 굳셀 시험 심을　　　곳 집 속 빛 맛,뜻 의
　　　　다닐 에게　　　　　풀이할　　　기예　　　　　처할 궁전 가운데 미녀 자미 것
　　　　유 어 후 원　　　　강 무 시 예　　　　현 처 궁 중 색 미 지
을 닦고, 궁중의 미색과 진미 사이에 처함도 보이셨느니라. 늙고 병들고,

間하시니라 見老病死悟世非常하야 棄國財位하고 入山
　4
사이　　　　　볼 늙을 병 죽을 알 인간 아닐 항상　　　버릴 나라 재물 자리　　　들 뫼
섞일　　　　　생각 익숙할 병들 　깨달을　　떳떳할　　　　　　　　　　　　　　　　얻을
간　　　　　　견 노 병 사 오 세 비 상　　　　기 국 재 위　　　　입 산
죽는 것을 보고 세상이 덧없음을 깨달아, 나라와 재물과 왕위를 버리고

學道하니 服乘白馬寶冠瓔珞은 遣之令還하고 捨
　　　　　　1　2　3　　4　　　　　　2　3　1
배울 길　　　입을 탈 흰 말 보배 갓 옥돌 옥돌　　보낼 ~게 돌아　　버릴
　　 진리　　　　오를 알릴　　　벼슬　　　　　　　　하여금 올　　　 놓을
학 도　　　　복 승 백 마 보 관 영 락　　　견 지 령 환　　　 사
산에 들어가 도를 배우니, 옷과 타고 온 흰 말과 보배 관과 영락은 돌려 보내고, 보배롭고 아름다운 옷은 버리고 법복을 입고 수염과 머리는 깎아

珍妙衣而著法服하고 剃除鬚髮하고 端坐樹下하야
1　2　3　4　　　　　　　 3　4 1 2
보배 묘할 옷 말이을 붙을　　머리 덜 수염 터럭　　단정 앉을 나무 아래
　　　　　어조사 지을저　　　깎을 버릴　　　　　바를　　　　내릴
진 묘 의 이 착 법 복　　 체 제 수 발　　　단 좌 수 하
버리고 나무 아래 단정히 앉아, 6년을 부지런히 고행하며 생각한 바와 같

勤苦六年하시며 行如所應하셨느니라 現五濁刹隨順群生
　　　　　　　　　　4　3 2 1　　　　　　2　1　　　　6 5 3 4
부지 쓸　　해　　갈 같을 바 응할　　　흐릴 절 따를 순할 무리 날
런할 괴로울　나이　행할 이를 곳,것 사랑할　　　찰나　　순서　고을 살
근 고 육 년　　　행 여 소 응　　　　현 오 탁 찰 수 순 군 생
이 행하셨느니라. 5탁의 국토에 나타나 뭇 중생을 순히 따르니,먼지와 때

하며 示有塵垢沐浴金流하고 天按樹枝하야 得攀出
시유진구목욕금류 천안수지 득반출

가(번뇌) 있어 금류에 목욕하고 하늘이 나뭇가지를 드리워, 휘어잡고 연못에서 나오는 모습을 보였느니라. 신령한 새가 날아 좇아 도량으로 나아가

池하얏느니라 靈禽翼從往詣道場하니 吉祥感徵表章功
지 영금익종왕예도량 길상감징표장공

니, 길상동자는 징표를 느끼고 공덕과 복을 표하니, 가엾이 여겨 보시하는

祚하니 哀受施草敷佛樹下加趺而坐하시어 奮大光
조 애수시초부불수하가부이좌 분대광

풀(길상초)을 받아 부처님께서 보리수 아래 펴고 가부좌하고 앉아 큰 광명을 떨쳐 마로 하여금 알게 한것이라. 마는 관속을 거느리고 와 핍박하여 시험해도

明使魔知之하야 魔率官屬而來逼試하야 制以智
명사마지지 마솔관속이래핍시 제이지

지혜의 힘으로써 눌러 다 항복케 하고, 미묘한 법을 얻어 가장 바른 깨달음을 이

力皆令降伏케하사 得微妙法成最正覺하시니 釋梵祈
력개령항복 득미묘법성최정각 석범기

루시니 제석과 범천이 법 바퀴굴리기를 권하고 청하며 빌었느니라,

勸請轉法輪하니 以佛遊步하시며 佛吼而吼하시니 扣法
권청전법륜 이불유보 불후이후 구법

부처님께서 걸어 다니시면서, 부처님 사자후로 크게 외치시며, 법 북을

무량수경 23

鼓하고 吹法螺하며 執法劍하고 建法幢하고 震法雷하고 曜法電하며 澍法雨하고 演法施하시며 常以法音覺諸世間하시니라 光明普照無量佛土하니 一切世界六種震動커늘 總攝魔界動魔宮殿하니 衆魔怵怖莫不歸伏하니라 摑裂邪網消滅諸見하야 散諸塵勞壞諸欲塹하니라 嚴護法城開闡法門하야 洗濯垢污顯明

북을 치고 법 소라를 불며 법 칼을 잡고 법 깃발을 세우고 법 우레를 떨치고 법 번개를 번쩍이며 법 비를 내리고 법 보시를 펴시며, 항상 법의 소리로 모든 세간을 깨우셨느니라. 광명이 널리 한량없는 불국토를 비치니, 모든 세계가 여섯 가지로 진동커늘, 마의 세계를 다 잡아 마의 궁전이 진동하니, 온갖 마는 두려워 항복하여 귀의하지 않음이 없었느니라. 삿된 법은 찢어 치고 모든 (삿된) 견해를 소멸시켜, 모든 진노(번뇌)를 흩어 온갖 탐욕의 구덩이를 허물었느니라. 법의 성을 엄히 지켜 법의 문을 열어, 더러워진 때를 씻어 청정하고 깨끗하고 밝게 나타내어, 불법을 녹인 광명으로

清白하야 光融佛法宣流正化하시니라 入國分衛獲諸

퍼서 유포하여 바르게 교화하셨느니라. 다른 나라에 들어가 분위(탁발, 걸식)하여 온갖 풍성한 공양을 얻으시니 (그들이), 공덕을 쌓고 복 밭을

豊饍하야 貯功德케하시고 示福田하야 欲宣法하야 現欣笑

보이시며 법을 펴시려고 기쁜 웃음을 나타내어, 온갖 법의 약으로써

하야 以諸法藥救療三苦하시고 顯現道意無量功德

3고를 구원하여 고치시고, 도의 뜻으로 한량없는 공덕을 나타내어, 보살

하야 授菩薩記成等正覺케하시니라 示現滅度拯濟無極

의 수기를 주어 등정각을 이루게 하시니라. 멸도를 나타내 보였으나 건

하나니 消除諸漏殖衆德本하야 具足功德微妙難量

져 제도함에 다함이 없으시어, 모든 번뇌를 녹여 없애고 온갖 덕의 근본을 심어, 공덕을 구족하게 하심이 미묘하여 헤아리기 어려우니라.

하니라 **3 菩薩敎化**

보살 교화

3. 보살의 교화

遊諸佛國普現道敎하야 其所修行淸淨無穢

(보살은) 모든 불국토에 다니시며 널리 도의 가르침을 나타내, 그 수행한 바가 청정하여 더러움이 없느니라. 비유컨대 환술사가 온갖 기이한 형상을 나타내되

譬如幻師現衆異像爲男爲女無所不變 듯

남자도 되고 여자도 되며 변하지 못할 것이 없듯이, 본래 확실하게 뵈워 뜻대로 할 수 있느니라. 이 보살들도 또한 이와 같이 모든 법을 배워

本學明了在意所爲하니라 此諸菩薩亦復如是하야

실을 모아꿰듯이 단련하여, 편안히 진리에 머무는 바, 감화 하지 않음이

學一切法하여 貫綜縷練하여 所住安諦하니 靡不感

없었느니라. 수없는 불국토에 다 널리 나타나, 일찍 교만하거나 방자하지

化하니라 無數佛土에 皆悉普現하야 未曾慢恣愍傷

않고 중생을 가엾게 여기나니 이와 같은 법은

衆生하야 如是之法一切具足하셨니라 菩薩經典究暢

모두 구족하셨느니라. 보살은 경전의 중요하고 오묘함을 사무쳐 궁구하여,

要妙하야 名稱普至導御十方하니 無量諸佛咸共護念이라 佛所住者皆已得住하고 大聖所立而皆已立하얏나니 如來導化各能宣布하야 爲諸菩薩而作大師하야 以甚深禪慧開導衆人하야 通諸法性達衆生相하야 明了諸國供養諸佛하매 化現其身猶如電光하느니라 善學無畏曉了幻法하야 壞裂魔網하고

이름이 널리 퍼져 시방중생을 거느려 인도하니, 한량없는 부처님들이 다함께 보호하고 생각하심이라. 부처님이 (뜻을)머무는 곳(깨달음)은 다 이미 머물었고, 큰 성인이 (뜻을)세우는 곳은 다 이미 세웠나니, 여래께서 인도하여 교화하심을 각각 능히 베풀어 펴, 다른 보살들을 위하여 큰 스승이 되고 매우 깊은 선정과 지혜로써 많은 사람을 개도하며, 모든 법의 성품을 통하고 중생의 모습을 통달하며, 모든 나라를 밝게 알아 모든 부처님께 공양함에, 그 몸을 변화하여 나타냄이 마치 번개 빛과 같으니라. 두려움 없는 지혜를 잘 배워 환상의 법(세계)을 밝게 알며, 마의 법망을 찢어 허물고

解諸纏縛하야 超越聲聞緣覺之地하야 得空無相

모든 결박을 풀어, 성문, 연각의 지위를 뛰어넘어, 공, 무상, 무원삼매를

無願三昧하얏나니라 善立方便하야 顯示三乘하시며 於此中

무원삼매 선립방편 현시삼승 어차중

얻었느니라. 방편을 잘 세워 3승을 나타내 보이시며, 이 중아래에 성문과 연각에는

下而現滅度하나니라 亦無所作亦無所有하며 不起不

하이현멸도 역무소작역무소유 불기불

멸도를 나타내기도 하느니라. 또 지을 것도 없고 또한 존재하는 것도 없으며, 일어나지도 않고 멸하지도 않는 평등한 법을 얻어,

滅得平等法하야 具足成就無量總持百千三昧

멸득평등법 구족성취무량총지백천삼매

한량없는 총지(다라니)와 백 천의 삼매를 구족히 이루었느니라.

하얏나니라 諸根智慧廣普寂定으로 深入菩薩法藏하야 得

제근지혜광보적정 심입보살법장 득

모든 근기의 지혜는 넓고 넓은 고요한 선정으로, 깊이 보살의 법의 창고

佛華嚴三昧하야 宣揚演說一切經典하얏나니라 住深定

불화엄삼매 선양연설일체경전 주심정

에 들어, 부처님의 화엄삼매를 얻어, 모든 경전을 펴 드날리어 연설하셨느니라. 깊은 선정의 문에 머물러. 현재계신 한량없는

門하야 悉覩現在無量諸佛함이 一念之頃無不周

부처님들을 다 보심이, 한 생각 사이에 두루 하지 않음이 없느니라.

遍하느니라 濟諸劇難諸閑不閑에 分別顯示眞實之

극심한 고난이나 (수행할) 모든 겨를이 있거나 겨를이 없거나 분별하여, 진실의 끝(도리)을 나타내 보여 제도하여, 모든 여래의 말 잘하는 재주(변재)

際하야 得諸如來辯才之智하느니라 入衆言音하야 開化

의 지혜를 얻었느니라. 온갖 말소리에 들어가, 모두를 교화하여 열어,

一切하야 超過世間諸所有法하야 心常諦住度世

세간의 온갖 존재하는 바의 법을 뛰어넘어서, 마음은 항상 진리에 안주하여, 세간의 이치에서 건져주어 모든 만물에는

之道하야 於一切萬物隨意自在하며 爲衆生類作

뜻에 따라 자유자재하시며, 중생 류를 위하여 청하지 않은 벗이 되고,

不請之友하나 荷負群生爲之重任하야 受持如來

뭇 중생이 진 막중한 임무를 위하여, 여래의 매우 깊은 법의

무량수경 29

甚深法藏하야 護佛種性常使不絶하며 興大悲愍

심심법장 호불종성상사부절 흥대비민

창고를 받아 지고, 부처 종자의 성품을 보호해 항상 끊이지 않게 하며,

衆生하야 演慈辯授法眼하야 杜三趣開善門하야 以

중생 연자변수법안 두삼취개선문 이

큰 자비심을 일으켜 중생을 가엾이 여겨, 자비한 말을 펴 법의 눈을 주어, 3악도를 막고 좋은 문을 열어, 청하지 않은 법으로써, 모든 검은 머리

不請之法으로 施諸黎庶하얏느니라 猶如孝子愛敬父母

불청지법 시제려서 유여효자애경부모

의 뭇 생명에게 베푸셨느니라. 마치 효자가 부모를 사랑하고 공경하듯 하고

於諸衆生視之若己하시며 一切善本皆度彼岸

어제중생시지약기 일체선본개도피안

모든 중생에게 내 몸처럼 보살피며, 모두 선한 근본으로 다 저 언덕으로

悉獲諸佛無量功德하야 智慧聖明不可思議

실획제불무량공덕 지혜성명불가사의

인도하시느니라. 다 부처님들의 한량없는 공덕을 얻어, 지혜는 성스럽고 밝아 불가사의 함이라. 이와 같은 보살과 헤아릴 수 없는 (대사)보살이,

如是菩薩無量大士이 不可稱計一時來會

여시보살무량대사 불가칭계일시래회

이루 헤아리지 못할 만큼 일시에 모여 모셨느니라.

第二節　發起序

제 이 절　발 기 서
　제 2절 발기의 차례(설법의 인연)

1 阿難問佛

아 난 문 불
1, 아난이 부처님께 질문하다.

爾時世尊이 諸根悅豫하시니 姿色淸淨하시고 光顏

이 시 세 존　제 근 열 예　자 색 청 정　광 안
그때 세존께서 온 뿌리(6근)가 기쁘시니, 모습의 기색은 청정하시고, 얼굴

巍巍하시니라 尊者阿難承佛聖旨 卽從座起偏袒

외 외　존 자 아 난 승 불 성 지　즉 종 좌 기 편 단
빛은 거룩하시니라. 아난존자는 부처님의 성스러운 뜻을 받들어, 곧 자리

右肩하야 長跪合掌而白佛言하되 今日世尊諸根

우 견　장 궤 합 장 이 백 불 언　금 일 세 존 제 근
로부터 일어나 한쪽 오른 어깨를 벗고, 길게 무릎 꿇고 합장하고 부처님
께 여쭈되, 오늘 세존께서 온 몸(뿌리가) 기쁘시고, 모습의 기색은

悅豫하시니 姿色淸淨하시고 光顏巍巍하사 如明鏡淨影

열 예　자 색 청 정　광 안 외 외　여 명 경 정 영
청정하시고, 얼굴빛은 거룩하시고 엄숙하시어, 밝은 거울에 깨끗한 그림
자가 겉과 속이 훤 하듯,

暢表裏 듯 **威容顯耀超絶無量** 한데 **未曾瞻覩殊**

위엄하신 용모는 찬란하게 드러나 남보다 뛰어나 한량없는데, 일찍 지금

妙如今 하얏 **唯然大聖我心念言** 하면 **今日世尊住**
나이다

처럼 수승하고 미묘함을 우러러보지 못했나이다. 그러하오신 대성이시여 제 마음의 생각을 말씀드리면, 오늘 세존께서 기이하고 특별한 법에 머무시며

奇特法 하시 **今日世雄住佛所住** 하시 **今日世眼住**
며   며

오늘 세상의 영웅께서는 부처님이 머물 곳에 머무시며 오늘 세상의 눈께서는

導師行 하시 **今日世英住最勝道** 하시 **今日天尊行**
며   며

도사의 행에 머무시며 오늘 세상의 영웅께서는 가장 수승한 도에 머무시며 오늘 천존께서는 여래의 덕을 행하시나이다. 과거 미래 현재의 부처님과 부처님을 서로 생각

如來德 하나 **去來現在佛佛相念** 하시 **得無今佛念**
이다   나니

하시나니, 시러금(能) 지금 부처님께서도 부처님들을 생각함이 없으신지요?

諸佛耶 하신 **何故威神光光乃爾** 하옴 **於是世尊告**
져   인져

어떤 까닭으로 위엄하고 신령함이 빛나고 빛나심이 이에 그러하옵니까?

阿難曰 하시되 云何阿難 하 諸天敎汝來問佛耶 터냐

이에 세존께서 아난에게 일러 말씀하시되, 무슨 말이냐? 아난아. 하늘들이 너에게 와서 부처님께 물으라고 가르쳤느냐? 스스로의 지혜로써 위엄

自以慧見問威顏乎 아 阿難白佛 하되 無有諸天

한 얼굴을 보고 묻는 게냐? 아난이 부처님께 여쭈되, 하늘들이 와 저에게

來敎我者 하옵고 自以所見問斯義耳 하옵니다

가르치는 것은 없사옵고 스스로 본 바로써 이 뜻(의미)을 여쭐 뿐이옵니다.

2 佛言

부처 말씀

2. 부처님의 말씀

佛言 하사되 善哉阿難 하 所問深快 도다 發深智慧

부처님께서 말씀하시되, 좋도다. 아난아, 묻는 바가 깊고 상쾌하도다. 깊

眞妙辯才 하야 愍念衆生問斯慧義 도다 如來以無

은 지혜와 참으로 미묘한 말 재주를 내어 중생을 가엾이 여겨 이 지혜로운 뜻(의미)을 묻는구나. 여래는 다함없는 대자비로써 3계를 가엾고 측은히여김으로써,

무량수경

盡大悲矜哀三界하야 **所以出興於世**하야 **光闡道**
진대비긍애삼계 소이출흥어세 광천도
그래서 세간에 나와 일어나, 밝게 도(진리)의 가르침을 열어, 널리중생

敎하야 **普令群萌獲眞法利**케함이니라 **無量億劫難値難**
교 보령군맹획진법리 무량억겁난치난
(군맹)으로 하여금 참된 법의 이익을 얻게 함이니라. 한량없는 억겁에

見하야 **猶靈瑞華時時乃出**듯 **今所問者多所饒**
견 유영서화시시내출 금소문자다소요
만나기 어렵고 뵙기 어려워, 마치 영서화(우담바라꽃)가 때때로 이에 나타나듯, 이제 질문한 바가 이익 될 바가 많으리라.

益하리라 **開化一切諸天人民**하리라 **阿難**하 **當知如來**
익 개화일체제천인민 아난 당지여래
모든 하늘과 인민을 교화하여 열리라. 아난아. 마땅히 알라. 여래의

正覺其智難量多所導御하야 **慧見無礙無能遏**
정각기지난량다소도어 혜견무애무능알
바른 깨달음은 그 지혜를 헤아리기 어려우나 맞아 인도할 바가 많아, 지혜로운 견해는 걸림이 없고 능히 막히거나 끊어짐이 없느니라.

絶하나니라 **以一喰之力能住壽命**함이 **億百千劫無數**
절 이일식지력능주수명 억백천겁무수
한 끼니 밥의 힘으로써 능히 머무는 수명이, 억 백 천겁이며 수 없고

無量하느니라 復過於此하야 諸根悅豫不以毀損하며 姿
없을 헤아릴 / 또 다시 / 지날 허물 / ~에게 / 이 여기 / 모든 여러 / 뿌리 / 기쁠 / 미리 기쁠 / 아니 / 헐 / 덜 / 맵시 모습
무 량   부 과 어 차   제 근 열 예 불 이 훼 손   자
한량없느니라. 다시 이보다 더, 온 뿌리(6근)의 기쁨은 헐어서 줄어들지 아니 하

色不變光顏無異 所以者何 如來定慧究
빛 모양 / 변할 / 빛 / 얼굴 / 다를 틀릴 / 바 것,곳 / 이 / 어찌 것 무엇 / 같을 이를 / 올 / 정할 강조사 / 궁구 다할
색 불 변 광 안 무 이   소 이 자 하   여 래 정 혜 구
며, 모습의 기색은 변함이 없고 빛나는 얼굴은 변함이 없느니라. 까닭이

暢無極하고 於一切法而得自在한때문이니라 阿難諦聽하라
사무칠 화창할 / 다할 지극 / / 모두 끊을절 / 어조사 / 얻을 특별히 / 부터 스스로 / 있을 / 큰언덕 / 어려울 / 살필 진실 / 들을 받을
창 무 극   어 일 체 법 이 득 자 재   아 난 제 청
무엇이냐? 여래의 선정과 지혜는 다 나타나 끝이 없고, 모든 법에 자재를 얻은 때문이니라. 아난아 자세히 들어라. 이제 너를 위하여

今爲汝說하리라 對曰唯然願樂欲聞하옵니다
이제 오늘 / 할 될 / 너 / 말씀 기쁠열 / 대할 대답 / 가로 / 오직 / 그럴 태울 / 원할 / 즐길 좋을요 / 하고자할 / 들을 맡을
금 위 여 설   대 왈 유 연 원 락 욕 문
설하리라. 대답하여 가로되 예! (그러하겠습니다.) 즐겁게 듣고자 원하옵니다.

第一章 序分 終
차례 / 글 문장 / 담 차례 / 나눌 구별 / 끝 마칠

제 일 장   서 분   종
제 1장 서분   끝.

○第二章　正宗分

_{차례}　　_글　　_{바를 마루 나눌}
　　　　_{문장}　　_{갖출 높을 구별}

제 이 장　정 종 분
제 2 장　정종분(본론)

○第二章　正宗分

차례	글	바를 마루 나눌
	문장	갖출 높을 구별

제 이 장　정 종 분
제 2 장 정종분(본론)

第一節　極樂國土發願因緣

마디　다할 즐길 나라 흙　필　원할 인할 인연
　　　지극 좋을요　　　 낼,쏠 원인 고리

제 일 절　극 락 국 토 발 원 인 연
제 1 절 극락국토의 발원 인연(법장비구의 발원과 수행)

1 過去五十三佛

지날　갈
허물

과 거 오 십 삼 불
1, 과거의 53불

佛告阿難_{하시되} 乃往過去久遠無量不可思議

알릴　　　　　이에 갈　　오랠 멀 없을 헤아 아니 쯤 생각 논의
　　　　　　　　　가끔　　　　　　리　　　　옳게

불 고 아 난　　내 왕 과 거 구 원 무 량 불 가 사 의
부처님께서 아난에게 이르시되, 이에 지난 과거 오래고 먼 한량없는

無央數劫_에 錠光如來興出於世_{하사} 教化度脫

가운 셀 세월　　제기 빛 같을 올 일 날 ~에 인간　가르 될 법도 벗을
데 자주삭 겁탈　이름　이를 강조사 드러날 에게　칠 화할 지날

무 앙 수 겁　　정 광 여 래 흥 출 어 세　　교 화 도 탈
불가사의한 무앙수겁에, 정광여래께서 세상에 나오셔 일어나나시어,

無量衆生_{케하샤스며} 皆令得道乃取滅度_{하샷느니라} 次有如來

　　　　　　　　　 1 4 3 2 5 7 6
무리　날　　　다　~게 얻을 길 이에 가질 멸할　　　버금 둘 같을
많을 살　　　　 하여금 특별 이치　　 얻을 멸할　　다음 있을 이를

무 량 중 생　　개 령 득 도 내 취 멸 도　　차 유 여 래
한량없는 중생을 교화하야 건져 해탈케 하셨으며, 다 도를 얻게 하시고
이에 멸도하심을 취하셨느니라. 다음으로 여래께서 계시니 이름이 가로되

名曰光遠이시고 次名月光이시고 次名栴檀香이시며 次名

광원이시고, 다음은 이름이 월광이시고, 다음은 이름이 전단향이시며,

善山王이시고 次名須彌天冠이시고 次名須彌等曜이시며

다음은 이름이 선산왕이시고, 다음은 이름이 수미천관이시고, 다음은

次名月色이시고 次名正念이시고 次名離垢이시고 次名無

이름이 수미등요시며, 다음은 이름이 월색이시고 다음은 이름이 정념이시고 다음은 이름이 이구시고 다음은 이름이 무착이시며,

著이시며 次名龍天이시고 次名夜光이시고 次名安明頂이시고

마음은 이름이 용천이시고, 다음은 이름이 야광이시고, 다음은 이름이

次名不動地이시며 次名琉璃妙華이시고 次名琉璃金

안명정이시고, 다음은 이름이 부동지시며, 다음은 이름이 유리묘화시고,

色이시고 次名金藏이시며 次名炎光이시고 次名炎根이시고 次

다음은 이름이 유리금색이시고, 다음은 이름이 금장이시며, 다음은 이름이 염광이시고, 다음은 이름이 염근이시고, 다음은

名地種^{이시며} 次名月像^{이시고} 次名日音^{이시고} 次名解脫
이름 땅 씨   버금   달 형상   날 소리   풀 벗을
부를 지위 가지 다음   해   알
명 지 종   차 명 월 상   차 명 일 음   차 명 해 탈
이름이 지종이시며 다음은 이름이 월상이시고 다음은 이름이 일음이시고

華^{이시고} 次名莊嚴光明^{이시며} 次名海覺神通^{이시고} 次名
꽃   꾸밀 엄할 빛 밝을   바다 알 귀신 통할
빛날   씩씩할 위엄   깨달을   훤할
화   차 명 장 엄 광 명   차 명 해 각 신 통   차 명
다음은 이름이 해탈화시고 다음은 이름이 장엄광명이시며 다음은 이름이

水光^{이시고} 次名大香^{이시고} 次名離塵垢^{이시고} 次名捨厭
물   큰 향   떠날 먼지 때   버릴 싫을
             길(태 향기   더러울   놓을
수 광   차 명 대 향   차 명 리 진 구   차 명 사 염
해각신통이시고 다음은 이름이 수광이시고 다음은 이름이 대향이시고 다음은 이름이 이진구시고 다음은 이름이 사염의시며 다음은 이름이 보염이

意^{이시며} 次名寶炎^{이시고} 次名妙頂^{이시고} 次名勇立^{이시고} 次
뜻   보배 불꽃   묘할 정수   날랠 설
생각   태울   리
의   차 명 보 염   차 명 묘 정   차 명 용 립   차
시고 다음은 이름이 묘정이시고 다음은 이름이 용립이시고 다음은 이름이

名功德持慧^{이시며} 次名蔽日月光^{이시고} 次名日月琉
공,일 큰 가질 슬기   덮을   유리
보람 은혜 지혜   가릴
명 공 덕 지 혜   차 명 폐 일 월 광   차 명 일 월 유
공덕지혜시며 다음은 이름이 폐일월광이시고 다음은 이름이 일월유리광이

璃光^{이시고} 次名無上琉璃光^{이시고} 次名最上首^{이시며} 次
유리   없을 웃   가장 오를 우두
                 으뜸   머리
리 광   차 명 무 상 유 리 광   차 명 최 상 수   차
시고 다음은 이름이 무상유리광이시고 다음은 이름이 최상수시며, 다음은

名菩提華이시고 次名月明이시고 次名日光이시고 次名華

명 보리 화   차 명 월 명   차 명 일 광   차 명 화
이름이 보리화시고 다음은 이름이 월명이시고 다음은 이름이 일광이시고

色王이시고 次名水月光이시고 次名除癡冥이시며 次名度

색 왕   차 명 수 월 광   차 명 제 치 명   차 명 도
다음은 이름이 화색왕이시고 다음은 이름이 수월광이시고 다음은 이름이

蓋行이시고 次名淨信이시고 次名善宿이시고 次名威神이시고

개 행   차 명 정 신   차 명 선 숙   차 명 위 신
제치명이시며, 다음은 이름이 도개행이시고 다음은 이름이 정신이시고

次名法慧이시고 次名鸞音이시고 次名師子音이시고 次名

차 명 법 혜   차 명 난 음   차 명 사 자 음   차 명
다음은 이름이 선숙이시고 다음은 이름이 위신이시고 다음은 이름이 법혜
시고 다음은 이름이 난음이시고 다음은 이름이 사자음이시고

龍音이시며 次名處世시나니라 如此諸佛皆悉已過하샀나니라 爾

용 음   차 명 처 세   여 차 제 불 개 실 이 과   이
다음은 이름이 용음이시며, 다음은 이름이 처세시었느니라. 이와 같은

時次有佛하되 名世自在王如來應供等正覺明

시 차 유 불   명 세 자 재 왕 여 래 응 공 등 정 각 명
여러 부처님께서 모두 다 이미 지나가셨느니라. 그때 다음으로 부처님이
계셨으되, 이름이 세자재왕 여래, 응공, 등정각, 명행족,

行足善逝世間解無上士調御丈夫天人師佛

행족선서세간해무상사조어장부천인사불

선서, 세간해, 무상사, 조어장부, 천인사, 불세존이셨느니라.

世尊 이샷느니라

세존

2 法藏比丘發心

법장비구발심

2. 법장비구의 발심

① 國王出家

국왕출가

① 국왕의 출가

時有國王하되 聞佛說法心懷悅豫尋發無上

시유국왕 문불설법심회열예심발무상

그때 국왕이 계셨으되, 부처님의 설법을 듣고 마음에 기쁨을 품고

正眞道意하사 棄國捐王行作沙門하시니 號曰法藏

정진도의 기국연왕행작사문 호왈법장

이윽고 위없는 바르고 참된 도(무상정등각)의 뜻을 내어, 나라를 버리고 왕위를 물려주고가서 사문이 되시니, 이름이 가로되 법장이셨느니라.

高才勇哲與世超異 詣世自在王如來所

고재용철여세초이 예세자재왕여래소

높은 재주와 용맹하고 밝아 세상과는 뛰어나게 달랐느니라. 세자재왕

稽首佛足右遶三匝 長跪合掌以頌讚曰

계수불족우요삼잡 장궤합장이송찬왈

여래의 처소에 가, 부처님의 발에 머리를 조아려 예배하고 오른쪽으로 돌아 세 번 돌고, 길게 꿇어앉아 합장하고 게송으로써 찬탄하여 가로되,

② 讚佛偈

찬 불 게

② 부처님을 찬탄하는 게송

○光顏巍巍 威神無極 如是炎明 無

광안외외 위신무극 여시염명 무

빛나는 얼굴은 우뚝하시고 위엄과 신통은 그지없으니, 이와 같이 불타는

與等者 日月摩尼 珠光炎耀 皆悉隱蔽

여등자 일월마니 주광염요 개실은폐

광명은 더불어 같은 이 없도다. 해와 달과 마니며 구슬 빛이 불타듯 찬

猶如聚墨 如來容顏 超世無倫 正覺

유여취묵 여래용안 초세무륜 정각

란해도, 모두 다 숨고 가려져 마치 검은 먹 덩이 같았습니다. 여래의 얼굴은 세간을 뛰어넘어 짝할 이 없고, 올바로 깨달으신

大音은 響流十方하시고 戒聞精進과 三昧智慧하며
대음   향류시방   계문정진   삼매지혜
큰 음성은 메아리쳐 시방에 흘러가고, 지계와 많이 들음과 정진과 삼매

威德無侶히 殊勝希有도다 深諦善念하시어 諸佛法
위덕무려   수승희유   심제선념   제불법
와 지혜며, 위덕은 짝할 이 없이 수승하고 희유하시도다. 여러 부처님

海하사 窮深盡奧하시니 究其崖底일쎄 無明欲怒난 世
해   궁심진오   구기애저   무명욕노   세
법의 바다를 깊이 살피고 잘도 생각해서, 깊이를 다하고 깊이를 다하시니 그 밑바닥 끝을 다하셨네. 밝음 없는 욕심과 분노는 세존에겐 영원히 없어졌네,

尊永無하네 人雄師子시니 神德無量하도다 功德廣大
존영무   인웅사자   신덕무량   공덕광대
인간의 영웅 사자이시니 신령한 위덕 한량없도다. 공과 덕은 넓고 크며

하시며 智慧深妙하사 光明威相은 震動大千하시네 願我
       지혜심묘   광명위상   진동대천   원아
지혜는 깊고 묘해, 광명의 위엄하신 모습 대천세계를 진동하시네.

作佛하야 齊聖法王틋하야 過度生死하야 靡不解脫케하소서
작불   제성법왕   과도생사   미불해탈
원컨대 나도 부처님 되어 성스런 법왕과 같이 생사를 건너고 지나 해탈하지 못함이 없게 하소서.

布施調意하고 戒忍精進하야 如是三昧로 智慧爲
보시로 뜻 조절하고 지계와 인욕 정진으로, 이 같은 삼매에 지혜가

上하리 吾誓得佛하야 普行此願하리 一切恐懼에 爲
으뜸일세. 내 맹세코 부처 되어 널리 이 서원 행하리라. 일체의 무섭고

作大安하리며 假令有佛하면 百千億萬이며 無量大聖
두려움(중생)에 큰 편안(의지처가)이 될 것이며, 가령 부처님 계시어 백천 만억이며, 한량없는 큰 성인이

이 數如恒沙하리라 供養一切하야 斯等諸佛도 不如
그 수가 항하의 모래 같아, 이 같은 모든 부처님 일체에 공양해도 도를

求道하야 堅正不却하리라 譬如恒沙한 諸佛世界에
구하여 정도를 굳게 지켜 물러나지 아니함만 같지 못하리. 비유컨대

復不可計한 無數刹土에 光明悉照하야 遍此諸
항하의 모래 같은 모든 부처님 세계에 다시 이루 셀 수 없는 무수한 국토에, 광명이 다 비치어 이 모든 나라에 두루 한 것 같이,

國하거늘 如是精進의 威神難量하니 令我作佛하면 國
이와 같은 정진 위대한 신력 헤아리기 어려우리라. 내가 부처 되면

土第一이요 其衆奇妙하고 道場超絶하리라 國如泥洹
국토는 제일이요, 그 중생은 기묘하고 도량은 세상을 초월하리라.

하야 而無等雙하며 我當愍哀하야 度脫一切하리라 十方
나라는 평화로워(니원,열반) 같은 짝이 없으리, 내 마땅히 가엾게 여겨 일체를 건저 해탈하게 하리라. 시방에서 오는 중생은

來生은 心悅淸淨하니 已到我國하면 快樂安隱하리라
마음 즐겁고 청정하리, 내 나라에 이미 도착하면 쾌락하고 안은하리라.

幸佛信明하시오면 是我眞證하소서 發願於彼로 力精所
다행히 부처께서 밝게 믿으신다면 이 저를 진정으로 증명하소서. 저곳의

欲하오리다 十方世尊은 智慧無礙하시니 常令此尊은 知
발원으로 하고픈 것 힘껏 정진하오리다. 시방의 세존은 지혜 걸림 없으시니, 항상 이세존으로 하여금 제 마음의 행함을 아시옵소서.

我心行 케하소서 假令身止하야 諸苦毒中하야 我行精進

나 마음 갈 / 거짓 ~게 몸 말 / 여러 쓸 독할 속 / 세밀 나아
행할 / 가령 도록 그칠 / 온갖 괴로울 독할 가운데 / 할 갈

아 심 행　　가령 신 지　　제 고 독 중　　아 행 정 진

가령 이 몸이 온갖 고통(辛苦) 중에 있을 지라도, 저는 정진을 행하여

하야 忍終不悔 하오리다 ○

참을 끝 후회
　마칠 　할

인 종 불 회

참고 끝내 후회 아니 하오리다.

3 大發願因緣

큰 필 원할 인할 인연
길(태 낼,쏠) 원인 고리

대 발 원 인 연

3 대발원의 인연

佛告阿難 하시되 法藏比丘說此頌已 하사 而白佛

부처 알릴 큰언 어려 / 법 감출 견줄 언덕 말씀 이 기릴 이미 / 말이을 흰
　　　덕 울 / 형상 창고 본뜰 기쁠열 여기 　마칠 / 어조사 알릴

불 고 아 난　　법 장 비 구 설 차 송 이　　이 백 불

부처님께서 아난에게 이르시되, 법장비구는 이 게송을 설하고 나서,

言 하되 唯然世尊 하 我發無上正覺之心 하사오니 願佛

말씀 / 오직 그럴 인간 높을 / 나 필 없을 웃 바를 알 의 마음 / 원할
　 태울 / 낼,쏠 으뜸 갖출 깨달을 것,갈

언　　유 연 세 존　　아 발 무 상 정 각 지 심　　원 불

부처님께 여쭈되, 예(그러하옵니다) 세존이시여. 저는 위없는 바른 깨달음의 마음을 내었사오니, 원컨대 부처님께서

爲我廣宣經法 하소서 我當修行攝取佛國清淨莊

할 넓을 베풀 글 / 마땅 닦을 갈 당길 가질 / 나라 맑을 깨끗 씩씩
될 　해낼 지날 / 당할 마를 행할 잡을 얻을 / 　　할 단정

위 아 광 선 경 법　　아 당 수 행 섭 취 불 국 청 정 장

저를 위하여 널리 경의 법을 설해 주소서. 저는 마땅히 닦고 행하여 부처님 나라의 청정하고 장엄하고 한량없는 미묘한 땅을 거두어 가지오리다.

嚴無量妙土하오리다 令我於世速成正覺하야 拔諸生
死勤苦之本케하소서 佛語阿難하시되 時世自在王佛이
告法藏比丘하사대 如所修行莊嚴佛土한지라 汝自當
知하나니라

저로 하여금 현세에서 속히 바른 깨달음을 이루어, 모든 나고 죽고 근심
하는 고통의 뿌리를 뽑게 하소서. 부처님께서 아난에게 말씀하시되, 그때
세자재왕 부처님께서 법장비구에게 말씀하시되 '닦고 수행하는 바와 같이
불국토를 장엄하는지라, 네 스스로 잘 알리라.' 라고.

4 法藏比丘選擇

4, 법장비구의 선택

比丘白佛하되 斯義弘深非我境界하오니 唯願世

(법장)비구가 부처님께 여쭈되, '이 뜻은 넓고 깊어 저의 경계(수준, 처한 범위)가 아니오니, 오직 원하오니 세존이시여!

무량수경

尊廣爲敷演諸佛如來淨土之行하소서 我聞此已
존광위부연제불여래정토지행 아문차이
널리 모든 부처님 여래의 정토의 수행법을 펴 연설하여 주소서.

하면 當如說修行成滿所願하오리다 爾時世自在王佛
당여설수행성만소원 이시세자재왕불
제가 이를 듣고 나면, 마땅히 말씀처럼 닦고 행하여 서원한 바를 원만히 이루오리다.' 라고. 그때 세자재왕 부처님께서 그 높고 밝은(고명한) 뜻의

이 知其高明志願深廣하야 卽爲法藏比丘而說
지기고명지원심광 즉위법장비구이설
서원이 깊고 넓음을 아시고, 바로 법장비구를 위하여 경의 말씀을

經言하샷나니 譬如大海를 一人斗量經歷劫數하면 尙
경언 비여대해 일인두량경력겁수 상
설하셨나니, 비유컨대 큰 바다를 한 사람이 되로 헤아려 숫한 겁을 겪어

可窮底得其妙寶듯 人有至心精進求道不止
가궁저득기묘보 인유지심정진구도부지
지나면, 오히려 가히 바닥 밑을 다하여 그 미묘한 보배를 얻듯이, 사람이 지극한 마음으로 정진하여 도를 구하여 그치지 아니하면 마땅히

會當剋果하리니 何願不得하리오 於是世自在王佛이
회당극과 하원부득 어시세자재왕불
최상의 과(果)를 만나리니, 어떤 소원인들 이루지 못하랴!

卽爲廣說二百一十億諸佛刹土天人之善

즉위광설이백일십억제불찰토천인지선

이에 세자재왕 부처님께서, 곧 (법장비구를) 위하여 2백 10억의 여러

惡國土之粗妙하사 應其心願悉現與之하얏니라

악국토지조묘 응기심원실현여지

부처님 국토와 하늘과 사람의 선과 악한 국토의 거칠고 미묘함을 자세히
설하시어, 그의 마음의 소원에 맞게 다 나타내 주었느니라.

5 五劫思惟

오 겁 사 유

5, 5겁으로 사유하다.

時彼比丘聞佛所說嚴淨國土를 皆悉觀見

시 피 비 구 문 불 소 설 엄 정 국 토   개 실 도 견

그 때 저 비구는 부처님께서 설하신 바 장엄하고 청정한 국토를 듣고,,

超發無上殊勝之願하야 其心寂靜志無所著하며

초 발 무 상 수 승 지 원   기 심 적 정 지 무 소 착

모두 다 보고 위없고 수승한 서원을 내어 뛰어넘어, 그 마음은 고요하고 뜻

一切世間無能及者하라 具足五劫하며 思惟攝取

일 체 세 간 무 능 급 자   구 족 오 겁   사 유 섭 취

은 집착할 것이 없으며, 모든 세간에 능히 미칠 자가 없었느니라. 5겁을
채우고 생각하여 불국토를 장엄할 청정한 행법을 거두어 가졌느니라.

莊嚴佛國淸淨之行하얏 阿難白佛하되 彼佛國土
장엄불국청정지행   아난백불   피불국토
아난이 부처님께 여쭈되, 저 불국토의 수명의 양은 얼마쯤 되옵니까?

壽量幾何오이 佛言하사 其佛壽命四十二劫이니라 時
수량기하   불언   기불수명사십이겁   시
부처님께서 말씀하시되, 그 부처님의 수명은 42겁이니라. 이때

法藏比丘난 攝取二百一十億諸佛妙土淸淨
법장비구   섭취이백일십억제불묘토청정
법장비구는 2백 10억의 모든 부처님의 미묘한 국토의 청정한 행법을

之行하얏
지행
거두어 가졌느니라.

6 四十八大願

사 십 팔 대 원
6, (법장비구의) 48의 큰 서원

如是修已詣彼佛所하야 稽首禮足遶佛三匝
여 시 수 이 예 피 불 소   계 수 예 족 요 불 삼 잡
이와 같이 수행하고 나서 저 부처님 처소에 나아가, 머리를 조아려 발에
예배하고 부처님을 싸고 세 번 돌고 합장하고 서서,

合掌而住하시며 白言世尊하사되 我已攝取莊嚴佛土

합장이주 백언세존 아이섭취장엄불토

세존께 말씀 여쭈되, 저는 이미 불국토를 장엄할 청정한 행법을 거두어

淸淨之行하얏나이다 佛告比丘하사 汝今可說宜知是時

청정지행 불고비구 여금가설의지시시

가졌사옵니다. 부처님께서 (법장)비구에게 말씀하시되, 너는 이제야말로

하야 發起悅可一切大衆하라 菩薩聞已修行此法

발기열가일체대중 보살문이수행차법

마땅히 이런 때를 알고 설하여 모든 대중이 기쁨을 일으키게 하라. 보살들이 듣고 나서 이 법으로 수행하여,

하야 緣致滿足無量大願하리라 比丘白佛하사되 唯垂聽

연치만족무량대원 비구백불 유수청

(이) 인연으로 한량없는 큰 서원을 만족히 이루리라. 비구가 부처님께

察하사 如我所願當具說之하소서

찰 여아소원당구설지

여쭈되, 오직 살펴 들어 주소서. 제가 서원한 바와 같이 마땅히 자세히 설하오리다.

① 惡趣無名願

악취무명원

① 악도라는 이름이 없기를 서원함.

設我得佛하야 國有地獄餓鬼畜生者하면 不取

지을 나 얻을 부처　나라 둘 땅 우리 주릴 귀신 쌓을 날 이　아니 가질
설령 특별　　　　　있을 지위　　굶을　　　　살 것　　　얻을

설 아 득 불　　국 유 지 옥 아 귀 축 생 자　　불 취

설령 제가 부처가 된다 해도, 나라에 지옥, 아귀, 축생이란 것이 있다면,

正覺하오리다

바를 알
갖출 깨달을

정 각

바른 깨달음을 갖지 않으오리다.

② 無墮惡道願

없을 떨어 악할 길 원할
　　　질 　더럴오 이치

무 타 악 도 원

② 악도에 떨어짐이 없기를 서원.하다.

設我得佛하야 國中人天이 壽終之後에 復更

　　　　　　　　속 남 하늘　목숨 끝 갈 뒤　또 고칠
　　　　　　　가운데 사람　　마칠 의,것　　다시 대신할

설 아 득 불　　국 중 인 천　　수 종 지 후　　부 경

설령 제가 부처가 되어도, 나라 안에 사람과 하늘이, 목숨이 끝난 뒤에,

三惡道者이면 不取正覺하오리다

악할 길
더럴오 이치

삼 악 도 자　　불 취 정 각

또 다시 3악도에 떨어진다면 바른 깨달음을 얻지 않으오리다.

③ 同眞金色願

한가 참 쇠 빛 원할
지　　　　모양

동 진 금 색 원

③진금색(부처님과) 같기를 서원하다.

設我得佛^{하야} 國中人天^이 不悉眞金色者^{이면}

설 아 득 불   국 중 인 천   부 실 진 금 색 자

설령 제가 부처가 된다 해도, 나라 가운데 사람과 하늘이, 다 진실한

不取正覺^{하오리다}

불 취 정 각

금빛이 나지 아니하면, 바른 깨달음을 얻지 않으오리다. (진금색신)

④ 形貌無差願

형 모 무 차 원

④ 생김새의 모습이 차별이 없기를 서원하다.

設我得佛^{하야} 國中人天^이 形色不同有好醜

설 아 득 불   국 중 인 천   형 색 부 동 유 호 추

설령 제가 부처가 된다 해도, 나라 가운데 사람과 하늘이, 형색(생김새)

者^{이면} 不取正覺^{하오리다}

자   불 취 정 각

이 똑같지 않고 좋거나 추한 것이 있다면, 바른 깨달음을 얻지 않으오리다.

⑤ 成就宿命願

성 취 숙 명 원

⑤ 숙명통이 이루어지기를 서원.하다.

設我得佛하야 國中人天이 不悉識宿命하면 下
설아득불 국중인천 부실식숙명 하
설사 제가 부처가 된다 해도, 나라 가운데 사람과 하늘이, 다 전생의

至知百千億那由他諸劫事者난 不取正覺하오리다
지 지 백 천 억 나 유 타 제 겁 사 자 불 취 정 각
운명을 알지 못하면, 아래로 백 천억 나유타 모든 겁의 사실을 알기까지는, 바른 깨달음을 갖지 않으오리다. (숙명통)

⑥ 生獲天眼願
생 획 천 안 원
⑥ 생전에 천안을 얻기 서원하다.

設我得佛하야 國中人天이 不得天眼하면 下至
설 아 득 불 국 중 인 천 부 득 천 안 하 지
설령 제가 부처를 얻는다 해도, 나라 가운데 사람과 하늘이, 하늘눈(천안

見百千億那由他諸佛國者난 不取正覺하오리다
견 백 천 억 나 유 타 제 불 국 자 불 취 정 각
통)을 얻지 못하면, 아래로 백 천억 나유타 모든 불국토를 볼 때까지는, 바른 깨달음을 얻지 않으오리다.

⑦ 生獲天耳願
생 획 천 이 원
⑦ 생전에 하늘의 귀(천이통)를 얻기 서원하다.

設我得佛하야 國中人天이 不得天耳하야 下至

설 아 득 불　국 중 인 천　부 득 천 이　　하 지

설령 제가 부처를 얻는다 해도, 나라 가운데 사람과 하늘이, 하늘 귀(천

聞百千億那由他諸佛所説하야 不悉受持者면

문 백 천 억 나 유 타 제 불 소 설　부 실 수 지 자

이통)를 얻지 못하여, 아래로 백 천억 나유타 모든 부처님께서 설하시는 바를 듣고도, 다 받아 지니지 못하면,

不取正覺하오리다

불 취 정 각

바른 깨달음을 갖지 않으오리다.

⑧ 悉知心行願

실 지 심 행 원

⑧ 마음의 행하는 법을 다 알기 서원하다.

設我得佛하야 國中人天이 不得見他心智하면

설 아 득 불　국 중 인 천　부 득 견 타 심 지

설령 제가 부처를 얻는다 해도, 나라 가운데 사람과 하늘이, 남의 마음을 보는 지혜 (타심통)를 얻지 못하면,

下至知百千億那由他諸佛國中衆生心念者

하 지 지 백 천 억 나 유 타 제 불 국 중 중 생 심 념 자

아래로 백 천억 나유타 모든 불국 가운데 중생이 마음에 생각함을

난 **不取正覺** 하오리다

아니 가질 바를 알
      갖출 깨달을

불 취 정 각
알기 까지는, 바른 깨달음을 얻지 않으오리다. (타심통)

⑨ **神足超越願**

귀신 발 뛸 넘을 원할
족할 넘을

신 족 초 월 원
⑨신령한 발(신족통)로 초월하는 서원.

設我得佛하야도 **國中人天**이 **不得神足**하야 **於一**

                              3   1
                        귀신 발   ~에
                        족할   에게

설 아 득 불   국 중 인 천   부 득 신 족   어 일
설령 제가 부처를 얻는다 해도, 나라 가운데 사람과 하늘이, 신령한

念頃下至不能超過百千億那由他諸佛國者

 2   4 10 9 5   7   8 6
  쯤   잘 뛸 지날   억
요즈음   능할 넘을 허물

념 경 하 지 불 능 초 과 백 천 억 나 유 타 제 불 국 자
발을 얻지 못하여, 한 찰나 사이에 아래로 능히 백 천억 나유타 모든 불
국을 뛰어넘어 지나가지 못하면,

면 **不取正覺**하오리다

불 취 정 각
바른 깨달음을 갖지 않으오리다. (신족통)

⑩ **淨無我想願**

깨끗 없을 나 생각 원할
할   할

정 무 아 상 원
⑩청정하여 나라는 생각이 없기 바라는 서원.

設我得佛하야도 國中人天이 若起想念貪計身

베풀 나 얻을 부처　나라 속 남 하늘　만약 일어 생각 생각 탐할 꾀,셀 몸
설령　특별　　　가운데 사람　　같을 날　　찰나　꾀할

설 아 득 불　　국 중 인 천　　약 기 상 념 탐 계 신

설령 제가 부처를 얻는다 해도, 나라 가운데 사람과 하늘이, 만약 생각

者면 不取正覺하오리다

이 　 아니 가질 바를 알
것 　 　 　 갖출 깨달을

자　　불 취 정 각

을 일으켜 몸을 탐착 한다면 바른 깨달음을 얻지 않으오리다. (누진통)

⑪ 決定正覺願

터질 정할 　 원할
결단

결 정 정 각 원

⑪ 결정코 바른 깨달음을 서원함.

設我得佛하야도 國中人天이 不住定聚하면 必至

　　　　　　　　　　　　　머물 모을 　 반듯 이를
　　　　　　　　　　　　　있을 마을 　 　 　 지극

설 아 득 불　　국 중 인 천　　부 주 정 취　　필 지

설령 제가 부처를 얻는다 해도, 나라 가운데 사람과 하늘이, 반드시멸도
에 이르는 정정취(반드시 성불할 것이 결정 되어 있는 사람)에 머물지 못

滅度者난 不取正覺하오리다

멸할 법도
지날

멸 도 자　　불 취 정 각

한다면, 바른 깨달음을 갖지 않으오리다.(부처가 되지 않겠습니다.)

⑫ 光明普照願

빛 밝을 넓을 비칠 원할

광 명 보 조 원

⑫ 광명이 널리 비치기 바라는 서원.

設我得佛하야 光明有能限量하야 下至不照百

설 아 득 불 　 광 명 유 능 한 량 　 하 지 부 조 백
설령 제가 부처를 얻는다 해도, 광명이 능히 제한된 양이 있어, 아래로

千億那由他諸佛國者면 不取正覺하오리다

천 억 나 유 타 제 불 국 자 　 불 취 정 각
백 천억 나유타 모든 부처님 나라를 비추지 못한다면, 바른 깨달음을 얻지 않으오리다.

⑬ 壽量無窮願

수 량 무 궁 원
⑬ 수명이 한없기 서원하다.

設我得佛하야 壽命有能限量하면 下至百千億

설 아 득 불 　 수 명 유 능 한 량 　 하 지 백 천 억
설령 제가 부처를 얻는다 해도, 수명이 능히 제한된 양이 있으면, 아래로

那由他劫者난 不取正覺하오리다

나 유 타 겁 자 　 불 취 정 각
백 천억 나유타 겁에 이르기까지는, 바른 깨달음을 얻지 않으오리다.

⑭ 聲聞無數願

성 문 무 수 원
⑭ 성문이 수 없기를 바라는 서원.

設我得佛^{하야} 國中聲聞有能計量^{하야} 乃至三
베풀 나 얻을 부처   나라 속 소리 들을 둘 잘 꾀,셀 헤아   이에 이를
설령   특별   가운데   맡을 있을 능할 꾀할 릴   지극
설 아 득 불   국 중 성 문 유 능 계 량   내 지 삼
설령 제가 부처를 얻는다 해도, 나라 가운데 성문이 능히 헤아려 셀 수

千大千世界衆生緣覺^이 於百千劫悉共計挍
일천 큰 인간 지경 무리 날 인연 알 ~에게 일백 세월 다 한가 견줄
    길(태)   둘레 많을 살 고리 깨달을   겁탈   지   보답
천 대 천 세 계 중 생 연 각   어 백 천 겁 실 공 계 교
있어, 이에 3천 대천세계의 중생과 연각이, 백 천겁에라도 다함께 세어

知其數者^{하면} 不取正覺^{하오리다}
알 그 셀 이   아니 가질 바를
지식 그것 자주삭 것   취할 갖출
지 기 수 자   불 취 정 각
그 수를 알 수 있다면,(수를 셀 수 있다면)바른 깨달음을 갖지 않으오리다.

⑮ 衆生長壽願
     길 목숨 원할
     어른
   중 생 장 수 원
⑮ 중생이 장수하기 서원하다.

設我得佛^{하야} 國中人天^의 壽命無能限量^{하고}
                                목숨 목숨 없을 능할 한계
                                    명령
설 아 득 불   국 중 인 천   수 명 무 능 한 량
설령 제가 부처를 얻는다 해도, 나라 가운데 사람과 하늘의 수명이 능히

除其本願脩短自在^{하되} 若不爾者不取正覺^{하오리다}
 7 1 2 3 4 5 6
덜 그 밑 닦을 짧을 부터 있을   만약   너
제외 그것 바탕 길   스스로   같을   그럴
제 기 본 원 수 단 자 재   약 불 이 자 불 취 정 각
 제한된 양이 없고, 그의 근본 서원이 (수명이)길고 짧음을 자재함은(서원에 따라 수명을 내 마음대로 정하는 것은) 제외하되, 만약 그렇지 않다면 바른 깨달음을 얻지 않으오리다.

⑯ 皆獲善名願

다 얻을 잘 이름 원할
       착할 부를

개 획 선 명 원

⑯ 다 좋은 이름 얻기를 서원하다

設我得佛하야 **國中人天**이 **乃至聞有不善名**

베풀 나 얻을 부처   나라 속 남 하늘   이에 이를 들을 둘 아니 잘 이름
가령 특별   가운데 사람   지극 말을 있을   착할 부를

설 아 득 불   국 중 인 천   내 지 문 유 불 선 명

설령 제가 부처를 얻는다 해도, 나라 가운데 사람과 하늘이, 이에 좋지

者하면 **不取正覺**하오리다

이것   가질 바를 알
          취할 갖출 깨달을

자   불 취 정 각

않은 이름이 들린다면, 바른 깨달음을 얻지 않으오리다.

⑰ 諸佛稱讚願

들   일컬 기릴 원할
모든   을 칭찬

제 불 칭 찬 원

⑰ 모든 부처님께서 칭찬해 주시기 서원하다.

設我得佛하야 **十方世界無量諸佛**이 **不悉諮**

                모 인간 지경   다 물을
                방법   둘레   자문

설 아 득 불   시 방 세 계 무 량 제 불   부 실 자

설령 제가 부처를 얻는다 해도, 시방세계의 한량없는 부처님들께서, 다

嗟稱我名者하면 **不取正覺**하오리다

탄식 칭할 나
감탄 일컬

차 칭 아 명 자   불 취 정 각

물어보고 감탄하여 저의 이름을 들먹이지 않으신다면, 바른 깨달음을 얻지 않으오리다.

⑱ 十念往生願

십 념 왕 생 원

⑱ 열 번 불러(생각하여) 왕생하기 서원하다.

設得我佛^{하야} **十方衆生至心信樂**^{하야} **欲生我**

설 득 아 불 시 방 중 생 지 심 신 락 욕 생 아

설령 제가 부처를 얻는다고 해도, 시방의 중생이 지극한 마음으로 믿고

國乃至十念^{하야} **若不生者不取正覺**^{하오리다} **唯除五**

국 내 지 십 념 약 불 생 자 불 취 정 각 유 제 오

즐겨, 내 나라에 태어나고자하여 이에 10번 까지 불러도(생각하기까지 이르러도,) 만약 태어나지 못한다면 바른 깨달음을 얻지 않으오리다.

逆誹謗正法^{하느니라}

역 비 방 정 법

오직 5역죄와 바른 법을 헐뜯는 것 만은 제외하느니라.

⑲ 臨終現前來迎引接願

임 종 현 전 래 영 인 접 원

⑲ 임종에 부처님이 앞에 나타나 오셔 이끌어 영접하여 주기 서원하다

設我得佛^{하야} **十方衆生發菩提心修諸功德**

설 아 득 불 시 방 중 생 발 보 리 심 수 제 공 덕

설령 제가 부처를 얻는다 해도, 시방의 중생이 보리심(깨달음의 마음)을 내어 온갖 공덕을 닦아,

至心發願欲生我國 臨壽終時 假令不
지심발원욕생아국 임수종시 가령불
지극한 마음으로 내 나라에 태어나고자 발원하여, 목숨이 끝날 때를

與大衆圍遶現其人前者 不取正覺
여대중위요현기인전자 불취정각
임하여, 가령 (내가)대중과 더불어 둘러싸여 그 사람 앞에 나타나지 못할 것 같으면, 바른 깨달음을 얻지 않으오리다.

⑳ 廻向皆生願
회향개생원
⑳ 지심으로 회향하여 다 왕생하기 서원하다.

設我得佛 十方衆生聞我名號係念我國
설아득불 시방중생문아명호계념아국
설령 제가 부처를 얻는다 해도, 시방의 중생이 저의 이름을 듣고 내

殖諸德本 至心廻向欲生我國 不果遂者
식제덕본 지심회향욕생아국 불과수자
나라를 생각하는 관계로 온갖 덕의 근본(뿌리)을 심어, 지극한 마음으로 되돌려주어 내 나라에 태어나고자하나, 과연(결과가) 이루어지지 못하면,

不取正覺
불취정각
바른 깨달음을 얻지 않으오리다.

㉑ 具足妙相願

구족묘상원

㉑ 미묘한 모습을 구족하기 서원하다.

設我得佛하야 **國中人天**이 **不悉成滿三十二**

설아득불 국중인천 부실성만삼십이

설령 제가 부처를 얻는다 해도, 나라 가운데 사람과 하늘이, 다

大人相者하면 **不取正覺**하오리다

대인상자 불취정각

32의 큰 사람의 모습(32대인상)을 원만히 이루지 못하면, 바른 깨달음을 얻지 않으오리다.

㉒ 咸階補處願

함계보처원

㉒ 다 보처(금생만 보처에 있고 다음 생은 부처가 되는 위치) 단계에 오르기를 서원하다.

設我得佛하야 **他方佛土諸菩薩衆來生我國**

설아득불 타방불토제보살중래생아국

설령 제가 부처를 얻는다 해도, 다른 곳에 불국토의 보살 대중들이 와

하면 **究竟必至一生補處**하되 **除其本願自在所化**

구경필지일생보처 제기본원자재소화

내 나라에 태어나면, 끝내 반드시 일생보처에 이르되, 그의 근본 서원이 자재하게(서원에 따라 자유롭게. 내 마음대로) 교화하거나,

爲衆生故被弘誓鎧하고 積累德本度脫一切하야 遊諸佛國修菩薩行하야 供養十方諸佛如來하고 開化恒沙無量衆生하야 使立無上正眞之道하나니라 超出常倫은 諸地之行에 現前修習普賢之德하나 若不爾者不取正覺하오리다

중생을 위하는 고로 널리 서원의 갑옷을 입고, 겹겹이 덕의 뿌리를 쌓아 모두 제도하여 해탈케 하여, 모든 불국토에 노닐며 보살의 행을 닦아, 시방의 모든 부처님 여래께 공양하고, 항하 모래같은 한량없는 중생을 교화하여 열어, 위없이 바르고 참된 도를 세우려는 이는 제외하느니라. 보통 사람(상륜)은 온갖 지위의 행에서 뛰처나와, 앞에 나타나 보현보살의 덕을 닦고 익히지만, 만약 그렇지 못하면 바른 깨달음을 얻지 않으오리다.

㉓ 晨供他方願

신 공 타 방 원

㉓ 새벽에 다른 곳에 (계시는 부처님들께) 공양하는 서원.

設我得佛^{하야} 國中菩薩^이 承佛神力供養諸

베풀 나 얻을 부처　　나라 속 보살 보살　　이을 귀신 힘 이바 기를 들
설령 특별　　　　　　　　가운데　　　　　받들　　　　지할 취할 모든

설 아 득 불　　　국 중 보 살　　　승 불 신 력 공 양 제

설령 제가 부처를 얻는다 해도, 나라 가운데 보살이, 부처님의 신통력을

佛^{하되} 一食之頃不能遍至無量無數億那由他

　　밥　　쯤　　잘 두루 이를 없을 헤아　　셀 억 클 말미 다를
　　먹을 요사이 능할 지극　　　릴 자주삭　어찌 암을

불　 일 식 지 경 불 능 변 지 무 량 무 수 억 나 유 타

받들어 모든 부처님께 공양하되, 한번 식사하는 사이에 능히 두루 한량

諸佛國者^{하면} 不取正覺^{하오리다}

　나라 이　　　가질 바를 알
　　　것　　　취할 갖출 깨달을

제 불 국 자　　불 취 정 각

없고 수없는 억의 나유타 모든 부처님 나라에 이르지 못하면, 바른 깨달음을 얻지 않으오리다.

㉔ 所須滿足願

　　바　 잠간 찰 발 원할
　　것,곳 반드시 족할

소 수 만 족 원

㉔ 마음대로 만족하기(공양 하기)를 서원하며.

設我得佛^{하야} 國中菩薩^이 在諸佛前現其德

설 아 득 불　　국 중 보 살　　재 제 불 전 현 기 덕

설령 제가 부처를 얻는다 해도, 나라 가운데 보살이, 부처님들 앞에 있으면서 그의 덕의 근본을 나타내되,

本^{하되} 諸所求欲供養之具^{하오나} 若不如意者^{하면} 不

　　　구할 하고　　　갖출　　만약　　같을 뜻
　　　찾을 자할　　　그릇　　같을　　이를 생각

본　　제 소 구 욕 공 양 지 구　　약 불 여 의 자　　불

온갖 구하는 바를 공양하되, 만약 뜻과 같지 아니하면,

取正覺 하오리다

가질 바를 알
취할 갖출 깨달을

취 정 각

바른 깨달음을 얻지 않으오리다.

㉕ 善入本智願

잘 들 밑 지혜 원할
좋을 얻을 바탕

선 입 본 지 원

㉕ 본래의 지혜(일체지)에 잘 들어가(설법하기)기를 서원하다.

設我得佛 하야 國中菩薩不能演說一切智者

베풀 나 얻을 부처 나라 속 보살 보살 아니 잘 펼 말씀 모두 지혜 이
가령   특별   가운데   능할 부를 기쁠열 끊을절   것

설 아 득 불 국 중 보 살 불 능 연 설 일 체 지 자

설령 제가 부처를 얻는다 해도, 나라 가운데 보살이 능히 일체지(온갖 것을 다 아는 지혜)를 펴설하지 못하면,

하면 不取正覺 하오리다

불 취 정 각

바른 깨달음을 얻지 않으오리다.

㉖ 那羅延力願

클 벌일 이끌 힘 원할
어찌   인도

나 라 연 력 원

㉖ 나라연(하늘의 금강력사)의 힘을 가지기 서원하다.

設我得佛 하야 國中菩薩不得金剛那羅延身

쇠 굳셀   몸
  굿이

설 아 득 불 국 중 보 살 부 득 금 강 나 라 연 신

설령 제가 부처를 얻는다 해도, 나라 가운데 보살이 금강 나라연의 몸을

者 하면 不取正覺 하오리다

이것 아니 취할 가질 갖출 바를 깨달을 알

자 불 취 정 각

얻지 못하면, 바른 깨달음을 얻지 않으오리다.

㉗ 莊嚴無量願

꾸밀 씩씩할 엄할 위엄 없을 헤아릴 원할

장 엄 무 량 원

㉗ 한량없이 장엄하기 서원.

設我得佛 하야도 國中人天 과 一切萬物嚴淨光

베풀 가령 나 특별 얻을 부처 나라 속 가운데 남 사람 하늘 모두 끊을절 일만 만물 엄할 위엄 깨끗할 빛

설 아 득 불 국 중 인 천 일 체 만 물 엄 정 광

설령 제가 부처를 얻는다 해도, 나라 가운데 사람과 하늘과 모든 만물이

麗 하며 形色殊特窮微極妙無能稱量 하며 其諸衆

고울 지날 형상 모양 빛 죽일 다를 특별할 수컷 궁할 다할 적을 지극 다할 묘할 없을 잘 능할 일컬 들을 헤아릴 그 그것 들 모든 무리 많을

려 형 색 수 특 궁 미 극 묘 무 능 칭 량 기 제 중

장엄하고 깨끗하고 빛이 고우며, 생긴 모습이 뛰어나고 섬세하고 지극히 미묘하여 능히 헤아려 칭할 수 없으며, 그 모든 중생이나,

生 이나 乃至逮得天眼 한 有能明了辨其名數者

날 살 이에 이를 잡을 지극 (체) 눈 둘 있을 밝을 깨달을 알 분명 분별 이름 부를 셀 자주삭 이 것

생 내 지 대 득 천 안 유 능 명 요 변 기 명 수 자

이에 하늘눈을 얻은 이에 이르기까지, 능히 그들의 이름과 수를

하면 不取正覺 하오리다

아니 취할 가질 갖출 바를 깨달을 알

불 취 정 각

분명하고 또렷하게 가릴 수 있다면, 바른 깨달음을 얻지 않으오리다.(정한 수가 있다면)

㉘ 寶樹悉知願

보배 나무 다 알 원할
　　　　　지식

보 수 실 지 원

㉘ 도량의 보배 나무를 다 알기를 서원하다.

設我得佛_{하야} 國中菩薩_과 乃至少功德者_{하야}

베풀 나 얻을 부처　나라 속 보살 보살　이에 이를 젊을 일,공 큰 이
가령　　특별　　　　　가운데　　　　　지극 적을 보람 은혜 것

설 아 득 불　　국 중 보 살　　내 지 소 공 덕 자

설령 제가 부처를 얻는다 해도, 나라 가운데 보살과, 이에 적은 공덕을 지은이에

不能知見其道場樹無量光色高四百萬里者

아니 잘 볼 그 길 마당 나무 없을 헤아 빛 빛 높을 일백 일만 마을
　능할 생각 그것 이치 (장)　　릴　　모양　　　　　　　거리

불 능 지 견 기 도 량 수 무 량 광 색 고 사 백 만 리 자

이르기까지, 능히 그 도량 나무의 한량없는 빛과 모습과 높이가 4백

_{하면} 不取正覺_{하오리다}

　　　가질 바를 알
　　　취할 갖출 깨달을

　　　불 취 정 각

만리인 것을 보고 알지 못하면, 바른 깨달음을 얻지 않으오리다.

㉙ 獲勝辯才願

언을 이길 말잘 재주 원할
　　수승　할

획 승 변 재 원

㉙ 수승한 말 재주를 얻기를 서원하다.

設我得佛_{하야} 國中菩薩_이 若受讀經法諷誦

　　　　　　　　　　　　　　만약 받을 읽을 글 법 외울 욀
　　　　　　　　　　　　　　같을　　　　지날 형상 풍자할

설 아 득 불　　국 중 보 살　　약 수 독 경 법 풍 송

설령 제가 부처를 얻는다 해도, 나라 가운데 보살이, 만약 경의 법문을 받아 읽고 외우고 지니며 설하여도,

持說ᄒᆞ야도 而不得辯才智慧者ᄒᆞ면 不取正覺ᄒᆞ오리다
지 설　이 부 득 변 재 지 혜 자　불 취 정 각

변재(말 잘하는 재주)의 지혜를 얻지 못하면, 바른 깨달음을 얻지 않으오리다.

㉚ 大辯無邊願
대 변 무 변 원

㉚ 훌륭한 말 재주가 끝이 없기를 서원하다.

設我得佛ᄒᆞ야도 國中菩薩의 智慧辯才若可限
설 아 득 불　국 중 보 살　지 혜 변 재 약 가 한

설령 제가 부처를 얻는다 해도, 나라 가운데 보살의 지혜와 말 잘하는

量者ᄒᆞ면 不取正覺ᄒᆞ오리다
량 자　불 취 정 각

재주가, 만약 헤아림에 한계가 가능하면, 바른 깨달음을 얻지 않으오리다.

㉛ 國淨普照願
국 정 보 조 원

㉛ 나라는 깨끗하고 명경같이 널리 다 비치기를 서원하다.

設我得佛ᄒᆞ야도 國土淸淨ᄒᆞ야 皆悉照見十方一
설 아 득 불　국 토 청 정　개 실 조 견 시 방 일

설령 제가 부처를 얻는다 해도, 국토가 청정하여, 시방의 모든

切無量無數不可思議諸佛世界하니 猶如明鏡
체무량무수불가사의제불세계 유여명경
한량없고 수없는 불가사의한 모든 부처님 세계를 모두 다 비춰보니, 마

觀其面像듯하나 若不爾者하면 不取正覺하오리다
도기면상 약불이자 불취정각
치 밝은 거울로 그 얼굴 형상을 보는 듯하나, 만약 그렇지 못하면, 바른 깨달음을 얻지 않으오리다.

㉜ 無量勝音願
무량승음원
㉜ 한량없이 수승한 음성(설법)을 서원하다.

設我得佛하야 自地以上至于虛空한 宮殿樓
설아득불 자지이상지우허공 궁전루
설령 제가 부처를 얻는다 해도, 땅에서부터 위로써 허공에 이르기까지,

觀池流華樹하며 國土所有一切萬物이 皆以無
관지류화수 국토소유일체만물 개이무
궁전, 누각, 못, 흐름, 꽃, 나무하며, 국토에 있는 바의 모든 만물이, 다

量雜寶百千種香而共合成하얏으며 嚴飾奇妙超諸
량잡보백천종향이공합성 엄식기묘초제
한량없는 여러 보배와 백 천 가지 향으로써 함께 이루어졌으며, 장엄하고 기묘하여 모든 인간과 하늘을 뛰어나며,

人天하며 其香普薰十方世界하야 菩薩聞者皆修

인천 기향보훈시방세계 보살문자개수
그 향기 시방세계에 두루퍼져, 보살이 맡은 이는 다

佛行하되 若不爾者하면 不取正覺하오리다

불행 약불이자 불취정각
부처의 행을 닦되, 만약 그렇지 못하면, 바른 깨달음을 갖지 않으오리다.

㉝ 蒙光安樂願

몽광안락원
㉝ 나의 광명을 입어 안락하기를 서원하다.

設我得佛하야도 十方無量不可思議諸佛世界

설아득불 시방무량불가사의제불세계
설령 제가 부처를 얻는다 해도, 시방의 한량없는 불가사의한 모든

衆生之類난 蒙我光明觸其體者난 身心柔軟

중생지류 몽아광명촉기체자 신심유연
부처님세계의 중생류는, 저의 광명을 입고 그의 몸에 비친이는 이는, 몸

超過人天하지만 若不爾者하면 不取正覺하오리다

초과인천 약불이자 불취정각
과 마음이 부드러워 사람과 하늘을 초월 하지만, 만약 그렇지 못하면, 바른 깨달음을 갖지 않으오리다.

㉞ 成就總持願

성취총지원

㉞ 이름을 얻으면 총지(다라니=진언, 주문)를 성취하기를 서원하다.

設我得佛하야 十方無量不可思議諸佛世界

설 아 득 불   시 방 무 량 불 가 사 의 제 불 세 계

만약 제가 부처를 얻는다 해도, 시방의 한량없는 불가사의한 모든

衆生之類난 聞我名字하고 不得菩薩無生法忍

중 생 지 류   문 아 명 자   부 득 보 살 무 생 법 인

부처님 세계의 중생류는, 저의 이름자를 듣고, 보살의 무생법인(나고 멸함도 없는 일체의 참 모습을 깨달아 거기에 안주하는 것)과

諸深總持者   不取正覺

제 심 총 지 자   불 취 정 각

온갖 깊은 총지를 얻지 못하면, 바른 깨달음을 얻지 않으오리다.

㉟ 永離女身願

영리여신원

㉟ 여자의 몸을 영원히 떠나기를 서원하다.

設我得佛하야 十方無量不可思議諸佛世界

설 아 득 불   시 방 무 량 불 가 사 의 제 불 세 계

설령 제가 부처를 얻는다 해도, 시방의 한량없는 불가사의한 모든

에 其有女人聞我名字 하고 歡喜信樂發菩提心

그 그것 / 둘 있을 / 계집 / 남 사람 / 들을 맡을 / 나 / 이름 부를 / 글자 / 기쁠 / 기쁠 / 믿을 진실 / 즐길 좋을요 / 필 낼,쏠 / 보살 / 끌,들 (제) / 마음

기 유 여 인 문 아 명 자 환 희 신 락 발 보 리 심

부처님 세계에, 그곳에 여인이 있어 저의 이름자를 듣고, 기뻐하며

厭惡女身 하되 壽終之後復爲女像者 하면 不取正

싫을 / 더러울 / 몸 / 목숨 / 끝 마칠 / 갈 의,것 / 뒤 / 또 다시 / 할 될 / 형상 / 이 것 / 아니 / 가질 취할 / 바를 갖출

염 오 여 신 수 종 지 후 부 위 여 상 자 불 취 정

즐겨 믿어 보리심을 내고 여인의 몸 받기를 싫어하였으되 , 목숨이

覺 하오리다

알 깨달을

각

끝난 뒤에 다시 여인으로 태어나면 바른 깨달음을 얻지 않으오리다.

㊱聞名至果願

이를 지극 / 결과 과실 / 원할

문 명 지 과 원

㊱ 나의 이름을 듣고 성불(불과)에 이르기를 서원.

設我得佛 하야도 十方無量不可思議諸佛世界

베풀 가령 / 나 / 생각 / 의논

설 아 득 불 시 방 무 량 불 가 사 의 제 불 세 계

설령 제가 부처를 얻는다 해도, 시방의 한량없는 불가사의한 모든

諸菩薩衆 이 聞我名字 하고 壽終之後常修梵行

항상 떳떳 / 닦을 마를 / 하늘 불경 / 갈 행할

제 보 살 중 문 아 명 자 수 종 지 후 상 수 범 행

부처님 세계의 모든 보살 대중이, 저의 이름자를 듣고, 목숨이 끝난 뒤에 항상 범행(청정한 행)을 닦아 불도를

至成佛道 하되 若不爾者 하면 不取正覺 하오리다

이를 지극 될 이룰 부처 길 이치 만약 같을 아니 너 그럴 이 것 가질 취할 바를 갖출 알 깨달을

지 성 불 도 약 불 이 자 불 취 정 각

이룰 것이나 만약 그렇지 못하면, 바른 깨달음을 얻지 않으오리다.

㊲天人敬禮願

하늘 남 사람 공경 할 예도 경의 원할

천 인 경 예 원

㊲ 하늘과 인간이 공경하여 예배하기를 서원하다.

設我得佛 하야도 十方無量不可思議諸佛世界

베풀 가령 나 얻을 특별 모 방법 없을 헤아릴 쯤 옳게 생각 의논 인간 지경 둘레

설 아 득 불 시 방 무 량 불 가 사 의 제 불 세 계

설령 제가 부처를 얻는다 해도, 시방의 한량없는 불가사의한 모든

諸天人民 이 聞我名 과 字 하고 五體投地稽首作

백성 들을 맡을 나 이름 부를 글자 몸 던질 땅 지위 머물 쌓을 우두머리 될 지을

제 천 인 민 문 아 명 자 오 체 투 지 계 수 작

부처님 세계의 모든 하늘과 인간의 백성이, 저의 이름과 자를 듣고,

禮 하고 歡喜信樂修菩薩行 하야 諸天世人莫不致

예도 기쁠 기쁠 믿을 진실 즐길 좋을요 닦을 마를 갈 행할 말 저물 보낼 이를

예 환 희 신 락 수 보 살 행 제 천 세 인 막 불 치

5체(길게 엎드려 두 무릎, 두 팔꿈치, 이마의 다섯을 땅에 대고 예배하는 법)를 땅에 던져 머리를 조아려 예배하고, 기뻐하며 즐겨 믿어 보살의

敬 하되 若不爾者 하면 不取正覺 하오리다

공경 할 만약 같을 너 그럴

경 약 불 이 자 불 취 정 각

행을 닦음에, 모든 하늘과 세상 사람이 공경하지 아니함이 없으나, 만약 그렇지 못하면, 바른 깨달음을 얻지 않으오리다.

㊳ 須衣隨念願

마땅 옷 따를 생각 원할
수염   찰나
수 의 수 념 원

㊳ 꼭 생각대로 옷 입기를 서원하다.

設我得佛하야 **國中人天**이 **欲得衣服隨念卽**

베풀 나 얻을   하고 옷 입을 따를 생각 곧
가령 특별   자할   찰나 나아갈
설 아 득 불 국 중 인 천 욕 득 의 복 수 념 즉

설령 제가 부처를 얻는다 해도, 나라 가운데 사람과 하늘이, 의복을

至하되 **如佛所讚應法妙服自然在身**하며 **若有裁**

이를 같을 바 기릴 마땅   묘할 부터 그럴 있을 몸   만약 둘 마를
지극 이를 것,곳 칭찬 응할   스스로 태울   같을 있을
지   여 불 소 찬 응 법 묘 복 자 연 재 신   약 유 재

얻고자하면 생각대로 바로 얻되, 부처님께서 찬탄하시는 바와 같은 법
에 맞는 미묘한 옷이 저절로 몸에 있으며, 만약 마르고 꿰매거나 물들여

縫染治浣濯者이면 **不取正覺**하오리다

꿰맬 물들 다스릴 빨 씻을 이   가질 바를 알
기울 일 수리할 씻을 빨 것   취할 갖출 깨달을
봉 염 치 완 탁 자   불 취 정 각

고치거나 빨아 세탁한 것이 있으면, 바른 깨달음을 얻지 않으오리다.

㊴ 纔生心淨願

겨우 날 마음 깨끗 원할
비로소 살   할
비단
재 생 심 정 원

㊴ 비단 같이 마음이 깨끗하게 살기를 서원하다.

設我得佛하야 **國中人天**이 **所受快樂**이 **不如**

                              받을 훤할 즐길
                                    좋을요
설 아 득 불 국 중 인 천 소 수 쾌 락 불 여

설령 제가 부처를 얻는다 해도, 나라 가운데 사람과 하늘이, 받는 상쾌
한 즐거움이

漏盡比丘者하면 不取正覺하오리다

누 진 비 구 자　　불 취 정 각
루(번뇌)가 다한 비구와 같지 않다면, 바른 깨달음을 얻지 않으오리다.

㊽ 樹現佛刹願

수 현 불 찰 원

㊽ 나무에서 불국토가 나타나기를 서원하다

設我得佛하야 國中菩薩이 隨意欲見十方無

설 아 득 불　　국 중 보 살　　수 의 욕 견 시 방 무
설령 제가 부처를 얻는다 해도, 나라 가운데 보살이, 뜻을 따라 시방의

量嚴淨佛土하면 應時如願하야 於寶樹中皆悉照

량 엄 정 불 토　　응 시 여 원　　어 보 수 중 개 실 조
한량없는 장엄하고 청정한 불국토를 보고자하면, 때맞춰 원함과 같이,
보배나무 가운데 모두 다 비쳐 보되,

見하되 猶如明鏡觀其面像하며 若不爾者하면 不取

견　　유 여 명 경 도 기 면 상　　약 불 이 자　　불 취
마치 밝은 거울로 그의 얼굴 형상을 보는 듯하며, 만약 그렇지 못하면

正覺

정 각
바른 깨달음을 얻지 않으오리다.

㊶ 無諸根缺願

없을 모든 뿌리 흠 원할
온갖　　　 빠질

무 제 근 결 원

㊶ 모든 중생의 6근에 결함이 없기를 서원하다.

設我得佛하야 **他方國土諸菩薩衆**이 **聞我名**

베풀 나 얻을　　　 다를 모 나라 흙　　　　　들을
가령　 특별　　　　　　 방법　　　　　　　　맡을

설 아 득 불　　 타 방 국 토 제 보 살 중　　 문 아 명

설령 제가 부처를 얻는다 해도, 다른 곳에 불국토의 모든 보살 대중이,

字至于得佛함에 **諸根缺陋不具足者**하면 **不取正**

글자 이를 어조　　　　 뿌리 빠질 추할　 갖출 발
　　 지극 사　　　　　　 흠 더러울　 그릇 족할

자 지 우 득 불　　 제 근 결 누 불 구 족 자　　 불 취 정

저의 이름자를 듣고 부처가 될 때 까지, 모든 뿌리(온몸)가 결함과 더러

覺하오
리다

각

움으로 구족 하지 못하다면,(불구자) 바른 깨달음을 얻지 않으오리다.

㊷ 現證等持願

현재 증거 무리 가질 원할
나타날 증명 같을

현 증 등 지 원

㊷ 깨달음(현증現證=묘과妙果).삼매(등지等持)를 이루기 서원.

設我得佛하야 **他方國土諸菩薩衆**이 **聞我名**

베풀 나 얻을　　　 다를 모 나라 흙　　　　　들을
가령　 특별　　　　　　 방법　　　　　　　　맡을

설 아 득 불　　 타 방 국 토 제 보 살 중　　 문 아 명

설령 제가 부처를 얻는다 해도, 다른 곳에 불국토의 모든 보살 대중이, 저의 이름자를 듣고,

字하고 皆悉逮得淸淨解脫三昧하야 住是三昧一

글자 다 다 잡을 얻을 맑을 깨끗 풀 벗을 어두 머물 이
    (체)특별   할 알   울   있을 옳을
자 개 실 대 득 청 정 해 탈 삼 매   주 시 삼 매 일
모두 다 청정한 해탈삼매를 얻어, 이 삼매에 머물며 하나의 뜻을 내는

發意頃에 供養無量不可思議諸佛世尊하야 而

펼 뜻 쯤   이바 기를 없을 헤아 아니 쯤 생각 의논 모든   인간 높을
낼,쏠 생각 요즘 지할 취할   릴   옳게   여러
발 의 경 공 양 무 량 불 가 사 의 제 불 세 존   이
사이에, 한량없는 불가사의한 모든 부처님 세존께 공양해도, 선정의 뜻을

不失定意하되 若不爾者   不取正覺

        잃을 정할   만약 너
                      같을 그럴
부 실 정 의   약 불 이 자   불 취 정 각
잃지 않을 것이며, 만약 그렇지 못하면, 바른 깨달음을 얻지 않으오리다.

㊷ 聞生豪貴願

   들을 날 호걸 귀할 바랄
   맡을 살 귀인
   문 생 호 귀 원
㊷ 나의 이름을 듣고 호화롭고 귀하게 태어나기를 서원하다.

設我得佛하야 他方國土諸菩薩衆이 聞我名

베풀 나 얻을   다를 모 나라 흙   들을
가령   특별   방법   맡을
설 아 득 불   타 방 국 토 제 보 살 중   문 아 명
설령 제가 부처를 얻는다 해도, 다른 곳에 불국토의 모든 보살 대중이,

字하고 壽終之後生尊貴家하되 若不爾者하면 不取

    목숨 끝   뒤 높을 귀할 집
    마칠
자   수 종 지 후 생 존 귀 가   약 불 이 자   불 취
저의 이름자를 듣고, 목숨이 다한 뒤에 존귀한 가문에 태어나되, 만약 그렇지 못하면,

正覺 하오리다

바를 알
갖출 깨달을
정 각
바른 깨달음을 얻지 않으오리다.

㊹ 具足善根願

갖출 발 잘 뿌리 바랄
그릇 족할 착할
구 족 선 근 원

㊹ 선의 종자(선근)가 구족하기를 서원하다.

設我得佛 하야 他方國土諸菩薩衆이 聞我名

베풀 나 얻을   다를 모 나라 흙   들을
가령   특별   방법   맡을
설 아 득 불   타 방 국 토 제 보 살 중   문 아 명

설령 제가 부처를 얻는다 해도, 다른 곳에 불국토의 모든 보살 대중이,

字하고 歡喜踊躍하며 修菩薩行具足德本하되 若不

글자 기쁠 기쁠 뛸 뛸   닦을 보살 보살 갈 갖출 발 큰 밑
              솟을   마를   행할 그릇 족할 은혜 바탕
자   환 희 용 약   수 보 살 행 구 족 덕 본   약 불

제 이름자를 듣고, 기뻐 뛰며, 보살의 행을 닦아 덕의 근본이 구족 할

爾者하면 不取正覺하오리다

너   가질
그럴   취할
이 자   불 취 정 각

것입니다. 만약 그렇지 못하면, 바른 깨달음을 얻지 않으오리다.

㊺ 供佛堅固願

이바 부처 굳을 굳을 바랄
지할
공 불 견 고 원

㊺ 부처님께 공양함이 견고(항상)하기를 서원하다.

設我得佛하야 他方國土諸菩薩衆이 聞我名

설아득불 타방국토제보살중 문아명

설령 제가 부처를 얻는다 해도, 다른 곳에 불국토의 모든 보살 대중이,

字하고 皆悉逮得普等三昧하야 住是三昧至于成

자 개실대득보등삼매 주시삼매지우성

제 이름자를 듣고, 모두 다 보등삼매(널리 모든 부처님을 다 같이 친견하는 삼매)를 얻어, 이 삼매에 머물며

佛함에 常見無量不可思議一切如來하되 若不爾

불 상견무량불가사의일체여래 약불이

부처를 이루기까지, 항상 한량없는 불가사의한 모든 여래를 뵈올 것이

者하면 不取正覺하오리다

자 불취정각

며, 만약 그렇지 못하면, 바른 깨달음을 얻지 않으오리다.

㊻ 欲聞自聞願

욕문자문원

㊻ 법을 듣고 싶으면 저절로 들리기를 서원하다.

設我得佛하야 國中菩薩이 隨其志願所欲聞

설아득불 국중보살 수기지원소욕문

설령 제가 부처를 얻는다 해도, 나라 가운데 보살이, 그 뜻의 서원대로 법을 듣고자 하면 저절로

法自然得聞하되 若不爾者하면 不取正覺하오리다

법 부터 그릴 얻을 들을　만약 아니 너 이　　가질 바를 알
형상 스스로 태울 특별 맡을　같을　　그럴 것　　취할 갖출 깨달을

법 자 연 득 문　　약 불 이 자　　　불 취 정 각

들리되, 만약 그렇지 않으면, 바른 깨달음을 얻지 않으오리다.

㊼ 菩提無退願

보살 끝,들 없을 물러 원할
(제)　　　　갈

보 리 무 퇴 원

㊼ 보리(깨달음. 불타 정각의 지혜)에서 물러남이 없기를 서원하다.

設我得佛하야 他方國土諸菩薩衆이 聞我名

베풀 나 얻을　　다를 모 나라 흙　　　　들을
가령　 특별　　　방법　　　　　　　　맡을

설 아 득 불　　타 방 국 토 제 보 살 중　　문 아 명

설령 제가 부처를 얻는다 해도, 다른 곳의 불국토의 모든 보살 대중이,

字하고 不卽得至不退轉者하면 不取正覺하오리다

글자　　곧　이를　　구를
　　　나아갈 지극　옮길

자　　불 즉 득 지 불 퇴 전 자　　　불 취 정 각

제 이름자를 듣고, 바로 불퇴전에 이르지 못하면, 바른 깨달음을 얻지 않으오리다.

㊽ 現獲忍地願

현재 얻을 참을 땅
나타날 견딜 지위

현 획 인 지 원

㊽ 3법인의 지위를 얻기를 서원하다

設我得佛하야 他方國土諸菩薩衆이 聞我名

베풀 나 얻을　　다를 모 나라 흙　　　　들을
가령　 특별　　　방법　　　　　　　　맡을

설 아 득 불　　타 방 국 토 제 보 살 중　　문 아 명

설령 제가 부처를 얻는다 해도, 다른 곳에 불국토의 모든 보살 대중이,

字하고 不卽得至第一第二第三法忍하고 於諸佛
글자 아니 곧 얻을 이를 차례   법 참을   ~에 들
         나아갈 특별 지극   형상 견딜   에게 모든
자   불 즉 득 지 제 일 제 이 제 삼 법 인   어 제 불

제 이름자를 듣고, 바로 제1(音響忍=음향인), 제2(柔順忍=유순인), 제3법인(無生法忍=무생법인)에 이르지 못하고, 모든 불법에서

法不能卽得不退轉者하면 不取正覺하오리다
    잘   물러 구를 이   가질 바를 알
    능할   갈 옮길 것   취할 갖출 깨달을
법 불 능 즉 득 불 퇴 전 자   불 취 정 각

능히 바로 불퇴전을 얻지 못하면, 바른 깨달음을 얻지 않으오리다.

7 重誓偈

거듭 맹서 글귀
무거울   범어

중 서 게

7. 거듭 서원하는 게송.(시, 노래)

佛告阿難하사 爾時法藏比丘는 說此願已而
알릴 큰언 어려   너 때 감출 견줄 언덕   말씀 이 원할 이미 어조
     덕   울   그럴 찰나 창고 본뜰   기쁠열 여기   마칠 사
불 고 아 난   이 시 법 장 비 구   설 차 원 이 이

부처님께서 아난에게 이르시되, 그때 법장비구는, 이 서원을 설하고

說頌曰하되 ○我建超世願은 必至無上道하리
기릴 가로   나 세울 뛸 인간   반듯 이를 없을 웃 길
                    넘을   지극   으뜸 이치
설 송 왈   아 건 초 세 원   필 지 무 상 도

나서 게송으로 설하되, 내가 세운 세상을 뛰어넘는 서원은 반드시 위없는 도에 이르리.

斯願不滿足하면 誓不成等覺하리 我於無量劫에
이   찰 발 맹서   될 같을 무리   세월
           족할   이룰 무리   겁탈
사 원 불 만 족   서 불 성 등 각   아 어 무 량 겁

이런 서원 만족 못하면 맹세코 등각을 이루지 않으리. 내 무량한 겁에

不爲大施主하야 普濟諸貧苦하면 誓不成等覺하리
불위대시주 보제제빈고 서불성등각
큰 시주 되어 널리 온갖 가난과 고통을 제도하지 못하면 맹세코 등각을

我至成佛道하야 名聲超十方하되 究竟靡不聞하면
아 지 성 불 도 명 성 초 시 방 구 경 미 불 문
이루지 않으리. 내 불도를 이루어 이름 소리 시방을 뛰어넘되,

誓不成等覺하리 離欲深正念과 淨慧修梵行도다
서 불 성 등 각 이 욕 심 정 념 정 혜 수 범 행
끝내 듣지 못한 이 있으면 맹세코 등각 이루지 않으리. 욕망 여원 깊고
바른 생각과 청정한 지혜로 범행(도)을 닦으며. 뜻으로 위없는 도 구하여

志求無上道하야 爲諸天人師하니 神力演大光하야
지 구 무 상 도 위 제 천 인 사 신 력 연 대 광
모든 하늘과 인간의 스승이 되리, 신령한 힘은 큰 광명 내어 끝없는 국

普照無際土하고 消除三垢冥하고 明濟衆厄難하리
보 조 무 제 토 소 제 삼 구 명 명 제 중 액 난
토 널리 비추고, 세 가지(탐,진,치) 어두운 때 녹여 버리고 중생의 액난

開彼智慧眼하야 滅此昏盲闇하고 閉塞諸惡道하야
개 피 지 혜 안 멸 차 혼 맹 암 폐 새 제 악 도
밝게 건지리. 저 지혜의 눈 열어서 이 눈멀어 어둠 멸해버리고, 모든 악
도는 막아버리고 좋은 곳(선도=선취)) 가는 문을 활짝 열리라.

通達善趣門하고 功祚成滿足하니 威曜朗十方하고

| 통할 | 사무 | 잘 | 뜻 | 문 | 공,일 | 복 | 될 | 찰 | 발 | 위엄 | 빛날 | 밝을 | | 모 |
| 환할 | 칠 | 착할 | 갈,곳 | | 보람 | 길할 | 이룰 | | 족할 | | | | | 방법 |

통 달 선 취 문　　공 조 성 만 족　　위 요 낭 시 방

공덕과 복덕 만족히 이루어 위엄스런 빛 시방 밝히니, 해와 달 겹친 빛도

日月戢重暉하고 天光隱不現하네 爲衆開法藏하야

| 날 | 달 | 그칠 | 거듭 | 빛 | | | 빛 | 숨을 | | 현재 | 할 | 무리 | 열 | 감출 |
| 해 | | 거둘줍 | 무거울 | 빛날 | | | | | | 나타날 | 될 | 많을 | | 창고 |

일 월 집 중 휘　　천 광 은 불 현　　위 중 개 법 장

무색해지고 하늘의 광명도 숨어버리네. 중생을 위하여 법장을 열어 공덕의 보배를 널리 베풀고, 언제나 대중

廣施功德寶하고 常於大衆中하야 説法師子吼하리

| 넓을 | 베풀 | | 큰 | 보배 | 항상 | ~에 | | | | 말씀 | | 스승 | | 불 |
| | | | | 은혜 | 떳떳 | 에게 | | | | 기쁠열 | | | | 외칠 |

광 시 공 덕 보　　상 어 대 중 중　　설 법 사 자 후

속에서 사자후로 설법을 하리. 모든 부처님께 공양올리며 온갖 덕의 근본

供養一切佛하야 具足衆德本하고 願慧悉成滿하야

| 이바 | 기를 | | 모두 | | 갖출 | | 밑 | | 원할 | 다 | | 찰 |
| 지할 | 취할 | | 끊을절 | | 그릇 | | 바탕 | | | | | |

공 양 일 체 불　　구 족 중 덕 본　　원 혜 실 성 만

을 구족히 하고, 서원과 지혜를 모두 다 이루어 능히 3계의 영웅 되리

得爲三界雄하리라 如佛無量智듯 通達靡不遍하고

| 얻을 | | 지경 | 영웅 | 같을 | | | | | 말 | | 두루 | |
| 특별 | | 둘레 | | 이를 | | | | | 없을 | | | |

득 위 삼 계 웅　　여 불 무 량 지　　통 달 미 불 변

라. 부처님의 한량없는 지혜와 같이 두루 통달하여 막힌 데 없어

願我功德力이 等此最勝尊하며 斯願若剋果하면

| | | | | | 가장 | 이길 | 높을 | 이 | 만약 | 이길 | 과실 |
| | | | | | | 수승 | | | | 같을 | 이룰 | 결과 |

원 아 공 덕 력　　등 차 최 승 존　　사 원 약 극 과

원컨대 내 공덕의 힘 여기 가장 수승하신 세존과 같이, 이 서원 만약 불과를 이루면 대천세계 마땅히 감동하시며,

大千應感動하시고 虛空諸天人은 當雨珍妙華하리라

대천응감동 허공제천인 당우진묘화

허공의 모든 하늘사람은 마땅히 진기하고 미묘한 꽃비를 내리리.

○佛語阿難하사 法藏比丘說此頌已하니 應時普

불어아난 법장비구설차송이 응시보

부처님께서 아난에게 말씀하시되 법장비구가 이 게송을 설하고 나니,

地六種震動하고 天雨妙華以散其上하야 自然音

지육종진동 천우묘화이산기상 자연음

때맞춰 온 땅은 여섯 가지로 진동하고, 하늘은 미묘한 꽃 비를 내려 그 위에 흩고 저절로 음악이 공중에서

樂空中讚言하되 決定必成無上正覺라고 於是法

악공중찬언 결정필성무상정각 어시법

찬탄하여 말하되, '결정코 반드시 위없는 정각을 이루리라.' 라고. 이에

藏比丘난 具足修滿如是大願하얏니라 誠諦不虛超

장비구 구족수만여시대원 성제불허초

법장비구는, 이와 같은 큰 서원을 구족하고 원만히 닦았으니

出世間深樂寂滅하나니라

출세간심락적멸

참된 진리는 헛되지 않아 세간을 뛰어넘어 깊이 적멸을 즐겼느니라.

8 法藏比丘修行

법장비구수행

8, 법장비구의 수행.

阿難아 法藏比丘於彼佛所의 諸天魔梵龍

아난 법장비구어피불소 제천마범용

아난아, 법장비구는 저 부처님 처소의 여러 하늘과 마귀, 범천, 용, 귀신

神八部大衆之中에 發斯弘誓建此願已하야 一

신팔부대중지중 발사홍서건차원이 일

의 8부 대중 가운데서, 이런 넓은 서원을 세우고 이 서원을 세우고 나서, 한결 같이 뜻을 오로지하여 미묘한 국토를 장엄하더니, 닦은 바의

向專志莊嚴妙土터니 所修佛國開廓廣大超勝

향전지장엄묘토 소수불국개곽광대초승

불국토는 곽을 여니 광대하고 뛰어나고 수승하여 홀로 미묘하거늘,

獨妙거늘 建立常然無衰無變하니 於不可思議兆

독묘 건립상연무쇠무변 어불가사의조

건립한 국토는 항상 그대로 쇠함도 없고 변함도 없으니, 불가사의한

載永劫 積殖菩薩無量德行탓이라 不生欲覺瞋

재영겁 적식보살무량덕행 불생욕각진

조 재의 영원한 겁 동안, 보살이 한량없는 덕행을 심고 쌓은 탓이라. 탐욕과 성냄과 남을 해치는 마음을 내지 않았고,

覺害覺하고 不起欲想瞋想害想하고 不著色聲香

각해각　불기욕상진상해상　불착색성향

탐욕의 생각과 성내는 생각과 해치는 생각을 일으키지도 않았고, 모양, 소리,

味觸之法하얏나니라 忍力成就不計衆苦하며 少欲知足

미촉지법　인력성취불계중고　소욕지족

향기, 맛, 촉감, 법에도 집착하지 않았느니라. 인욕의 힘을 이루어 많은 고통도 헤아리지 않았으며, 적은 욕심으로 만족할 줄 알아 물들거나 성내거나

無染恚癡하며 三昧常寂智慧無礙하며 無有虛僞

무염에치　삼매상적지혜무애　무유허위

어리석음이 없었으며, 삼매로 항상 고요하고 지혜는 막힘이 없었으며,

諂曲之心和顏軟語先意承問하얏니라 勇猛精進志

첨곡지심화안연어선의승문　용맹정진지

헛된 거짓이나 아첨하고 굽은 마음을 둠이 없어 온화한 얼굴과 부드러운

願無惓하고 專求淸白之法하야 以慧利群生하고 恭

원무권　전구청백지법　이혜리군생　공

말씀으로 뜻을 먼저 받들고 물었느니라. 용맹정진하여 뜻과 서원은 게으름이 없고, 오로지 맑고 깨끗한 법만을 구하여, 지혜로써 중생을 이롭게

敬三寶奉事師長하며 以大莊嚴具足衆行하야 令

경삼보봉사사장　이대장엄구족중행　령

하고, 3보를 공경하고 스승과 어른을 받들어 섬겼으며, 큰 장엄으로써

諸衆生功德成就하고 住空無相無願之法하야 無作無起觀法如化하야 遠離麤言自害害彼彼此俱害하고 修習善語自利利人彼我兼利하얏니라 棄國捐王絶去財色하야 自行六波羅蜜하야 敎人令行하고 無央數劫積功累德하야 隨其生處在意所欲하며 無量寶藏自然發應하고 敎化安立無數衆生

온갖 행을 구족하여, 중생들이 공덕을 이루게 하고, 공,무상,무원의 법에 머물러, 모든 것은 지음도 없고 일어남도 없어 법은 변화하는 것과 같음을 관하여 자신도 해롭고 남을 해쳐 피차가 함께 해로운 거친 말은 멀리 여의고, 자신도 이롭고 남도 이로워 남과 내가 모두 이로운 좋은 말을 닦아 익혔느니라. 나라도 버리고 왕위도 물려주고 재물과 여색도 끊어버리고 스스로 6바라밀을 수행하여 남을 가르쳐 수행하게 하며 무앙수 겁에 공을 쌓고 덕을 쌓아 그를 따라 태어나는 처소는 하고자하는 뜻대로 하였으며 한량없는 보배 법장은 저절로 법문이 나오고 수없는 중생을 교화

하고 **住於無上正眞之道** 하얏느니라

없을 웃(으뜸) 바를(갖출) 참 갈(의,것) 길(이치)

주 어 무 상 정 진 지 도

하여 편안히 안립(安立홀로 섬)하게 하고, 위없는 바르고 참된 도에 머물렀느니라.

9 修行結果

닦을 갈(마를) 맺을 과실
     행할   결과

수 행 결 과

9. 수행의 결과

或爲長者居士豪姓尊貴 커나 **或爲刹利國君**

혹시 할(될) 길(어른) 이(것) 살 선비 호걸 성 높을 귀할   절(찰나) 이로울(날카롤) 나라 임금
                              벼슬

혹 위 장 자 거 사 호 성 존 귀   혹 위 찰 리 국 군

혹 장자나 거사, 부호 성씨나 존귀하게 되거나, 혹은 찰제리의 국왕, 전륜

轉輪聖帝 커나 **或爲六欲天主乃至梵王** 하야 **常以**

구를(옮길) 바퀴 성인 임금   하고 주인 이에 이를 하늘 항상
                         자할 임금 지극 불경 떳떳

전 륜 성 제   혹 위 육 욕 천 주 내 지 범 왕   상 이

성왕이 되거나, 혹은 6욕천주(타화자재천)나 이에 범천왕이 되어, 항상 4

四事供養恭敬一切諸佛 하니 **如是功德不可稱**

일 이바 기를 공순 공경 모두   공,일 큰 쯤 일컬
섬길 지할 취할 할 할 끊을절   보람 은혜 옳게 칭할

사 사 공 양 공 경 일 체 제 불   여 시 공 덕 불 가 칭

사(事)공양으로 모든 부처님을 공양하고 공경하니, 이와 같은 공덕을

説 하느니라 **口氣香潔如優鉢羅華** 하고 **身諸毛孔出栴**

                기운 향기 깨끗 광대 바릿 벌일 꽃   터럭 구명 단향
                       할 넉넉할 대 빛날   매우 목

설   구 기 향 결 여 우 발 라 화   신 제 모 공 출 전

말로 다할 수 없느니라. 입 기운은 향기롭고 맑아 우담발화 같고, 몸의 모든 털구멍에서는 전단향이 나오고,

檀香하고 其香普熏無量世界하며 容色端正相好

그 향기는 널리 한량없는 세계에 퍼지며, 얼굴색은 단정하고 상호는

殊妙하며 其手常出無盡之寶의 衣服飮食珍妙

특별히 아름답고 그 손에서는 항상 끝없는 보배, 의복과 음식과

華香과 諸蓋幢幡莊嚴之具하느니라 如是等事超諸

진기하고 미묘한 꽃과 향, 온갖 일산(덮개)과 당번(기)이며 장엄할 기구

人天하야 於一切法而得自在하느니라

들이 나왔느니라. 이와 같은 등의 일은 모든 사람과 하늘을 뛰어넘어, 모든 법에서 자재함을 얻느니라.

第二節　阿彌陀佛極樂淨土莊嚴

제 2 절　아미타불 극락정토의 장엄

1 正報莊嚴

1, 정보의 장엄

① 十劫前成佛

십겁전성불
① 10겁 전의 성불

阿難白佛하되 法藏菩薩은 爲已成佛而取滅

아난백불 법장보살 위이성불이취멸

아난이 부처님께 여쭈되, 법장보살은 이미 성불하여 멸도 하셨습니까?

度히오이가 爲未成佛하오이가 爲今現在하오이가 佛告阿難하사되 法

도 위미성불 위금현재 불고아난 법

아직 성불하지 못하였습니까? 지금 현재에 계시옵니까? 부처님께서

藏菩薩은 今已成佛現在西方하시며 去此十萬億

장보살 금이성불현재서방 거차십만억

아난에게 말씀하시되, 법장보살은 지금은 이미 성불하시어 현재 서방에 계시며, 여기서 10만 억 불국토를 가야하느니라.

刹하느니라 其佛世界名曰安樂이니라 阿難又問하되 其佛

찰 기불세계명왈안락 아난우문 기불

그 부처님 세계의 이름은 안락이라 하느니라. 아난이 또 묻되, 그 부처님

成道已來爲經幾時하오이가 佛言하사되 成佛已來凡歷

성도이래위경기시 불언 성불이래범력

께서 도를 이루고 난이래 얼마쯤 되었사옵니까? 부처님께서 말씀하시되, 성불한지 무릇 10겁을 지났느니라.

十劫 其佛國土自然七寶인 金銀琉璃珊瑚
그 부처님 국토는 저절로 7보인 금, 은, 유리, 산호, 호박, 자거, 마노로

琥珀車磲瑪瑙合成爲地하고 恢廓曠蕩不可限
섞어 이루어 땅이 되고, 넓은 외곽은 훤하여 끝을 한정하지 못하느니라.

極 悉相雜厠轉相入間하야 光赫焜耀微妙奇
(7보는) 다 서로 잡다하게 뒤섞이고 서로 사이에 끼여, 광채가 번쩍이며 찬란하게 빛나 미묘하고 기이하며 화려하여,

麗하야 淸淨莊嚴超踰十方一切世界하니 衆寶中
청정하게 장엄한 것이 시방의 모든 세계보다 더욱 뛰어나니라. 온갖 보

精이라 其寶猶如第六天寶하니 又其國土無須彌
배중에 정수라. 그 보배는 마치 제6천(타화자재천)의 보배 같으니라. 또 그

山及金剛圍一切諸山하며 亦無大海小海溪渠
국토에는 수미산이나 금강철위 같은 일체 산들이 없으며, 또한 크고 작은 바다, 시내, 도랑, 우물, 골짜기가 없으며,

井谷하며 佛神力故欲見則見하고 亦無地獄餓鬼

우물 골　　귀신 힘 옛 하고불 곧　　또 없을 땅 우리 주릴 귀신
　　　　　　　　연고 자할 생각 법칙칙　　　　지위　　굶을
정 곡　　불 신 력 고 욕 견 즉 견　　역 무 지 옥 아 귀

부처님 신통력 때문에 보고자하면 곧 보이고, 또한 지옥, 아귀, 축생이나

畜生諸難之趣하며 亦無四時春秋冬夏하고 不寒

쌓을 날 　 어려 　 뜻　　　　　 때 봄 가을 겨울 여름 　 아니 찰
모을 살 　 울 　 갈,곳　　　　 이
축 생 제 난 지 취　　역 무 사 시 춘 추 동 하　　불 한

온갖 재난의 악취도 없으며, 또한 4시절 봄, 가을, 겨울, 여름도 없고,

不熱常和調適하느니라 爾時阿難白佛言하되 世尊하

더울 항상 화할 고를 갈　　너　　　　 흰　　말씀　　　높을
떳떳할 합할 조절 당연　　그릴　　　알릴
불 열 상 화 조 적　　이 시 아 난 백 불 언　　세 존

춥지도 않고 덥지도 않으며 항상 온화하여 골고루 적당하느니라. 그때 아난이 부처님께 여쭈되 세존이시여, 만약 그 국토에 수미산이 없다면,

若彼國土無須彌山하면 其四天王及忉利天은

만약 저　　　　　모름　　　　　　　　　　근신 이로울
같을　　　　　　지기　　　　　　　　　　걱정 날카롤
약 피 국 토 무 수 미 산　　기 사 천 왕 급 도 리 천

그 4천왕 및 도리천은, 어디에 의지하여 머무옵니까? 부처님께서 아난에

依何而住하나이가 佛語阿難하사되 第三炎天부터 乃至色

의지 어찌 머무　　말씀　　　　　　　불꽃　　　이에 이를 빛
기댈 무엇 를　　　　　　　　　　　성할　　　지극 모양
의 하 이 주　　불 어 아 난　　제 삼 염 천　　내 지 색

게 말씀하시되, 제3염천

究竟天에로 皆依何住하느냐 阿難白佛하되 行業果報

궁구 다할　　다　　　　　　　　　　　　 갈 업 과실 갚을
다할　　　　　　　　　　　　　　　　 행할 일 결과 알릴
구 경 천　　개 의 하 주　　아 난 백 불　　행 업 과 보

에서부터 색구경천에 이르기까지 다 어디에 의지하여 머물러 있겠느냐? 아난이 부처님께 아뢰되, 행한 업의 과보는 불가사의하옵니다.(과보에 의지합니다)

不可思議 佛語阿難 行業果報不可思議
불가사의 불어아난 행업과보불가사의
부처님께서 아난에게 말씀하시되, 행한 업의 과보는 불가사의하고 모든

諸佛世界亦不可思議 其諸衆生功德善
제불세계역불가사의 기제중생공덕선
부처님 세계도 또한 불가사의하니라. 그 중생들은 공덕과 선근의 힘으로,

力 住行業之地 故能爾耳 阿難白佛
력 주행업지지 고능이이 아난백불
행한 업보의 땅에 머무느니라. 그러니 능히 그러할 뿐이니라. 아난이

我不疑此法 但爲將來衆生 欲除其疑惑
아불의차법 단위장래중생 욕제기의혹
부처님께 여쭈되, 저는 이 법을 의심하지 않으나, 다만 장래의 중생을

故問斯義
고문사의
위하여, 그 의혹을 덜고자하여 그래서 이 뜻을 물었나이다.

② 無量光明
무량광명
② 한량없는 광명

佛告阿難하사 無量壽佛威神光明最尊第一

불고아난 무량수불위신광명최존제일

부처님께서 아난에게 이르시되, 무량수불의 위신력과 광명은 가장 존귀

諸佛光明所不能及이니 或有佛光照百佛世

제불광명소불능급 혹유불광조백불세

하여 제1이라. 부처님들의 광명이 능히 미치지 못할 바니라. 혹 어떤

界하고 或千佛世界하나 取要言之하면 乃照東方恒

계 혹천불세계 취요언지 내조동방항

부처님의 광명은 1백 부처님의 세계 혹은 1천 부처님의 세계를 비추기도 하나니, 요점을 가지고 말하면, 이에 동방의 항하 모래수의

沙佛刹하며 南西北方四維上下亦復如是하니라 或

사불찰 남서북방사유상하역부여시 혹

불국토를 비추며, 남, 서, 북방과 4유와 위아래도 또한 이와 같으니라.

有佛光照于七尺하고 或照一由旬二三四五由

유불광조우칠척 혹조일유순이삼사오유

혹 어떤 부처님의 광명은 일곱 자를 비추거나, 혹은 1유순, 2, 3, 4,

旬커나 如是轉倍乃至照一佛刹하느니라 是故無量壽

순 여시전배내지조일불찰 시고무량수

5유순을 비추거나, 이와 같이 옮겨져 배가 되거나 하나의 불국토를 비추기도 하느니라. 이런 까닭으로 무량수 부처님의

佛의 號無量光佛과 無邊光佛과 無礙光佛과
불 호무량광불 무변광불 무애광불
이름이 무량광불과 무변광불과 무애광불과

無對光佛과 炎王光佛과 淸淨光佛과 歡喜光
무대광불 염왕광불 청정광불 환희광
무대광불과 염왕광불과 청정광불과 환희광불과

佛과 智慧光佛과 不斷光佛과 難思光佛과 無
불 지혜광불 부단광불 난사광불 무
지혜광불과 부단광불과 난사광불과 무칭광불과 초일월광불이라 부르기도

稱光佛과 超日月光佛이시니라 其有衆生遇斯光者
칭광불 초일월광불 기유중생우사광자
하느니라. 그곳에 있는 중생이 이 광명을 만나면, 탐욕과 성냄과 어리석

하면 三垢消滅身意柔軟하고 歡喜踊躍善心生焉
삼구소멸신의유연 환희용약선심생언
은 마음이 저절로 소멸하고 몸과 뜻이 부드럽고, 기쁨이 솟아나 선한

하느니라 若在三塗勤苦之處하면 見此光明皆得休息
약재삼도근고지처 견차광명개득휴식
마음이 생기느니라. 만약 3악도의 힘겹고 괴로운 곳에 있으면서, 이 광명을 보면 다 휴식을 얻어 다시는 괴로움에 시달림이 없으며,

無復苦惱하며 壽終之後皆蒙解脫하느니라 無量壽佛

또 쓸 괴로울　목숨 끝　뒤 다 입을 풀 벗을
다시 괴로울 시달릴　마칠　　덮을 알

무 부 고 뇌　수 종 지 후 개 몽 해 탈　무 량 수 불

목숨이 끝난 뒤에는 다 해탈을 입느니라. 무량수 부처님의 광명은

光明顯赫照曜十方諸佛國土하니 莫不聞知하느니라

나타 빛날 비칠 빛날　　　　말 들을 알
날 붉을　　　　　저물 맡을 지식

광 명 현 혁 조 요 시 방 제 불 국 토　막 불 문 지

찬란하여 시방의 모든 불국토를 밝게 비추시니, 듣고 알지 못하는 곳이 없느니라. 단지 나만 지금 그 광명을 칭찬하는 것이 아니라,

不但我今稱其光明이라 一切諸佛聲聞緣覺諸

다만 나 이제 일컬을 　　 소리 들을 인연 알
오직　 오늘 들을　　　　맡을 고리 깨달을

부 단 아 금 칭 기 광 명　일 체 제 불 성 문 연 각 제

모든 부처님들과 성문, 연각과 모든 보살 대중도, 다함께 찬탄함이 또한

菩薩衆도 咸共歎譽亦復如是하느니라 若有衆生이

　　　　다 한가 탄식 기릴 또 또　　　만약
　　　　함께 지 칭찬 칭찬　　다시　　같을

보 살 중　함 공 탄 예 역 부 여 시　약 유 중 생

이와 같으니라. 만약 어떤 중생이, 그 광명의 위신력과 공덕을 듣고,

聞其光明威神功德하고 日夜稱說至心不斷하면

　　　　위엄 귀신 공,일 큰　　밤 일컬 말씀 이를　　　끊을
　　　　보람 은혜　　　　들을 기쁠열 지극

문 기 광 명 위 신 공 덕　일 야 칭 설 지 심 부 단

낮밤으로 칭찬하여 지극한 마음이 끊어지지 않으면,

隨意所願得生其國하리라 爲諸菩薩聲聞大衆과

따를 뜻　원할　　　　　할
　생각　　　　　　　　될

수 의 소 원 득 생 기 국　위 제 보 살 성 문 대 중

뜻에 원하는 대로 그 나라에 태어나리라. 모든 보살과 성문 대중과

무량수경 97

所共歎譽稱其功德하이니라 至其然後得佛道時하야

소공탄예칭기공덕　지기연후득불도시

그를 위하여 함께 찬탄하고 그 공덕을 칭찬할 것이니라. 그런 뒤에

普爲十方諸佛菩薩하야 歎其光明亦如今也하리라

보위시방제불보살　탄기광명역여금야

불도를 얻을 때에 이르러, 널리 시방의 모든 불보살이 그 광명을 찬탄함도 역시 지금과 같으리라.

佛言하사 我說無量壽佛光明威神巍巍殊妙하야으나

불언　아설무량수불광명위신외외수묘

부처님께서 말씀하시되, 나는 무량수 부처님의 광명과 위신력이 드높고

晝夜一劫尙不能盡하리라

주야일겁상불능진

우뚝하며 수승하고 미묘함을 설하였으나, 낮밤으로 1겁이라도 오히려 능히 다하지 못하리라.

③ 無量壽命

무량수명

③ 한량없는 수명

佛語阿難하사 無量壽佛의 壽命長久不可稱

불어아난　무량수불　수명장구불가칭

부처님께서 아난에게 말씀하시되, 무량수 부처님의 수명은 길고 오래라

計하느니라 汝寧知乎아 假使十方世界無量衆生皆

헤아릴 수 없느니라. 네가 어찌 알겠느냐? 가령 시방세계의 한량없는 중생이 다 사람의 몸을 얻었다고 하자,

得人身할쌔 悉令成就聲聞緣覺하야 都共集會禪

다 성문이나 연각을 이루게 되어, 다함께 모여 고요히 생각하여

思一心竭其智力하야 於百千萬劫悉共推算하야

한 마음으로 그 지혜력을 다하여, 백천만겁동안 다함께 추산하여,

計其壽命長遠劫數난 不能窮盡知其限極할지니라

그 수명을 계산하여도 길고 먼 겁의 수는 능히 끝내 그 끝을

聲聞菩薩天人之衆의 壽命長短亦復如是하느니라

알지 못하리라. 성문, 보살, 하늘과 사람의 대중의, 수명의 길고

非算數譬喩所能知也니라 又聲聞菩薩이 其數

짧음도 또한 이와 같아 수로 세거나 비유로는 능히 알바가 아니니라. 또 성문과 보살이, 그 수 헤아리기 어려워

難量不可稱說한이들이 神智洞達威力自在하야 能於

난량불가칭설　신지동달위력자재　능어

이루 말로 일컫지 못할 이들이, 신통과 지혜가 통달하고 위신력이 자재

掌中持一切世界하느니라

장 중 지 일 체 세 계

하여, 능히 손바닥 가운데 모든 세계를 지니느니라.

④ 無數大衆

무 수 대 중

④ 수없는 대중

佛語阿難하사 彼佛初會에 聲聞衆數不可稱

불 어 아 난　피 불 초 회　성 문 중 수 불 가 칭

부처님께서 아난에게 말씀하시되 저 부처님의 처음 법회에서 성문대중의

計하며 菩薩亦然하나니라 能如大目揵連한이들이 百千萬億

계　보 살 역 연　능 여 대 목 건 련　백 천 만 억

수를 이루 셈으로 말할 수 없으며, 보살 역시 그러하였느니라, 능히

無量無數하야 於阿僧祇那由他劫에 乃至滅度

무 량 무 수　　어 아 승 지 나 유 타 겁　　내 지 멸 도

대목건련과 같은 이들이, 백 천 만억 한량없고 수 없어, 아승지 나유타 겁동안에, 이에 멸도에 이르기까지,

悉共計挍하야 不能究了多少之數하나니라 譬如大
다함께 셈을 놓아도, 능히 끝내 많고 적은 수를 알지 못하느니라.

海深廣無量듯하야 假使有人이 折其一毛以爲百
비유컨대 큰 바다는 깊고 넓어 한량없음과 같이, 가령 어떤 사람이 그의

分하야 以一分毛沾取一渧할쎄 於意云何잇고 其所
한 터럭을 꺾어 100등분을 하여서, 1등분의 터럭을 가지고 한 물방울을 적셨다고 하자. 뜻에 엇떠하느냐?

渧者於彼大海何所爲多라하리고 阿難白佛하되 彼所
그 물방울이라는 것이 저 큰 바다에 어찌 많다고 할 것이냐?! 아난이

渧水比於大海하면 多少之量非巧歷算數言辭
부처님께 여쭈되, 저 물방울 물은 큰 바다에 비교하면, 많고 적은 량은

譬類所能知也하옵나니다 佛語阿難하사대 如目連等하야 於
교묘한 경력으로 수를 놓거나 말로 하거나 비유의 종류로도 능히 알바가 아니옵니다. 부처님께서 아난에게 말씀하시되, 목연 등과 같이,

百千萬億那由他劫에 計彼初會聲聞菩薩하야도

백 천 만억 나유타 겁에, 저 처음 법회의 성문과 보살이 계산

所知數者猶如一渧하며 其所不知如大海水하느니라

하여도, 알 수 있는 바의 수란 마치 한 물방울과 같으며, 그 알지 못하는 것은 큰 바다의 물과 같으니라.

2 依報莊嚴

2. 의보의 장엄

① 七寶樹莊嚴

① 칠보로 된 나무의 장엄

又其國土난 七寶諸樹周滿世界하나니 金樹와

또 그 나라에는 칠보로 된 나무들이 두루 세계에 가득하나니,

銀樹와 琉璃樹와 頗梨樹와 珊瑚樹와 瑪瑙樹

금나무와 은나무와 유리나무와 파리나무와 산호나무와 마노나무와

와 車磲樹이니라 或有二寶三寶乃至七寶轉共合
자거나무니라. 혹은 2보배, 3보배에서 7보배에 이르기까지 옮아가며 함

成하니 或有金樹난 銀葉華果하고 或有銀樹난 金
께섞여 이루어졌으니, 혹 금 나무는 은 잎의 꽃, 열매가 있고, 혹

葉華果하고 或琉璃樹난 玻梨爲葉華果亦然하고
은 나무는 금 잎, 꽃, 열매가 있으며, 혹 유리나무는 파리로 잎, 꽃,

或水精樹난 琉璃爲葉華果亦然하며 或珊瑚樹
열매가 되어 또한 그러하고, 혹 수정나무는 유리로 잎, 꽃, 열매로 되어

난 瑪瑙爲葉華果亦然하고 或瑪瑙樹난 琉璃爲
또한 그러하며, 혹 산호나무는 마노로 잎, 꽃, 열매로 되어

葉華果亦然하며 或車磲樹난 衆寶爲葉華果亦
또한 그러하고, 혹 마노나무는 유리로 잎, 꽃, 열매로 되어 또한 그러하며, 혹 자거나무는 온갖 보배로 잎, 꽃, 열매로 되어 또한 그러하며,

然하며 或有寶樹난 紫金爲本하고 白銀爲莖하고 琉璃爲枝하며 水精爲條하고 珊瑚爲葉하고 瑪瑙爲華하며 車磲爲實하느니라 或有寶樹난 白銀爲本하고 琉璃爲莖하고 水精爲枝하고 珊瑚爲條하며 瑪瑙爲葉하고 車磲爲華하고 紫金爲實하며 或有寶樹난 琉璃爲本하고 水精爲莖하고 珊瑚爲枝하고 瑪瑙爲條하며 車

혹 어떤 보배 나무는 자주 빛 금으로 뿌리가 되고 흰 은으로 줄기가 되고 유리로 가지가 되며 수정으로 곁가지가 되고, 산호가 잎이 되고 마노가 꽃이 되며 자거는 열매가 되느니라. 혹 어떤 보배 나무는 흰 은으로 뿌리가 되고 유리로 줄기가 되고 수정으로 가지가 되고 산호로 곁가지가 되며, 마노로 잎이 되고 자거로 꽃이 되고 자주 빛 금은의 열매가 되며, 혹 어떤 보배 나무는 유리로 뿌리가 되고 수정으로 줄기가 되고 산호로 가지가 되고 마노로 곁가지지가 되며,

磲爲葉하고 紫金爲華하고 白銀爲實하며 或有寶樹

거 위 엽   자 금 위 화   백 은 위 실   혹 유 보 수

가거로 잎이 되고 자주 빛, 금,은의 꽃이 되고 흰 은은 열매가 되며, 혹

난 水精爲本하소 珊瑚爲莖하고 瑪瑙爲枝하고 車磲

  수 정 위 본   산 호 위 경   마 노 위 지   자 거

어떤 보배 나무는 수정으로 뿌리가 되고 산호로 줄기가 되고 마노로

爲條하며 紫金爲葉하고 白銀爲華하고 琉璃爲實하며

위 조   자 금 위 엽   백 은 위 화   유 리 위 실

가지가 되고 자거로 곁가지가 되며 자주 빛 금은의 잎이 되고 흰 은은

或有寶樹난 珊瑚爲本하고 瑪瑙爲莖하고 車磲爲

혹 유 보 수   산 호 위 본   마 노 위 경   자 거 위

꽃이 되고 유리로 열매가 되며, 혹 어떤 보배 나무는 산호로 뿌리가 되고 마노로 줄기가 되고 자거로 가지가 되고

枝하고 紫金爲條하며 白銀爲葉하고 琉璃爲華하고 水

지   자 금 위 조   백 은 위 엽   유 리 위 화   수

자주 빛 금으로 곁가지가 되며, 흰 은은 잎이 되고 유리는 꽃이 되고

精爲實하며 或有寶樹난 瑪瑙爲本하고 車磲爲莖

정 위 실   혹 유 보 수   마 노 위 본   자 거 위 경

수정은 열매가 되며, 혹 어떤 보배 나무는 마노로 뿌리가 되고 자거로 줄기가 되고

하고 紫金爲枝하고 白銀爲條하며 琉璃爲葉하고 水精
자주 빛 금으로 가지가 되고 흰 은으로 곁가지가 되며, 유리가 잎이

爲華하고 珊瑚爲實하며 或有寶樹난 車磲爲本하고
되고 수정은 꽃이 되고 산호로 열매가 되고, 혹 어떤 보배 나무는

紫金爲莖하고 白銀爲枝하고 琉璃爲條하며 水精爲
자거로 뿌리가 되고 자주 빛 금으로 줄기가 되고 흰 은으로 가지가 되고
유리로 곁가지가 되며, 수정은 잎이 되고

葉하고 珊瑚爲華하고 瑪瑙爲實하야 行行相値하며 莖
산호는 꽃이 되고 마노는 열매가 되어, 줄과 줄이 서로 만나며 줄기와

莖相望하고 枝枝相準하고 葉葉相向하고 華華相順
줄기가 서로 바라보고, 가지와 가지가 서로 이어지고 잎과 잎이 서로

하고 實實相當하느니라 榮色光曜不可勝視하느니라 淸風時
향하고, 꽃과 꽃이 서로 이어지고 열매와 열매가 서로 닿아 있느니라.
아름다운 모양과 찬란한 빛은 가히 빼어나 볼 수가 없느니라. 맑은

發出五音聲하니 微妙宮商自然相和하니라 又無量
펼,불 날 　　소리 소리 　　적을 묘할 집 장사 부터 그럴 서로 고루 　　또 없을 헤아
낼,쏠 드러날 　　　　　　　　　궁전 헤아릴 스스로 태울 바탕 합할 　　　　　　릴
발 출 오 음 성 　　미 묘 궁 상 자 연 상 화 　　우 무 량
바람은 때로 불어 다섯 가지 소리를 내니, 미묘한 궁(도) 상(래,미,파등의 음)의 음이 절로서로 조화로우니라. 또 무량수 불의 그 도량의

壽佛의 其道場樹高四百萬里하고 其本周圍五
목숨 　　　그 길 마당 나무 높을 　　　거리 　　밑 두루 두를
　　　　　그것 이치 (장) 　　　　　　　마을 　　바탕 　　쌀
수 불 　기 도 량 수 고 사 백 만 리 　기 본 주 위 오
나무는 높이가 4백 만 리 나 되고, 그 뿌리의 둘레는 5천 유순이니라.

千由旬하니라 枝葉四布二十萬里하고 一切衆寶自
말미 열흘 　　가지 잎 　베 　　　　　　모두 무리 보배
암을 　　　　　　　　베풀 　　　　　　끝을절 많을
천 유 순 　지 엽 사 포 이 십 만 리 　일 체 중 보 자
가지와 잎은 4방으로 20만리나 펼쳐지고, 모두 온갖 보배로 저절로

然合成하고 以月光摩尼持海輪寶衆寶之王하야
　모을 될 　써,할 달 빛 만질 여승 가질 바다 바퀴 　　　　임금
　합할 이룰 　까닭
연 합 성 　이 월 광 마 니 지 해 륜 보 중 보 지 왕
섞여서 이루어지고, 월광마니와 지해륜보와 온갖 보배의 왕으로써,

而莊嚴之하얏느니라 周匝條間垂寶瓔珞하야 百千萬色
꾸밀 엄할 　　　　　돌 가지 틈 드리 　옥돌 옥돌 　　　　　빛
씩씩할 위엄 　　　　두루 조목 사이 울 　구슬 구슬 　　　　모양
이 장 엄 지 　주 잡 조 간 수 보 영 락 　백 천 만 색
장엄되었느니라. 둘러싸인 가지 사이로는 보배 영락을 드리워, 백 천

種種異變하며 無量光炎照曜無極하니라 珍妙寶網
씨 　다를 변할 　　　　불꽃 비칠 빛날 다할 　　보배 묘할 그물
가지 　틀릴 　　　　　　태울 　　　지극 　　　　　　　　법칙
종 종 이 변 　무 량 광 염 조 요 무 극 　진 묘 보 망
만 가지 색깔이 가지가지로 다르게 변하며, 한량없는 빛을 뿜어 찬란하게 비쳐 다함이 없느니라. 진귀하고 미묘한 보배 그물(망)이

羅覆其上하며 一切莊嚴隨應而現하느니라

라부기상　일체장엄수응이현

그 위를 펼쳐 덮었으며, 모든 장엄이 맞게 따라 나타나느니라.

② 法音樹莊嚴

법음수장엄

② 법음(法音) 나무의 장엄

微風徐動出妙法音하야 普流十方一切佛國

미풍서동출묘법음　보류시방일체불국

산들바람이 서서히 일면 미묘한 법의 소리를 내어, 널리 시방의 모든

하야 其聞音者得深法忍하야 住不退轉하야 至成佛

기문음자득심법인　주불퇴전　지성불

부처님 나라에 흘러, 그 소리를 듣는 이는 깊은 법인을 얻어, 불퇴전에

道에로 不遭苦患하며 目覩其色 耳聞其音鼻知

도　부조고환　목도기색　이문기음비지

머물러, 불도를 이루기까지, 괴로움과 환난을 만나지 않으며, 눈은 그 모습을 보고 귀는 그 소리를 듣고 코는 그 향기를 맡고

其香舌嘗其味하며 身觸其光하며 心以法緣으로 一

기향설상기미　신촉기광　심이법연　일

혀는 그 맛을 맛보며, 몸은 그 빛을 느끼며, 마음은 법의 인연으로써,

切皆得甚深法忍하야 住不退轉至成佛道에로 六

모두가 다 매우 깊은 법인을 얻어, 불퇴전에 머물러 불도를 이루기 까지

根清徹無諸惱患하나니라 阿難아 若彼國人天이 見

6근이 청정하여 모든 괴로움과 병환이 없느니라. 아난아, 만약 저 나라의 사람과 하늘이,

此樹者得三法忍하리니 一者音響忍이요 二者柔順

이 나무를 보는 이는 3법인을 얻으리니, 첫째는 음향인이요, 둘째는

忍이며 三者無生法忍이니라 此皆無量壽佛威神力

유순인이며, 셋째는 무생법인이니라. 이는 다 무량수 부처님의 위대한

故이며 本願力故이며 滿足願故이며 明了願故이며 堅

신통의 힘 때문이며 근본 서원의 힘 때문이며 만족의 서원 때문이며

固願故이며 究竟願故이니라 佛告阿難하사되 世間帝王

분명하고 또렷한 서원 때문이며 굳세고 굳은 서원 때문이며 끝을 다하는 서원 때문이니라. 부처님께서 아난에게 이르시되, 세간의 제왕은

有百千音樂하되 自轉輪聖王하야 乃至第六天上
유백천음악 자전륜성왕 내지제육천상
백 천의 음악이 있으되, 전륜성왕으로부터 제6천상에 이르기까지의

伎樂音聲은 展轉相勝千億萬倍하나니라 第六天上
기악음성 전전상승천만억배 제육천상
음악 소리는, 서로 펴며 옮겨 천 억만 배나 (더) 수승하니라. 제6천의

萬種樂音난 不如無量壽國諸七寶樹一種音
만종악음 불여무량수국제칠보수일종음
만 가지 음악 소리는, 무량수 나라의 칠보나무들의 한 가지 음성 만

聲하며 千億倍也이리라 亦有自然萬種伎樂하며 又其
성 천억배야 역유자연만종기악 우기
같지 못하며 천억 배가 되느니라. 또한 자연의 만 가지 음악이 있으며,

樂聲無非法音하야 清暢哀亮微妙和雅하야 十方
악성무비법음 청창애양미묘화아 시방
또 그 음악 소리는 법의 소리가 아님이 없어, 맑고 사무치며 애절하고
진실하며 미묘하고 우아하여,

世界音聲之中最爲第一하느니라
세계음성지중최위제일
시방 세계의 음악 가운데 가장 제 1이니라.

③ 七寶樓閣浴池莊嚴

칠 보 루 각 욕 지 장 엄

③ 칠보로 된 누각과 연못(욕지)의 장엄

又講堂精舍宮殿樓觀皆七寶莊嚴自然化

우 강 당 정 사 궁 전 루 관 개 칠 보 장 엄 자 연 화

또 강당과 정사와 궁전과 누각도 다 칠보로 장엄되어 저절로 변화하여

成하얏으며 **復以眞珠明月摩尼衆寶**하야 **以爲交露覆**

성 부 이 진 주 명 월 마 니 중 보 이 위 교 로 부

이루어졌으며, 또 진주, 명월, 마니 온갖 보배로써, 엮어(교로)

蓋其上하얏으며 **內外左右有諸浴池**하되 **或十由旬**이나

개 기 상 내 외 좌 우 유 제 욕 지 혹 십 유 순

그 위를 덮어씌웠으며, 안팎과 왼쪽 오른쪽에는 목욕할 못들이 있는데

或二十三十에 **乃至百千由旬**이니라 **縱廣深淺各**

혹 이 십 삼 십 내 지 백 천 유 순 종 광 심 천 각

혹 10유순이나 혹은 20, 30 내지 백 천 유순이니라. 세로와 넓이

皆一等하며 **八功德水湛然盈滿**하야 **淸淨香潔味**

개 일 등 팔 공 덕 수 담 연 영 만 청 정 향 결 미

깊고 낮음이 각각 다 하나 같으며, 8공덕의 물이 맑게 가득 차, 청정하며 향기롭고 청결함이 맛이 감로수와 같으니라.

如甘露^{듯하니라} 黃金池者底白銀沙며 白銀池者底
여 감로 황금지자저백은사 백은지자저
황금 못은 밑바닥이 백은모래이며, 백은 못은 밑바닥이

黃金沙며 水精池者底琉璃沙며 琉璃池者底
황금사 수정지자저유리사 유리지자저
황금모래이며, 수정 못은 밑바닥이 유리모래이며, 유리 못은 밑바닥이

水精沙며 珊瑚池者底琥珀沙며 琥珀池者底
수정사 산호지자저호박사 호박지자저
수정모래이며, 산호 못은 밑바닥이 호박모래이며, 호박 못은 밑바닥이

珊瑚沙며 車磲池者底瑪瑙沙며 瑪瑙池者底
산호사 자거지자저마노사 마노지자저
산호모래이며, 자거 못은 밑바닥이 마노모래이며, 마노 못은 밑바닥이

車磲沙며 白玉池者底紫金沙며 紫金池者底
자거사 백옥지자저자금사 자금지자저
자거모래이며, 백옥 못은 밑바닥이 자금모래며, 자금 못은 밑바닥이

白玉沙라 或二寶三寶에 乃至七寶轉共合成
백옥사 혹 이보삼보 내지 칠보 전 공 합 성
백옥모래라. 혹은 두 보배, 세 보배에 내지 칠보로 번갈아 함께 합쳐 이루어졌느니라.

其池岸上有栴檀樹하되 華葉垂布香氣普熏

기 지 안 상 유 전 단 수   화 엽 수 포 향 기 보 훈

그 못의 기슭 위에는 전단나무가 있되, 꽃과 잎이 드리워 퍼져

하고 天優鉢羅華와 鉢曇摩華화 拘物頭華화 分

천 우 발 라 화   발 담 마 화   구 물 두 화   분

향기가 널리 퍼지고, 하늘의 우발라화와 발담마화와 구물두화와

陀利華와 雜色光茂彌覆水上하얏니라 彼諸菩薩及

다 리 화   잡 색 광 무 미 부 수 상   피 제 보 살 급

분다리화와 잡다한 색과 빛이 우거져 물위를 가득히 덮었느니라. 저

聲聞衆이 若入寶池하면 意欲令水沒足하면 水卽

성 문 중   약 입 보 지   의 욕 령 수 몰 족   수 즉

보살들과 성문 대중들이, 만약 보배 못에 들어가면, 뜻으로 물에 발만 잠기게 하고자하면, 물은 바로 발만 잠기며,

沒足하며 欲令至膝하면 卽至于膝하며 欲令至腰하면

몰 족   욕 령 지 슬   즉 지 우 슬   욕 령 지 요

무릎에 이르게 하고자하면 곧 무릎에만 이르며 허리에 이르게 하고자하면

水卽至腰하며 欲令至頸하면 水卽至頸하며 欲令灌

수 즉 지 요   욕 령 지 경   수 즉 지 경   욕 령 관

물은 곧 허리에만 이르며, 목에 이르게 하고자하면 물은 곧 목에 이르며, 몸을 씻고자하면,

身하면 自然灌身하며 欲令還復하면 水輒還復하느니라 調
몸   자기 그럴   하고 ~게 돌아 또 물 문득   고루
    부터 태울   자할 도록 올 다시   갑자기   조절
신   자 연 관 신   욕 령 환 부   수 첩 환 부   조

저절로 몸이 씨어지며, 다시 되돌리게 하고자하면, 물은 문득 다시 본래

和冷煖自然隨意하고 開神悅體蕩除心垢하고 清
화할 찰 따뜻   따를 뜻   열 귀신 기쁠 몸 클 덜 마음 때   맑을
합할 할   생각   욕탕 제할   더러울
화 냉 난 자 연 수 의   개 신 열 체 탕 제 심 구   청

대로 되돌아가느니라. 차고 따뜻하게 조화함이 저절로 뜻대로 되고,
정신을 열고 몸을 즐겁게 하여 욕탕은 마음의 때가 씻어지고,

明澄潔淨若無形하나니라 寶沙映徹無深不照하고 微
밝을 맑을 깨끗 깨끗 만약 없을 모양 보배 모래 비출 통할 깊을 아니 비칠 적을
     할 할 같을   덮을 밝을
명 징 결 정 약 무 형   보 사 영 철 무 심 부 조   미

맑고 밝고 깨끗하여 형용할 수 없느니라. 보배 모래는 환하게 비처

瀾廻流轉相灌注하고 安詳徐逝不遲不疾하며 波
물결 빙빙 흐를 구를 서로 물댈 물줄 편안 다 천천 갈 늦을   병 물결
    돌을   옮길 바탕   잔잔 자세할 죽을 더딜 빠를
란 회 류 전 상 관 주   안 상 서 서 부 지 부 질   파

깊어도 비추지 않는 곳이 없고, 작은 물결이 빙빙 횟돌아 흘러 모습을
바꿔가며 물이 흐르고, 조용하고 서서히 흘러 늦지도 빠르지도 않으며,

揚無量自然妙聲하며 隨其所應莫不聞者하느니라 或
오를   헤아   묘할 소리 따를   바 응할 말   들을   맡을
날릴   릴   것,곳 마땅 저물
양 무 량 자 연 묘 성   수 기 소 응 막 불 문 자   혹

물결은 한량없이 휘날려 자연히 미묘한 소리를 내며, 그 원하는 대로 따

聞佛聲하고 或聞法聲하고 或聞僧聲하며 或寂靜聲
                      중   고요 고요 소리
                                   할 할
문 불 성   혹 문 법 성   혹 문 승 성   혹 적 정 성

듣지 못할 것이 없느니라. 혹 부처님 소리를 듣고 혹 법의 소리를 듣고

과 空無我聲과 大慈悲聲과 波羅蜜聲과 或十

혹 스님의 소리를 들으며, 혹 고요한 소리와, 비어 내가 없다는 소리와 큰 자비의 소리와 바라밀 소리와, 혹 10력, 두려움 없음과, 함께하지 못하는 소리(불공법)

力無畏와 不共法聲과 諸通慧聲과 無所作聲

와 모든 신통과 지혜의 소리와 지을 바 없는 소리와, 일어나지도 멸하지 않는

과 不起滅聲과 無生忍聲와 乃至甘露灌頂衆

소리와 태어남이 없는 법인의 소리와, 내지 감로수로 정수리씻는 온갖

妙法聲이니라 如是等聲은 稱其所聞歡喜無量하느니라

미묘한 법의 소리를 듣느니라. 이와 같은 등의 소리는, 그 들리는 것을

隨順淸淨離欲寂滅眞實之義하며 隨順三寶力

말하면 기쁨이 한량없느니라. 청정하게 욕망을 떠나 고요히 멸하는

無所畏不共之法하며 隨順通慧菩薩聲聞所行

진실의 뜻을 순히 따르며, 삼보의 힘과 두려움 없음과 불공 법에 순히 따르며, 신통과 지혜로운 보살과 성문이 행하는 바의 도를 순히 따르며,

之道하며 無有三塗苦難之名하고 但有自然快樂

지도 무유삼도고난지명 단유자연쾌락

3악도의 고난이란 이름은 있지도 않고, 오직 저절로 훤히 즐거운

之音하니 是故其國名曰極樂이니라

지음 시고 기 국 명 왈 극락

소리만 있을 뿐이니, 이래서 그 나라 이름을 극락이라 하느니라.

3 淨土安樂

정토안락

3. 정토(청정 국토)의 안락

① 往生人德相

왕생인덕상

① 왕생하는 사람의 덕상

阿難아 彼佛國土諸往生者난 具足如是淸

아난 피불국토제왕생자 구족여시청

아난아, 저 불국토에 왕생하는 이들은, 이와 같이 청정한 모습의 몸과

淨色身과 諸妙音聲神通功德하고 所處宮殿衣

정색신 제묘음성신통공덕 소처궁전의

온갖 미묘한 음성과 신통과 공덕을 구족하고, 거처하는 바의 궁전, 의복,

服飮食과 衆妙華香莊嚴之具난 猶第六天自然之物듯하며 若欲食時면 七寶應器自然在前金銀琉璃車磲瑪瑙珊瑚虎珀明月眞珠로 如是衆鉢隨意而至하며 百味飮食自然盈滿하나니라 雖有此食實無食者하고 但見色聞香하야 意以爲食하야 自然飽足하나니라 身心柔軟無所味著하고 事已化去

음식과, 온갖 아름다운 꽃과 향과 장엄할 도구는, 마치 제6욕천에 저절로 나오는 것과 같으며, 만약 먹고자할 때면, 칠보로 된 그릇이 저절로 앞에 있되, 금, 은, 유리, 자거, 마노, 산호, 호박, 명월, 진주로, 이와 같은 온갖 그릇이 마음대로 나오며, 1백가지 맛난 음식이 저절로 가득히 차느니라. 비록 이런 음식은 있을지라도 실지로 먹을 수는 없고 단지 빛깔을 보고 향기를 맡고, 뜻으로만 먹고 저절로 포식하느니라. 몸과 마음은 부드러워 맛에 집착하는 것이 없고, 식사가

時至復現하나니라 **彼佛國土淸淨安隱微妙快樂**하야
시 지 부 현　　　　피 불 국 토 청 정 안 은 미 묘 쾌 락

끝나면 화하여(홀연히) 가버리고 때가 이르면 다시 나타나느니라. 저 불국토는 청정하고 안온하며 미묘하고 쾌락하여, 함이 없는 열반(적멸=니원.

次於無爲泥洹之道하나니라 **其諸聲聞菩薩人天**은
차 어 무 위 니 원 지 도　　　기 제 성 문 보 살 인 천

무위열반)의 도에 버금가느니라. 그곳의 모든 성문, 보살, 사람, 하늘은

智慧高明神通洞達하야 **咸同一類形無異狀**하느니라
지 혜 고 명 신 통 동 달　　　함 동 일 류 형 무 이 상

지혜가 높고 밝으며 신통이 통달하여, 다 똑같은 한 종류의 모습으로

但因順餘方故有人天之名하나니라 **顏貌端正超世**
단 인 순 여 방 고 유 인 천 지 명　　　안 모 단 정 초 세

다른 형상은 없느니라. 단지 다른 방향(나라)과의 인연에 따르는 까닭으로 사람과 하늘의 이름이 있느니라. 얼굴과 모습이 단정하여 세상에서

希有하며 **容色微妙非天非人**하며 **皆受自然虛無**
희 유　　　용 색 미 묘 비 천 비 인　　　개 수 자 연 허 무

뛰어나고 드물며, 생긴 모습이 미묘하여 하늘도 아니고 사람도

之身無極之體하얏나니라
지 신 무 극 지 체

아니며, 다 자연의 허무의 몸과 다함이 없는 몸을 받았느니라.

② 乞人譬喩

걸인비유
② 걸인의 비유

佛告阿難하사 **譬如世間貧窮乞人在帝王邊**
불고아난 비여세간빈궁걸인재제왕변
부처님께서 아난에게 말씀하시되, 비유컨대 세간의 가난한 거지가 임금

形貌容狀寧可類乎아 **阿難白佛**하되 **假令此**
형모용상녕가류호 아난백불 가령차
옆에 있는 것과 같이, 모습과 차림새가 정녕 같다고 하겠느냐?! 아난이

人在帝王邊하면 **羸陋醜惡無以爲喩**하며 **百千萬**
인재제왕변 리누추악무이위유 백천만
부처님께 여쭈되 가령 이런 사람이 임금 옆에 있다면, 여위고 추하고 더러워 비유할 수가 없으며, 차이는 백 천 만억 배라 헤아리지 못하옵니다.

億不可計倍하오이다 **所以然者**난 **貧窮乞人底極廝**
억불가계배 소이연자 빈궁걸인저극시
그러한 까닭은, 가난한 거지는 밑바닥에 지극히 천하고 하열한지라,

下한지라 **衣不蔽形食趣支命**하니 **飢寒困苦人理殆**
하 의불폐형식취지명 기한곤고인리태
옷은 몸을 가리지 못하고 음식은 목숨을 지탱할 뿐이니, 굶주리고 춥고 괴로움에 시달려 인간의 도리로는 거의 끝났사옵니다.

盡^{하옵니다} 皆坐前世不殖德本^{하고} 積財不施富有益

다할 다 앉을 앞 인간 기를 큰 밑 쌓을 재물 베풀 부자 둘 더할
끝낼   나아갈   번성 은혜 바탕   있을 이익
진 개 좌 전 세 불 식 덕 본 적 재 불 시 부 유 익

다 전세(전생)에 덕의 근본을 심지 않고, 재물을 모아 베풀지 않고 부유

慳^{하고} 但欲唐得貪求無厭^{하며} 不信修善犯惡山

아낄 다만 하고 황당할 얻을 탐할 구할 싫을 믿을 닦을 잘 범할 모질 뫼
    오직 자할 저촉될 특별   찾을   진실 마를 착할 해칠 더러울
간   단 욕 당 득 탐 구 무 염 불 신 수 선 범 악 산

해도 이익에만 뜻을 두어 아끼고, 단지 항당하게 얻고 탐내어 구하되 싫
어함이 없으며, 선을 닦는 것을 믿지 않고 범한 악이 산같이 쌓였습니다.

積^{하느니라} 如是壽終財寶消散^{하며} 苦身積聚爲之憂

쌓을   목숨 끝   보배 사라 흩을   모일   근심
            마칠   질   마을   걱정
적   여 시 수 종 재 보 소 산 고 신 적 취 위 지 우

라. 이와 같이 목숨이 끝나면 재물은 흩어져 사라지며 몸은 괴롭고,

惱^{하야} 於己無益徒爲他有^{하니} 無善可怙無德可

괴로울   몸   무리 다를   믿을
시달릴   다만   의지
뇌   어 기 무 익 도 위 타 유 무 선 가 호 무 덕 가

쌓은 것이 근심과 고뇌만 되어, 자기에게는 이익이 없고 한갓 남 위해
둔 것이니, 믿을만한 선행도 없고 믿을만한 덕행도 없었습니다.. 이러므로

恃^{하느니라} 是故死墮惡趣受此長苦^{하다가} 罪畢得出生

믿을   죽을 떨어   받을   길   죄 마칠   날
의지   질   어른   허물 끝낼   드러날
시   시 고 사 타 악 취 수 차 장 고 죄 필 득 출 생

죽어 악도에 떨어져 이 긴 고통을 받다가, 죄가 끝나 악도를 벗어날 때 하열

爲下賤^{하나니} 愚鄙斯極示同人類^{뿐인져} 所以世間帝

천할   어리 다라울 이   보일 한가 같을 바 써   틈 임금
              석을 인색할   종류 것,곳 까닭 사이
위 하 천   우 비 사 극 시 동 인 류 소 이 세 간 제

하고 천한데 태어나나니, 어리석고 인색함 이같이 극심하여 똑같은 인간

王人中獨尊은 皆由宿世積德所致니라 慈惠博

왕인중독존 개유숙세적덕소치 자혜박

처럼 보일뿐이니라. 세간에서 제왕이 사람 중에 홀로 존귀한 까닭은 다 전생에 쌓은 덕으로 말미암아 이룬 것입니다.. 자비와 은혜로 널리 베풀

施仁愛兼濟하며 履信修善無所違諍하니 是以壽

시인애겸제 이신수선무소위쟁 시이수

고 어짊과 사랑을 겸하여 건지며, 믿음을 딛고 선을 닦아 어기고 다투는

終福應得昇善道하야 上生天上享茲福樂하나이다 積

종복응득승선도 상생천상향자복락 적

것이 없었습니다., 이로써 목숨이 다하면 복이 응하여 선도에 올라, 위로 천상에 태어나 이 복락을 누리느니라. 선을 쌓으면 경사가 남아 이제

善餘慶今得爲人하야 遇生王家自然尊貴하며 儀

선 여 경 금 득 위 인 우 생 왕 가 자 연 존 귀 의

사람되어, 왕가에 태어나 저절로 존귀하며, 위의와 용모가 단정하고 대중

容端正衆所敬事라 妙衣珍膳隨心服御하니 宿

용 단 정 중 소 경 사 묘 의 진 선 수 심 복 어 숙

이 공경하는 것입니다.. 좋은 옷과 진귀한 음식은 마음 대로 입고 모시니,

福所追故能致此하나이다

복 소 추 고 능 치 차

전생 복이 좇아온 바라 그래서 능히 이같이 이루었나이다.

③ 極樂大衆容貌

극락대중용모

③ 극락대중의 용모

佛告阿難하사 **汝言是也**로다 **計如帝王**하야 **雖人**

불고아난 여언시야 계여제왕 수인

부처님께서 아난에게 이르시되, 너의 말이 옳다. 제왕처럼 헤아려, 비록

中尊貴形色端正하나 **比之轉輪聖王**하면 **甚爲鄙**

중존귀형색단정 비지전륜성왕 심위비

사람 중에 존귀하고 생김새가 단정하나, 전륜성왕에 견주면 매우 비루하

陋하야 **猶彼乞人在帝王邊**틋하니라 **轉輪聖王威相殊**

루 유피걸인재제왕변 전륜성왕위상수

여, 마치 저 거지가 제왕 옆에 있는 것과 같으니라. 전륜성왕의

妙天下第一이라 **比忉利天王**하면 **又復醜惡不得**

묘천하제일 비도리천왕 우부추악부득

위엄한 모습은 수승하고 미묘하여 천하에 제일이라. 도리천왕에 견주면

相喩하나니 **萬億倍也**니라 **假令天帝比第六天王**하면

상유 만억배야 가령천제비제육천왕

또한 추하고 더러워 서로 비유할 수 없나니, 차이는 만 억 배니라. 가령 천제(도리천왕)도 제6욕천왕에 견주면,

百千億倍不相類也하느니라 設第六天王이라도 比無量
백 천 억 배 불 상 류 야　　　설 제 육 천 왕　　　비 무 량
백천억 배나 서로 같지 않느니라. 설령 제6욕천왕이라도 무량수

壽佛國菩薩聲聞하면 光顔容色不相及逮하나니 百
수 불 국 보 살 성 문　　　광 안 용 색 불 상 급 대　　　백
부처님 나라의 보살과 성문에 견주면, 얼굴에 광채나 생김새가 서로

千萬億不可計倍하느니라
천 만 억 불 가 계 배
따르지 못하여 차이가 백천억 배로 가히 헤아릴 수 없느니라.

④ 天人快樂

천 인 쾌 락
④ 하늘사람의 쾌락

佛告阿難하사되 無量壽國其諸天人의 衣服飮
불 고 아 난　　　무 량 수 국 기 제 천 인　　　의 복 음
부처님께서 아난에게 이르시되, 무량수 나라의 그 하늘사람들의 의복,

食華香瓔珞과 諸蓋幢幡微妙音聲과 所居舍
식 화 향 영 락　　　제 개 당 번 미 묘 음 성　　　소 거 사
음식, 꽃, 향, 영락과 온갖 덮개, 당기, 미묘한 소리와, 거처하는 바의 집,

무량수경 123

宅宮殿樓閣은 稱其形色高下大小하니 或一寶

궁전, 누각은 그 생김새를 들어 높고 낮고 크고 작으니라. 혹 하나의

二寶에 乃至無量衆寶하야 隨意所欲應念卽至

보배나 둘의 보배에서 이에 한량없는 온갖 보배에 이르기까지,

하며 又以衆寶妙衣遍布其地하야 一切人天踐之

뜻 대로하고 생각하면 즉시 이루며, 또 온갖 보배의 미묘한 옷이 두루 그 땅에 펼쳐있어, 모든 사람과 하늘이 밟고 다니며,

而行하며 無量寶網彌覆佛上하되 皆以金縷眞珠

한량없는 보배 그물이 부처님 위를 가득히 덮되, 다 금실과 진주와 백

百千雜寶奇妙珍異하야 莊嚴絞飾周匝四面하야

천가지 섞인 보배와 기묘하며 진기한 보배로써, 장엄하게 묶어 꾸미고

垂以寶鈴하니 光色晃曜盡極嚴麗하얏느니라 自然德風

4면을 두루 돌아, 보배 방울로 드리우니, 빛과 색깔은 황홀하게 번쩍이고 장엄하고 빛남이 끝을 다하였느니라. 자연히 덕풍이

徐起微動하면 其風調和不寒不暑하야 溫凉柔軟

천천히 일어나 살며시 움직이면, 그 바람은 조화로와 차지도 않고

不遲不疾케 吹諸羅網及眾寶樹하야 演發無量

덮지도 않아 따뜻하고 서늘하며 부드러워 더디지도 않고 빠르지도 않게 모든 펼쳐진 그물과 온갖 보배 나무에 불어, 한량없는 미묘한 법의 소리를 펴내며,

微妙法音하며 流布萬種溫雅德香하느니라 其有聞者

만 가지 따뜻하고 온아한 덕의 향기가 흘러 퍼지느니라. 그것을 맡는 이

塵勞垢習自然不起하며 風觸其身皆得快樂하느니라

가 있으면 번뇌와 더러운 습성이 자연히 일어나지 않으며,

譬如比丘得滅盡三昧하니라 又風吹散華遍滿佛

바람이 그의 몸에 닿으면 다 쾌락을 얻느니라. 비유컨대 비구가 멸진삼매를 얻음과 같으니라. 또 바람이 불어 꽃을 흩날려 불국토에 두루

土하며 隨色次第而不雜亂하며 柔軟光澤馨香芬

가득하며, 차례로 색깔 따라 난잡하지 않으며, 부드럽게 빛나고 향기가

烈하느니라 足履其上陷下四寸하며 隨擧足已還復如

세찰 　　발 신 　　　빠질 　　치 　　　　따를 들 　　　돌아 또
매울 　족할 밟을 　　무너질 　마디 　　　　　　　　　올 다시
열 　　족 이 기 상 함 하 사 촌 　수 거 족 이 환 부 여
세차게 풍기느니라. 발로 그 위를 밟으면 아래로 4치나 빠지며, 발을

故하며 華用已訖地輒開裂하야 以次化沒淸淨無

　　　　쓸 　　이를 땅 문득 열 찢어질 　　　버금 될 빠질 맑을 깨끗
　　　　　　마칠 지위 번번이 　무너질 　　　다음 화할 잠길 　　할
고 　화 용 이 흘 지 첩 개 열 　이 차 화 몰 청 정 무
들고 나면 도로 다시 예와 같으며, 꽃을 쓰고 나면(시들면) 땅이 문득 갈
라지고, 다음으로써 홀연히 (땅속으로)빠져 깨끗하여 흔적이 없느니라.

遺하니라 隨其時節風吹散華하되 如是六反하며 又衆

끼칠 　　따를 　　때 　바람 불 흩을 꽃
남길 　　　　　마디 　　쓸어갈 　빛날 　　　돌이킬 　　　뒤엎을
유 　　수 기 시 절 풍 취 산 화 　여 시 육 반 　우 중
그 계절 따라 바람이 불어 꽃을 흩날리되, 이와 같이 하루 여섯 번 반복

寶蓮華周滿世界하며 一一寶華百千億葉과 其

보배 연꽃 　두루 찰 　지경 　　　　　　　　　　억 잎
　　　　　　　　　둘레
보 연 화 주 만 세 계 　일 일 보 화 백 천 억 엽 　기
하며, 또 온갖 보배 연꽃이 세계에 두루 가득하며, 하나하나의 보배 꽃은

葉光明無量種色으로 靑色靑光을 白色白光을

　　　　　　　씨 　　　푸를
　　　　　　　가지 　　　젊을
엽 광 명 무 량 종 색 　청 색 청 광 　　백 색 백 광
백 천억의 잎과 그 잎의 광명은 한량없는 갖가지 색깔로, 푸른색은

玄黃朱紫光色亦然하야 煒燁煥爛明曜日月 듯하니라

감을 누를 붉을 자주 　　또 　그릴 　빨갈 빛날 불꽃 익을 　　　빛날
아득할 　　　보라 　　　　태울 　빛날 번쩍일 빛날 찬란
현 황 주 자 광 색 역 연 　위 엽 환 란 명 요 일 월
푸른빛을 흰색은 흰빛을, 검고 노랗고 붉거나 자주의 빛과 색도 또한 그
러하여, 번쩍이며 찬란하여 해와 달이 밝게 빛나듯 하나니라.

一一華中에 出三十六百千億光하며 一一光中
일일화중　출삼십육백천억광　일일광중
하나하나의 꽃 중에서 36 백 천억의 빛을 내며, 하나하나의 빛 중에서

에 出三十六百千億佛하되 身色紫金相好殊特
　　　　　　　　　　　　　 몸 빛 자주 금 서로 좋을 다를 수컷
　　　　　　　　　　　　　 모양 보라 쇠 바탕 　　죽일 특별
　　출 삼 십 육 백 천 억 불　신 색 자 금 상 호 수 특
36백 천억의 부처님이 나오시되, 몸의 색은 자금색이고 상호는 수승하고

하얏
니라 一一諸佛은 又放百千光明하야 普爲十方說
　　　　　　　　　　놓을　　　　　넓을　　　 말씀
　　　　　　　　　　　　　　　　　　　　　　기쁠열
　　일일제불　우방백천광명　보위시방설
뛰어났느니라. 한분 한분 부처님들은 또 백 천의 광명을 놓아, 널리

微妙法하시 如是諸佛은 各各安立無量衆生於
　　　 느니
　　　 라
적을 묘할　　　　　　　　　각각　편안 설
　　　　　　　　　　　　　　　　　할
미묘법　여시제불　각각안립무량중생어
시방을 중생을 위하여 미묘한 법을 설하시느니라. 이와 같이 부처님들은

佛正道하시
　　　 나니
　　　 라
　　　길
　　　이치
불 정 도
각각 한량없는 중생을 부처님의 바른 도에 편안히 세우시느니라.

　　　　○無量壽經　卷上　終
　　　　 없을 헤아 목숨 글　　책　　　　끝
　　　　　　 릴　　　지날　굽을　　　 마칠
　　　　　무 량 수 경　권 상　종
　　　　　무량수경 상권 끝.

○佛說無量壽經　卷下

불설무량수경　권하

부처님께서 설하신 무량수경 하권

曹魏　天竺三藏　康僧鎧　譯

조위　천축삼장　강승개　역

조위 천축삼장 강승개 번역

第三節　極樂往生因緣

제삼절　극락왕생인연

제3절 극락세계에 가서 태어나는(왕생의) 인연

1 凡夫往生

범부왕생

1, 범부의 왕생(가서 태어남)

① 正定聚國

정정취국

① 정정취의 나라(반드시 성불할 것이 결정되어 있는 성자의 나라)

佛告阿難하사되 其有衆生生彼國者난 皆悉住

불고 아난　기유중생생피국자　개실주

부처님께서 아난에게 이르시되, 그 어떤 중생이 저 나라에 태어나는 이는, 모두 다

於正定之聚하나니라 所以者何오 彼佛國中無諸邪聚及不定之聚하나니라 十方恒沙諸佛如來도 皆共讚歎無量壽佛威神功德不可思議하나니라 諸有衆生聞其名號하고 信心歡喜乃至一念하야 至心廻向願生彼國하면 卽得往生住不退轉하리라 唯除五逆誹謗正法하나니라

정정취에 머무느니라. 무슨 까닭인가? 저 불국 중에는 모든 사정취 및 부정취가 없느니라. 시방의 항하 모래의 모든 부처님 여래께서도 다 함께 무량수불의 불가사의한 위신력과 공덕을 찬탄하시느니라. 어떤 중생들이 그 이름을 듣고, 믿는 마음으로 기뻐하거나 한 생각에 이르러, 지극한 마음으로 되돌려주어(회향하여) 저 나라에 태어나기를 바라면, 바로 왕생하여 불퇴전에 머물리라. 오직 다섯의 반역죄와 바른 법을 헐뜯는 이는 제외하느니라.

② 三輩往生

삼 배 왕 생
② 세 무리(대중)의 왕생

1 上輩往生

상 배 왕 생
1 위의 무리의 왕생

佛告阿難하사 **十方世界諸天人民**은 **其有至**

불 고 아 난   시 방 세 계 제 천 인 민   기 유 지
부처님께서 아난에게 이르시되, 시방세계의 모든 하늘과 인간의 백성은,

心願生彼國한 **凡有三輩**하되 **其上輩者**란 **捨家**

심 원 생 피 국   범 유 삼 배   기 상 배 자   사 가
그 지극한 마음으로 저 나라에 태어나기를 바라고 있는 무릇 셋의 무리가 있으되, 그 위의 무리란 가정을 버리고 욕심도 버리고 사문이 되어,

棄欲而作沙門하야 **發菩提心**하야 **一向專念無量**

기 욕 이 작 사 문   발 보 리 심   일 향 전 념 무 량
보리심을 내어, 한 결같이 오로지 무량수 부처님만 생각하여,

壽佛하야 **修諸功德願生彼國**하나니 **此等衆生臨壽**

수 불   수 제 공 덕 원 생 피 국   차 등 중 생 임 수
여러 공덕을 닦아 저 나라에 나기를 원하나니, 이런 중생이 목숨이 끝날 때를 임하면,

終時면 無量壽佛與諸大衆하야 現其人前하시나니 卽

무량수 부처님께서 대중들과 더불어, 그 사람 앞에 나타나시나니, 곧

隨彼佛往生其國하야 便於七寶華中自然化生

저 부처님을 따라 그 나라에 왕생하여, 문득 칠보의 꽃 중에 저절로

하야 住不退轉하며 智慧勇猛神通自在하나니라 是故阿

홀연히 태어나, 불퇴전에 머물며, 지혜와 용맹과 신통이 자재하나니라.

難아 其有衆生이 欲於今世見無量壽佛하면 應

이러므로 아난아, 그 어떤 중생이 지금 현세에서 무량수 부처님을 뵙고

發無上菩提之心하야 修行功德願生彼國

자하면, 마땅히 위없는 보리심을 내어, 공덕을 닦고 행하여 저 나라에 나기를 원해야 하느니라.

② 中輩往生

중배왕생

② 가운데 무리의 왕생

佛語阿難하사 其中輩者난 十方世界諸天人

불어아난 기중배자 시방세계제천인

부처님께서 아난에게 이르시되, 그 가운데 무리란 시방세계의 모든 하늘

民이 其有至心願生彼國하면 雖不能行作沙門

민 기유지심원생피국 수불능행작사문

과 사람의 백성이, 그 지극한 마음으로 저 나라에 나기를 원하면,

大修功德하더라도 當發無上菩提之心하야 一向專念

대 수 공 덕 당 발 무 상 보 리 지 심 일 향 전 념

비록 능히 사문이 되어 크게 공덕을 닦아 행하지는 못하더라도, 마땅히
위없는 보리심을 내어, 한 결같이 오로지 무량수 부처님만을 생각하여,

無量壽佛하야 多少修善하며 奉持齋戒하고 起立塔

무 량 수 불 다 소 수 선 봉 지 재 계 기 립 탑

다소의 선을 닦으며, 삼가하여 계를 받들어 지니고 탑과 불상을

像하며 飯食沙門하고 懸繒然燈하며 散華燒香하며 以

상 반 식 사 문 현 증 연 등 산 화 소 향 이

세우며, 사문에게 식사를 드리고, 증개(바단 덮개)를 달고 등불을 태우며,

此廻向願生彼國하면 其人臨終하야 無量壽佛이

차 회 향 원 생 피 국 기 인 임 종 무 량 수 불

꽃을 흩날리고 향을 사르며, 이런 회향으로써 저 나라에 나기를 바라면,
그 사람은 임종에 무량수 부처님께서

化現其身하시되 光明相好具如眞佛하사 與諸大衆
화현기신 광명상호구여진불 여제대중
그 몸을 변화하여 나타내시되 광명과 상호는 참 부처님과 같이 갖추시어

現其人前하시나니 卽隨化佛往生其國하야 住不退轉
현기인전 즉수화불왕생기국 주불퇴전
여러 대중과 더불어 그 사람 앞에 나타나시나니, 곧 화신불을 따라 그 나라에 왕생하여 불퇴전에 머무나니,

하나니 功德智慧次如上輩者也하느니라
공덕지혜차여상배자야
공덕과 지혜는 위의 무리에 다음 가느니라.

③ 下輩往生

하배왕생

③ 아래 무리의 왕생

佛語阿難하사되 其下輩者란 十方世界諸天人
불어아난 기하배자 시방세계제천인
부처님께서 아난에게 이르시되, 그 아래 무리란 시방세계의 모든

民이 其有至心欲生彼國하면 假使不能作諸功
민 기유지심욕생피국 가사불능작제공
하늘과 사람의 백성이, 그 지극한 마음으로 저 나라에 나고자하면, 가령 능히 여러 공덕을 짓지 못하였다하더라도,

德하야 當發無上菩提之心하야 一向專意乃至十念하야 念無量壽佛願生其國커나 若聞深法歡喜信樂不生疑惑커나 乃至一念念於彼佛하야 以至誠心願生其國하면 此人臨終하야 夢見彼佛亦得往生하리니 功德智慧次如中輩者也이니라

마땅히 위없는 보리심을 내어, 한 결같이 뜻을 오로지 하여 이에 10념에 이르러, 무량수 부처님을 생각하며 그 나라에 나기를 원하거나, 만약 깊은 법을 듣고 기뻐 믿고 즐거워 의심을 내지 않거나, 내지 한 생각이라도 저 부처님을 생각하면 지성스러운 마음으로써 그 나라에 나기를 원하면, 이런 사람은 임종에, 꿈에 저 부처님을 뵙고 또한 왕생을 얻으리니, 공덕과 지혜는 가운데 무리에 다음가느니라.

2 菩薩聲衆往生

보살성중왕생

2. 보살과 성문대중의 왕생

佛告阿難하사되 無量壽佛威神無極하야 十方世
불고아난 무량수불위신무극 시방세
부처님께서 아난에게 이르시되, 무량수 부처님의 위신력은 다함이 없어,

界無量無邊不可思議諸佛如來께서 莫不稱歎
계 무량무변불가사의제불여래 막불칭탄
시방세계의 한량없고 끝없는 불가사의한 모든 부처님 여래께서 찬탄하지

於彼東方恒沙佛國에 無量無數諸菩薩衆이
어피동방항사불국 무량무수제보살중
아니함이 없나니 저 동방 항하 모래의 부처님 나라에서, 한량없고

皆悉往詣無量壽佛所하야 恭敬供養及諸菩薩
개실왕예무량수불소 공경공양급제보살
수없는 모든 보살대중이, 모두다 무량수 부처님 처소에 가서, 공경하고
공양하며 또 모든 보살과 성문의 대중은,

聲聞大衆은 聽受經法宣布道化하나니 南西北方
성문대중 청수경법선포도화 남서북방
경의 법문을 듣고 받아 도의 교화를 펴시나니, 남, 서, 북방과

四維上下亦復如是하니라
사유상하역부여시
4유(모퉁이=동남, 동북, 서남, 서북)와 위아래도 또한 이와 같으니라.

3 讚歎頌

기릴 탄식 기릴
칭찬 　　 칭찬

찬 탄 송

3. 찬탄의 시

爾時世尊而說頌曰 하사 되　　○ **東方諸佛國** 난

너 때 인간 높을 말이을 말씀 　　 말씀 　　 동녘 모 들 　　 나라
그러할 이 　　 어조사 기쁠열 　　　　　　　　　　　방법 모든

이 시 세 존 이 설 송 왈 　　　 동 방 제 불 국

그때 세존께서 게송으로 설하사 말씀하시되, 동방의 모든 부처님 나라

其數如恒沙 하고 **彼土諸菩薩** 은 **往觀無量覺** 하네

셀 같을 항상 모래 　　 저 　　 보살 보살 　　 갈 볼 　　 헤아 알
자주삭 이를 　　　　　　　　　　　　　　가끔 겨우 　 릴 깨달을

기 수 여 항 사 　 피 토 제 보 살 　 왕 근 무 량 각

그 수는 항하의 모래 같고 그 땅의 보살들은 무량수불(각)을 찾아뵙네.

南西北四維 와 **上下亦復然** 하야 **彼土菩薩眾** 도

남녘 서녘 북녘 　　 맬 　　　 또 또 그럴 　 저 　　　　　 무리
　　　　　　 모퉁이 　　　　　　다시 태울 　　　　　　　　많을

남 서 북 사 유 　 상 하 역 부 연 　 피 토 보 살 중

남서북방 4유와 상하 또한 그러하여 그 땅의 보살대중도

往觀無量覺 하네 **一切諸菩薩** 은 **各齎天妙華** 과

　　　 볼 　　　　　　　　　　　　　각각 가질 　 묘할 꽃
　　　 겨우 　　　　　　　　　　　　　　 보낼 　　　 빛날

왕 근 무 량 각 　 일 체 제 보 살 　 각 재 천 묘 화

무량각(무량수불)을 찾아 뵙네. 일체의 보살들은 각자 하늘의 미묘한 꽃

寶香無價衣 로 **供養無量覺** 하네 **咸然奏天樂** 하니

보배 향 　 값 옷 　　 이바 기를 　　　　 다 　　 아뢸 　 음악
　　향기 　　　　　　　지할 취할 　　　　　　　　 연주 　 즐길

보 향 무 가 의 　 공 양 무 량 각 　 함 연 주 천 악

과 보배향이며 값 모를 옷을 가져와 무량각에 공양하네. 다 절로 하늘 음악을 연주하니

暢發和雅音하야 歌歎最勝尊하며 供養無量覺하네

창 발 화 아 음　　가 탄 최 승 존　　공 양 무 량 각
조화롭고 청아한 소리로 사무쳐 내어, 가장 뛰어나신 세존께 노래로

究達神通慧하고 遊入深法門하야 具足功德藏하니

구 달 신 통 혜　　유 입 심 법 문　　구 족 공 덕 장
찬탄하며 무량각께 공양하네. 신통 지혜 다 통하고 깊은 법문 놀며들어가

妙智無等倫도다 慧日照世間하야 消除生死雲하고

묘 지 무 등 윤　　혜 일 조 세 간　　소 제 생 사 운
공덕장을 구족하니 미묘한 지혜는 짝할 이가 없도다. 지혜의 태양

恭敬遶三匝하야 稽首無上尊하네 見彼嚴淨土하니

공 경 요 삼 잡　　계 수 무 상 존　　견 피 엄 정 토
세간 비추어 나고 죽는 구름 걷어내고, 공경하여 세 번 돌고 위없는 세존께 머리를 조아리네. 저 장엄한 정토를 보니

微妙難思議하니 因發無量心으로 願我國亦然하소서

미 묘 난 사 의　　인 발 무 량 심　　원 아 국 역 연
미묘하여 생각하기 어려워, 무량심을 낸 인연으로 원컨대

應時無量尊이 動容發欣笑하시니 口出無數光하사

응 시 무 량 존　　동 용 발 흔 소　　구 출 무 수 광
내 나라도 또한 그리하소서. 그 때 무량존께서 얼굴 움직여 기쁘게 웃으시고 입은 수없는 빛을 내시어

遍照十方國하네 廻光圍遶身하고 三匝從頂入하니
두루 비칠　모 나라　빙빙 빛 두를 쌀 몸　　돌 쫓을 정수 들
　　　　방법　　　돌을 둘레 두를　　　부터 리 얻을
변 조 시 방 국　　회 광 위 요 신　　삼 잡 종 정 입
시방세계 두루 비추시네. 빛이 돌아 몸을 감싸고 세 번 돌아

一切天人衆은 踊躍皆歡喜하네 大士觀世音이
　　모두　　　무리　　뛸 뛸 다 기쁠 기쁠　선비 볼 인간 소리
　　끊을절　　많을　솟을　　　　　　　　벼슬 살펴볼
일 체 천 인 중　　용 약 개 환 희　　대 사 관 세 음
정수리로 들어가니, 모든 하늘과 사람들은 펄적 뛰며 모두 다 기뻐하네.

整服稽首問하야 白佛何緣笑오 唯然願說意하소서
정돈 입을 머물 물을　흰 어찌 인연 웃음　오직 그럴 바랄 말씀 뜻
가지런 쌓을 안부 알릴 무엇 고리　　　태울　　기쁠열 생각
정 복 계 수 문　　백 불 하 연 소　　유 연 원 설 의
관세음보살 옷깃 여미시고 머리 숙여 여쭈어, 부처님께 아뢰시되 무슨
인연으로 웃으시옵니까? 그런 뜻을 말해 주소서.

梵聲猶雷震으로 八音暢妙響하며 當授菩薩記하리니
하늘 소리 같을 우레 벼락칠　사무칠 묘할 울림　마땅 줄　　　기록
불경　　마치 　찢어질　화창할　명성　당할　　　　　할
범 성 유 뢰 진　　팔 음 창 묘 향　　당 수 보 살 기
우레 같은 청정한 음성 여덟 가지 미묘한 소리 내시어 마땅히 보살에 수

今說仁諦聽하라 十方來正士난 吾悉知彼願하노니
이제　　어질 살필 들을　　올 바를　　　나 다 알 저
오늘　　　　진리 받을　　　강조사 갖출　　　지식
금 설 인 제 청　　시 방 래 정 사　　오 실 지 피 원
기 주리니 지금 이말 그대들 자세 들어라. 시방에서 온 보살

志求嚴淨土하면 受決當作佛하리라 覺了一切法하야
뜻 구할 엄할 깨끗　받을 결단　될　　　알
의지 찾을 위엄 할　　터놓을　지을　　　마칠
지 구 엄 정 토　　수 결 당 작 불　　각 요 일 체 법
내저들 소원 다 아노니 뜻에 장엄한 정토를 원하면, 수기받아 마땅히
부처되리라. 모든 법이

猶如夢幻響하면 滿足諸妙願하고 必成如是刹하리라
유여몽환향 만족제묘원 필성여시찰
꿈과 같고 환과 같고 메아리 같음 밝게 안다면, 온갖 묘한 서원

知法如電影하고 究竟菩薩道하야 具諸功德本하면
지법여전영 구경보살도 구제공덕본
만족히 하고 반드시 이런 국토 이룩하리라. 모든 법 번개나 그림자 같이
알고 보살도를 끝내 다하여서, 온갖 공덕의 근본 갖춘다면

受決當作佛하리라 通達諸法門은 一切空無我하야
수결당작불 통달제법문 일체공무아
수기 받아 마땅히 부처되리라. 모든 법문은 일체가 공하고 무아임을

專求淨佛土하면 必成如是刹하리라 諸佛告菩薩하되
전구정불토 필성여시찰 제불고보살
통달하고서, 오로지 청정 불토 구한다면 반드시 이런 국토 이룩하리라.

令覲安養佛하고 聞法樂受行하면 疾得淸淨處하리라
령근안양불 문법락수행 질득청정처
모든 부처님이 보살에게 이르시되 안양국의 부처님을 찾아뵙고서, 법 듣
고 즐겁게 받아 행하면 청정한 저 국토를 빨리 얻으리라. 장엄한 저 정토

至彼嚴淨土하면 便速得神通하야 必於無量尊이
지피엄정토 변속득신통 필어무량존
에 이르고 나면 곧 신통을 속히 얻어서, 반드시 무량 세존 수기 받아서

무량수경

受記成等覺하리 **其佛本願力**은 **聞名欲往生**하면
수 기 성 등 각   기 불 본 원 력   문 명 욕 왕 생
등정각을 이루오리라. 그 부처님 본래 원력은 이름만 듣고도

皆悉到彼國하야 **自致不退轉**하느니라 **菩薩興志願**하야
개 실 도 피 국   자 치 불 퇴 전   보 살 흥 지 원
왕생하려면, 모두다 저 나라에 이르러서 스스로 불퇴전을 이루리라. 고

願己國無異하며 **普念度一切**하면 **名顯達十方**하리라
원 기 국 무 이   보 념 도 일 체   명 현 달 시 방
보살은 뜻의 서원 일으키시어 자기 나라도 (극락과) 다름없기를!, 널리
모두 제도하려 생각한다면 이름이 시방에 나타나 통달하리라.

奉事億如來하야 **飛化遍諸刹**하야 **恭敬歡喜去**하야
봉 사 억 여 래   비 화 변 제 찰   공 경 환 희 거
억의 여래 받들어 섬기시려고 두루 모든 국토에 화하여 날아 공경하고

還到安養國하리라 **若人無善本**하면 **不得聞此經**하며
환 도 안 양 국   약 인 무 선 본   부 득 문 차 경
기뻐하며 갔다가 안양국에 도로 돌아오리라. 만약 사람들이 선의 근본 없

清淨有戒者이면 **乃獲聞正法**하네 **曾更見世尊**하면
청 정 유 계 자   내 획 문 정 법   증 갱 견 세 존
다면 이 경을 얻어 듣지 못할 것이며, 청정한 계 있는 이라면 곧 정법 얻
어 들으리. 일찍 세존을 뵈온 이라면

則能信此事하야 謙敬聞奉行하야 踊躍大歡喜하리라
즉능신차사 겸경문봉행 용약대환희
곧 능히 이 일을 믿고, 겸손하고 공경히 듣고 봉행하면서 펄펄 뛰며

憍慢弊懈怠하면 難以信此法하나 宿世見諸佛한 이는
교만폐해태 난이신차법 숙세견제불
크게 기뻐하리라. 교만하고 악하고 게으른 이는 이 법 믿기 어렵거니와,

樂聽如是敎하리라 聲聞或菩薩은 莫能究聖心하나니
락청여시교 성문혹보살 막능구성심
전생에 부처님들 뵈온 이는 이와 같은 가르침 즐거이 들으리라. 성문이

譬如從生盲이 欲行開導人인져 如來智慧海난
비여종생맹 욕행개도인 여래지혜해
비유컨대 날 때부터 눈먼 사람이 길가며 남을 인도하려는 것과도 같네.

深廣無崖底하야 二乘非所測하며 唯佛獨明了하시네
심광무애저 이승비소측 유불독명요
나 보살은 능히 성인의 마음을 다하지(알지) 못하나니, 여래의 지혜 바다

假使一切人이 具足皆得道하야 淨慧如本空하야
가사일체인 구족개득도 정혜여본공
깊고도 넓어 끝과 밑바닥 없어, 2승은 헤아리지 못하고 오직 부처님만 홀로 밝게 아시네. 가령 모든 사람들이 구족히 다 도를 얻으니, 청정한 지혜는

무량수경

億劫思佛智하세 窮力極講説하다가 盡壽猶不知하나니
억겁사불지 궁력극강설 진수유부지

본래 공(空)과 같네. 억겁에 부처님 지혜 생각하고 힘 다해 끝내 강설하여도

佛慧無邊際하야 如是致清淨하느니라 壽命甚難得하며
불혜무변제 여시치청정 수명심난득

목숨 다하여도 알지 못하나니, 부처님 지혜는 끝이 없어서 이와 같은 청정함에 이르게하리. 이 수명은 매우 얻기 어려우며

佛世亦難値하며 人有信慧難하니 若聞精進求하라
불세역난치 인유신혜난 약문정진구

부처님 세상 만나기 또한 어렵고 사람이 믿음과 지혜 있기 어려우

聞法能不忘하며 見敬得大慶하면 則我善親友이니
문법능불망 견경득대경 즉아선친우

니 만약 듣거든 정진하여 구하라. 법을 듣고 능히 잊지 말며 공경하여

是故當發意커라 設滿世界火하야도 必過要聞法하야
시고당발의 설만세계화 필과요문법

뵈옵고 큰 경사를 얻으면 곧 나의 좋은 벗이 되리라. 그러니 마땅히 뜻을 내어라. 설령 세계에 불이 가득하여도 반드시 뚫고 가 꼭 법 들어

會當成佛道하면 廣濟生死流하리라
회당성불도 광제생사류

마땅히 불도를 이루어 널리 생사에 유전(流轉)하는 중생 건지리

第四節　淨土安樂

제 사 절　정 토 안 락
제 4 절　안락한 정토

1 菩薩大衆德相

보 살 대 중 덕 상
1, 보살과 대중의 덕상

佛告阿難하사 **彼國菩薩**은 **皆當究竟一生補**

불 고 아 난　피 국 보 살　개 당 구 경 일 생 보
부처님께서 아난에게 이르시되, 저 나라 보살은 다 일생보처를 끝내

處니라 **除其本願爲衆生故**로 **以弘誓功德而自**

처　제 기 본 원 위 중 생 고　이 홍 서 공 덕 이 자
다함에 당도하였느니라. 그 근본 서원이 중생을 위하기 때문에, 넓은

莊嚴하야 **普欲度脫一切衆生**하나니라 **阿難**아 **彼佛國**

장 엄　보 욕 도 탈 일 체 중 생　아 난　피 불 국
서원의 공덕으로써 스스로 장엄하여, 널리 일체중생을 건져 해탈케 하고
자하는 이는 제외하느니라. 아난아, 저 부처님 나라에 모든 성문대중의

中에 **諸聲聞衆身光一尋**이며 **菩薩光明照百由**

중　제 성 문 중 신 광 일 심　보 살 광 명 조 백 유
몸의 광명은 한 길이며, 보살의 광명은 백 유순을 비추느니라.

旬有二菩薩最尊第一이니 威神光明이 普照 三千大千世界하느니라 阿難白佛하되 彼二菩薩其號 云何오 佛言하사되 一名觀世音이며 二名大勢至니라 是二菩薩은 於此國土修菩薩行하야 命終轉化 生彼佛國하얏나니라 阿難아 其有衆生生彼國者난 皆 悉具足三十二相하고 智慧成滿深入諸法하야 究

두 보살이 있어 가장 존귀하여 제 1이니, 위신력과 광명이 널리 3천 대천세계를 비추느니라. 아난이 부처님께 여쭈되, 저 두 보살은 그 이름이 무엇입니까? 부처님이 말씀하시되, 첫째 이름은 관세음이며 둘째 이름은 대세지니라. 이 두 보살은 여기 사바국토에서 보살행을 닦아, 목숨이 다하고 옮겨 화생하여 저 불국에 태어났느니라. 아난아, 그 어떤 중생이 저 나라에 태어나는 이는, 모두다 32상을 족히 갖추고, 지혜는 만족히 이루어 깊이 모든 법에 들어가,

暢要妙神通無礙하며 諸根明利하니 其鈍根者成

창 요 묘 신 통 무 애　　제 근 명 리　　기 둔 근 자 성

긴요하고 오묘한 신통을 다 통달하여 막힘이 없으며, 모든 (6)근이

就二忍하며 其利根者得阿僧祇無生法忍하니 又

취 이 인　　기 이 근 자 득 아 승 지 무 생 법 인　　우

밝고 날카로우니라. 그 둔한 근기라 해도 2인(忍)을 성취하며, 그 예리한
근기라면 아승지의 무생법인을 얻느니라. 또 저 보살은

彼菩薩은 乃至成佛不更惡趣하며 神通自在常

피 보 살　　내 지 성 불 불 갱 악 취　　신 통 자 재 상

이에 부처를 이루기까지 악도에 다시가지 않으며, 신통이 자재하며 항상

識宿命하느니라 除生他方五濁惡世하야 示現同彼如

식 숙 명　　제 생 타 방 오 탁 악 세　　시 현 동 피 여

숙명통을 아느니라. 다른 곳(국토)의 5탁 악세에 태어난 이는 제외하고,
저들과 똑같이 내

我國也하느니라

아 국 야

나라와 같이 나타내 보이느니라.아 (일생보처에서) 제외하느니라.

2 諸菩薩供養

제 보 살 공 양

2. 보살들의 공양

무량수경 145

佛語阿難하사 彼國菩薩承佛威神하야 一食之
부처님께서 아난에게 말씀하시되, 저 나라의 보살은 부처님의 위신력을

頃往詣十方無量世界하야 恭敬供養諸佛世尊
받들어, 한 끼 식사하는 사이에 시방의 한량없는 세계에 가서 모든 부처

하나니라 隨心所念의 華香伎樂繒蓋幢幡하며 無數無
님 세존께 공경하여 공양하나니라. 마음의 생각한 바를 따라 꽃, 향, 기악,

量供養之具가 自然化生應念卽至하니 珍妙殊
증개(비단 일산), 당번(기). 수 없고 한량없는 공양할 거리가 저절로 홀연히 생겨 생각하면 즉시 이르니, 진귀하고 미묘하며 특이하여 세상에 있는 것이

特非世所有하니라 轉以奉散諸佛菩薩聲聞大衆
아니니라. 옮겨서 모든 부처님과 보살과 성문대중께 받들어

하면 在虛空中化成華蓋하야 光色晃耀香氣普熏
흩으면, 허공중에 있으면서 홀연히 꽃과 증개를 이루어, 빛과 색깔은 휘황찬란하고 향기는 널리 퍼지며,

하며 **其華周圓四百里者**하며 **如是轉倍**하야 **乃覆三**

꽃 두루 둥글   거리   구를 갑절   이에 덮을
빛날 주위   마을   옮길   뒤집힐

기 화 주 원 사 백 리 자   여 시 전 배   내 부 삼

그 꽃의 주위가 둥글어(둘레) 4백리나 되며, 이와 같이 배로 바뀌어, 이에

千大千世界하며 **隨其前後以次化沒**하느니라 **其諸菩**

지경   따를   앞 뒤   다음 될 빠질
둘레   나아갈   화할 잠길

천 대 천 세 계   수 기 전 후 이 차 화 몰   기 제 보

3천 대천세계를 덮으며, 그 앞뒤를 따라 차례로써 홀연히 잦아드느니라.

薩僉然欣悅하며 **於虛空中共奏天樂**하며 **以微妙**

다   기쁠 기쁠   빌 빌   함께 아뢸   음악   적을 묘할
고를   연주   즐길

살 첨 연 흔 열   어 허 공 중 공 주 천 악   이 미 묘

그 보살들은 다 그렇게 기뻐하며, 허공중에서 함께 하늘음악을 연주하며,

音歌歎佛德하나니라 **聽受經法歡喜無量**하고 **供養佛**

소리 노래 탄식   들을 받을 글   기쁠 기쁠   이바 기를
부를 찬탄   받을   지날   지할 취할

음 가 탄 불 덕   청 수 경 법 환 희 무 량   공 양 불

미묘한 소리로써 부처님의 덕을 노래 불러 찬탄하나니라. 경법을 듣고 받으니 기쁨은 한량없고, 부처님께 공양하고 나서

已未食之前에 **忽然輕擧還其本國**하얏나니라

이미 아직 밥   문득   가벼 들 돌아   밑 나라
마칠 아닐 먹을   울 오를 올   바탕

이 미 식 지 전   홀 연 경 거 환 기 본 국

아직 식사 전에 홀연히 가볍게 들어 올려 그 본국으로 돌아왔느니라.

3 法聞功德

들을 공,일
맡을 보람

법 문 공 덕

3, 법 들은 공덕

佛語阿難하사 無量壽佛은 爲諸聲聞菩薩大

부처님께서 아난에게 말씀하시되, 무량수 부처님은 여러 성문과 보살

衆頒宣法時하사 都悉集會七寶講堂하야 廣宣道

대중을 위하여 설법할 때, 모두다 칠보 강당에 모아

敎演暢妙法하시면 莫不歡喜心解得道하며 即時四

널리 도의 가르침을 퍼시며 묘법을 연설하여 퍼시면, 마음이 열려 도를 얻어 기뻐하지 아니함이 없으며, 즉시 4방에서

方自然風起하야 普吹寶樹出五音聲하며 雨無量

저절로 바람이 일어, 널리 보배나무에 불면 5음이 나오며,

妙華隨風周遍하느니라 自然供養如是不絶하야 一切

한량없는 미묘한 꽃이 바람을 따라 두루 내리느니라. 자연의 공양이

諸天皆齎天上百千華香萬種伎樂하야 供養其

이와 같이 끊이지 않아, 일체의 모든 하늘이 다 천상의 백 천가지 꽃과 향과 만 가지 음악을 가져와, 그 부처님과

佛及諸菩薩聲聞大衆하야 普散華香奏諸音樂
불급제보살성문대중 보산화향주제음악
또 여러 보살과 성문대중에게 공양하여, 널리 꽃과 향을 흩날리고 여러

前後來往更相開避하니 當斯之時하야 熙然快
전후래왕갱상개피 당사지시 희연쾌
음악을 연주하며, 앞뒤로 오가며 번갈아 서로 열고 피해가니, 이런 때를

樂不可勝言하나니라
락불가승언
당하여, 빛나고 쾌락함을 말로는 가히 할 수가 없었느니라.

4 菩薩聲衆自利利他功德
보살성중자리이타공덕
4, 보살과 성문 대중의 자리이타의 공덕

① 菩薩大衆所行心
보살대중소행심
① 보살 대중의 마음가짐

佛告阿難하사되 生彼佛國諸菩薩等은 所可講
불고아난 생피불국제보살등 소가강
부처님께서 아난에게 이르시되, 저 부처님 나라에 태어나는 모든 보살들은, 해석하여 설법함이 가능한 바이나

說常宣正法하야 隨順智慧無違無失하야 於其國
설상선정법　　　수순지혜무위무실　　　어기국
항상 바른 법만을 펴, 지혜를 순히 따라 어김없고 실수도 없어, 그 국토

土所有萬物은 無我所心無染著心하야 去來進
토소유만물　　무아소심무염착심　　거래진
에 있는 바의 만물은, 내 것이라는 마음 없으니 물들어 집착하는 마음도

止情無所係하며 隨意自在無所適莫하며 無彼無
지정무소계　　수의자재무소적막　　무피무
없고 가고 오며 나아가고 멈춤에 인정에 걸리는 바가 없으며, 뜻대로 자
재하여 친하거나 맞지 아니하는 이도 없고 나도 없고 남도 없고

我無競無訟하야 於諸衆生得大慈悲饒益之心
아무경무송　　어제중생득대자비요익지심
다툼도 없고 송사도 없어, 모든 중생에게 대 자비로 요익한 마음을 얻게

柔軟調伏無忿恨心하며 離蓋淸淨無厭怠心
유연조복무분한심　　리개청정무염태심
하며 부드럽게 조복시켜 분하거나 원통한 마음이 없으며, 덮음(번뇌)을

等心勝心과 深心定心과 愛法樂法喜法之
등심승심　　심심정심　　애법락법희법지
여의고 청정하여 싫고 게으른 마음과, 평등한 마음과 수승한 마음과 깊은
마음과 안정된 마음과 법을 사랑하고 법을 즐기며 법을 기뻐하는

心하느니라 滅諸煩惱하야 離惡趣心으로 究竟一切菩薩

심 멸제번뇌 이악취심 구경일체보살

마음이 없느니라. 모든 번뇌를 멸하여, 악취의 마음을 여의므로, 모든

所行하야 具足成就無量功德하리라

소 행 구족성취무량공덕

보살이 행할 바를 끝내 다하여, 한량없는 공덕을 구족히 이루리라.

② 菩薩五眼

보살 오안

② 보살의 다섯 눈

得深禪定諸通明慧하야 遊志七覺修心佛法

득 심 선 정 제 통 명 혜 유 지 칠 각 수 심 불 법

깊은 선정과 여러 6신통과 3명과 지혜를 얻어, 뜻은 7각지(支)에 노닐고

하나니 肉眼淸徹靡不分了하고 天眼通達無量無限

육안청철미불분요 천안통달무량무한

마음은 불법을 닦나니, 육안은 맑고 훤하여 분별하여 알지 못함이 없고,

하며 法眼觀察究竟諸道하며 慧眼見眞能度彼岸

법 안 관 찰 구 경 제 도 혜 안 견 진 능 도 피 안

천안을 통달하여 한량없고 끝이 없으며, 법안으로 살펴보아 모든 도를 다하며, 혜안으로 진실을 보아 능히 저 언덕을 건너며,

하며 **佛眼具足覺了法性** 하느니라

불안구족각요법성

불안이 구족하여 법의 성품을 깨달아 아느니라.

③ 菩薩智慧

보살지혜

③ 보살의 지혜

以無礙智爲人演說 하야 **等觀三界空無所有**

이무애지위인연설　등관삼계공무소유

걸림 없는 지혜로써 사람을 위하여 연설하여, 3계를 평등이 보아 비어서

하야 **志求佛法具諸辯才** 하고 **除滅衆生煩惱之患**

지구불법구제변재　제멸중생번뇌지환

있는 것이 없고, 불법을 뜻으로 구하여 모든 변재를 갖추고, 중생의 번뇌

하느니라 **從如來生解法如如** 하고 **善知習滅音聲方便**

종여래생해법여여　선지습멸음성방편

의 근심을 멸하느니라. 여래로부터 생긴 아는 법은 여여하고 익히고 멸하는 음성(설법)의 방편을 잘 알아서,

하야 **不欣世語樂在正論** 이니라 **修諸善本志崇佛道**

불흔세어락재정론　수제선본지숭불도

세속의 말을 좋아하지 않으며 즐거움은 진리에 있느니라. 온갖 선의 근본을 닦고 뜻은 불도를 숭상하여,

하야 知一切法皆悉寂滅 하야 生身煩惱二餘俱盡

알 모두 다 다 고요 멸할 날 몸 피로 피로울 남을 함께 다할
지식 끊을절 할 살 올 시달릴 갖출 끝낼

지 일 체 법 개 실 적 멸   생 신 번 뇌 이 여 구 진

모든 법은 모두 다 적멸함을 알아, 육신과 번뇌 두 가지 남음을

聞甚深法心不疑懼 하며 常能修行其大悲者 난

들을 매우 깊을 의심 두려 항상 잘 닦을 갈 슬플
말을 몹시 할 워할 떳떳 능할 마를 행할

문 심 심 법 심 불 의 구   상 능 수 행 기 대 비 자

다 여의고 매우 깊은 법을 들어 마음은 의심하거나 두려워하지 않으며,
항상 잘 수행하여 그 크게 자비한 이는, 깊고 멀며 미묘하여

深遠微妙靡不覆載 하며 究竟一乘至于彼岸 하느니라

멀 적을 묘할 말 살필 실을 다할 끝 탈 이를 어조 저 언덕
얽을 뒤집힐 운전할 궁구 다할 오를 지극 사 기슭

심 원 미 묘 미 불 부 재   구 경 일 승 지 우 피 안

덮어주고 실어주지 않음이 없으며, 1승을 다하여 피안에 이르게 하느니

決斷疑網慧由心出 하고 於佛敎法該羅無外 하느니라

터질 끊을 법 지혜 말미 날 가르 그,다 벌일 바깥
결단 그물 암을 드러날 칠 갖출

결 단 의 망 혜 유 심 출   어 불 교 법 해 라 무 외

라. 의심의 그물을 결정코 끊으니 지혜는 마음으로부터 나오고, 부처님

智慧如大海 하고 三昧如山王 하며 慧光明淨超踰

바다 어두 빛 밝을 깨끗 뛸 넘을
울 할 넘을 건널

지 혜 여 대 해   삼 매 여 산 왕   혜 광 명 정 초 유

가르치는 법에 자세히 펼쳐있어 그 외는 없느니라. 지혜는 큰 바다와 같
고 삼매는 산왕(수미산) 같으며, 지혜의 광명은 밝고 청정하여 해와

日月 하니 淸白之法具足圓滿 하나니라

맑을 흰 갖출 발 둥글 찰
알릴 그릇 족할

일 월   청 백 지 법 구 족 원 만

달을 뛰어넘으니, 맑고 깨끗한 법 구족하고 원만하니라.

④ 菩薩心
보살 보살 마음

보 살 심
④ 보살의 마음

猶如雪山하니 照諸功德等一淨故이며 猶如大
마치 같을 눈 뫼 비칠 모든 공,일 큰 무리 깨끗 옛
같을 이를   여러 보람 은혜 같을   할   연고
유여설산   조제공덕등일정고   유여대

마치 설산과 같으니, 모든 공덕이 비쳐 하나 같이 청정하기 때문이며,

地하니 淨穢好惡無異心故이며 猶如淨水하니 洗除
땅   더러 좋을 모질 없을 다를   물   씻을 덜
지위   울   더릴오   틀릴   제할
지   정 예 호 악 무 이 심 고   유여정수   세 제

마치 큰 땅과 같으니, 깨끗하고 더러우며 좋고 나쁨에 딴 마음이 없는

塵勞諸垢染故이며 猶如火王하니 燒滅一切煩惱
먼지 힘쓸 때 물들   불   불사 멸할   모두 괴로 괴로울
     일할 더릴   를   끊을절 울 시달릴
진 노 제 구 염 고   유여화왕   소 멸 일 체 번 뇌

때문이며, 마치 깨끗한 물과 같으니, 찌든 먼지(번뇌)와 온갖 물든 때를 씻어 없애기 때문이며, 마치 불의 왕과 같으니, 모든 번뇌의 섶을 불사라

薪故이며 猶如大風하니 行諸世界無障閡故이며 猶
섶   바람   갈   인간 지경   막을 잠글
                          행할 둘레   멈출
신 고   유여대풍   행제세계무장애고   유

버리기 때문이며, 마치 큰 바람과 같으니, 모든 세계를 다님에 막힘이

如虛空하니 於一切有無所著故이며 猶如蓮華하니
빌 빌   ~에   둘 바 붙을   연꽃 꽃
         에게   있을 것,곳 지을저   빛날
여허공   어일체유무소착고   유여연화

없기 때문이며, 마치 허공과 같으니, 모든 존재에 집착하는 바가 없기 때문이며, 마치 연꽃과 같으니,

於諸世間無染汚故이며 猶如大乘하니 運載群萌

어제세간무염오고 유여대승 운재군맹

모든 세간에 물들고 더러움이 없기 때문이며, 마치 대승과 같으니,

出生死故이며 猶如重雲하니 震大法雷覺未覺故

출생사고 유여중운 진대법뢰각미각고

중생을 실어 옮겨 나고 죽음에서 벗어나기 때문이며, 마치 두터운 구름

이며 猶如大雨하니 雨甘露法潤衆生故이며 如金剛

유여대우 우감노법윤중생고 여금강

과 같으니, 큰 법의 우레를 떨쳐 깨닫지 못함이 깨닫기 때문이며, 마치 큰 비와 같으니, 감로의 법비를 내려 중생을 윤택하게 하기 때문이며,

山하니 衆魔外道不能動故이며 如梵天王하니 於諸

산 중마외도불능동고 여범천왕 어제

금강산과 같으니, 온갖 마귀와 외도가 능히 움직이지 못하기 때문이며,

善法最上首故이며 如尼拘類樹하니 普覆一切故

선법최상수고 여니구류수 보부일체고

범천왕과 같으니, 모든 선한 법에 가장 우두머리인 때문이며, 니구류 나

이며 如優曇鉢華하니 希有難遇故이며 如金翅鳥하니

여우담발화 희유난우고 여금시조

무 같으니, 널리 모두를 덮기 때문이며, 우담발화 같으니, 희유하여 만나기 어려운 때문이며, 금시조 같으니,

威伏外道故이며 如衆遊禽하니 無所藏積故이며 猶
위엄 항복 바깥 길　　　무리 놀 날짐　　감출 쌓을　　　　마치
엎드릴　　이치　　　　많을 다닐 승　　창고　　　　　　같을
위 복 외 도 고　　여 중 유 금　　무 소 장 적 고　　유
위엄으로 굴복시키는 때문이며, 온갖 날짐승들과 같으니 감추고 쌓는 바

如牛王하니 無能勝故이며 猶如象王하니 善調伏故
　소　　　　잘 이길　　　　　　코끼　　　잘 고루
　　　　　능할 수승　　　　　　　리　　　좋을 조절
여 우 왕　　무 능 승 고　　유 여 상 왕　　선 조 복 고
가 없기 때문이며, 마치 소의 왕 같으니 능히 이길 수 없기 때문이며,

이며 如師子王하니 無所畏故이니라 曠若虛空하니 大慈
　　　스승　　　　　　두려　　　　밝을 같을 빌 빌　　　사랑
　　　　　　　　　　　울　　　　　광야 반야야
　　여 사 자 왕　　무 소 외 고　　광 약 허 공　　대 자
마치 코끼리 왕 같으니, 잘 굴복시키기 때문이며, 사자 왕 같으니, 두려
운 바가 없기 때문이니라. 넓은 허공 같으니, 큰 자비가 평등한 때문이며,

等故이며 摧滅嫉心不望勝故이니라 專樂求法心無
무리　　　꺾을 멸할 투기　　　바랄　　　오로 즐길 구할
같을　　　누를　　미워할　　　　　　　지 좋을요 찾을
등 고　　최 멸 질 심 불 망 승 고　　전 락 구 법 심 무
질투하는 마음을 꺾어 없애어 이기기를 바라지 않기 때문이니라. 오로지

厭足하며 常欲廣說志無疲倦하느니라 擊法鼓하고 建法
싫을 발　　항상 하고 넓을 말씀 뜻　　피로 피로　　　칠　북　　　세울
　　족할　　떳떳할 자할　　　기쁠열 의지　　　게으를
염 족　　상 욕 광 설 지 무 피 권　　격 법 고　　건 법
법을 즐겨 구하여 마음에 만족함(염족(厭足))이 없으며, 항상 널리 설하려
하여 뜻에 피로하거나 게으름이 없느니라. 법 북을 치고 법기를 세우며

幢하며 曜慧日하야 除癡闇하고 修六和敬하야 常行法
기　　　빛날 지혜　　　덜 어리 어두　　닦을 화할 공경　　항상 갈
　　　　　　　　　　제할 석을 울　　　　마를 합할　　　떳떳할 행할
당　　요 혜 일　　제 치 암　　수 육 화 경　　상 행 법
지혜의 태양을 번쩍여 어리석음과 어두움을 없애고, 6화경을 닦아 항상 법 보시

施_{하야} 志勇精進心不退弱_{하느니라}

베풀 뜻 날랠 자세 나아 물러 약할
　　 의지 할 갈 　 갈

시 지 용 정 진 심 불 퇴 약

를 행하여, 뜻은 용맹하게 정진하고 마음은 나약하게 물러나지 않느니라.

⑤ 菩薩大衆功德

보살 보살 큰 무리 공,일 큰
　　　　　 길(태 많을 보람 은혜

보 살 대 중 공 덕

⑤ 보살 대중의 공덕

爲世燈明最勝福田_{하며} 常爲師導等無憎愛

할 인간 등잔 밝을 가장 이길 복 밭　　항상 　 스승 인도 무리 없을 미울 사랑
될 　　　　　　　 수승 　　　　　 떳떳할 　 할 같을 　 증오

위 세 등 명 최 승 복 전　　상 위 사 도 등 무 증 애

세상을 위해 등불을 밝힘이 가장 수승한 복 밭이며, 항상 스승되어 인

_{하며} 唯樂正道無餘欣慼_{하니라} 拔諸欲刺以安群生

　 오직 즐길 바를 길　　남을 기쁠 근심　 뺄　　하고 찌를 　 편안 무리
　 좋을요 갖출 이치 　　　　　 　 슬플　　　 자할 죽일 　　　 고을

유 락 정 도 무 여 흔 척　　발 제 욕 자 이 안 군 생

도함으로 평등하게 미워하거나 사랑함이 없으며, 오직 바른 도만을 즐겨
다른 기쁨과 근심이 없느니라. 모든 욕망의 가시를 뽑아 중생을

_{으로써} 功德殊勝莫不尊敬_{하나니라} 滅三垢障遊諸神通

공,일 큰 다를 이길 말　 높을 공경　　멸할 　 때 막힐 놀　 귀신 통할
보람 은혜 죽일 수승 저물 　 할　　　　　　　　 더러울 　 다닐 　　 환할

공 덕 수 승 막 불 존 경　　멸 삼 구 장 유 제 신 통

편안히 함으로써, 공덕이 수승하여 존경하지 아니함이 없느니라.

_{하며} 因力緣力_과 意力願力_과 方便之力_과 常力

인할 힘 인연　　　 뜻　 바랄　　　 모 곧　　　 항상
원인　 고리　　 생각　　　　　　 방법 편할　　 떳떳할

인 력 연 력　 의 력 원 력　 방 편 지 력　 상 력

3구(탐, 진, 치)의 장애를 멸하여 여러 신통에 노닐며, 원인의 힘과 인연
의 힘과 의지의 힘과 서원의 힘과 방편의 힘과 항상(불변)하는 힘과

善力과 定力慧力과 多聞之力과 施戒忍辱과
선력 정력혜력 다문지력 시계인욕
선의 힘과 선정의 힘과 지혜의 힘과 많이 듣는 힘과, 보시, 지계, 인욕과

精進禪定과 智慧之力과 正念止觀諸通明力
정진선정 지혜지력 정념지관제통명력
정진, 선정과 지혜의 힘과 바른 생각과 멈추고 관찰함과 여러 6신통력과

과 如法調伏諸衆生力과로 如是等力一切具足
여법조복제중생력 여시등력일체구족
3명(明)의 힘과, 법과 같이 모든 중생을 굴복시키는 힘과, 이와 같은 등의 힘을 모두 구족하여,

하야 身色相好功德辯才를 具足莊嚴無與等者
신색상호공덕변재 구족장엄무여등자
몸의 모습과 상호며 공덕과 말 잘하는 재주를 구족히 장엄하니

하느니라 恭敬供養無量諸佛하야 常爲諸佛所共稱歎
공경공양무량제불 상위제불소공칭탄
더불어 동등한 이가 없느니라. 한량없는 부처님들을 공경하고 공양하여,

하니라 究竟菩薩諸波羅蜜하야 修空無相無願三昧
구경보살제바라밀 수공무상무원삼매
항상 부처님들께서 함께 칭찬하시는 바가 되느니라. 보살은 모든 바라밀을 끝내 다하여, 공과 모습 없음과 서원 없는 삼매와

不生不滅諸三昧門　遠離聲聞緣覺之地하얏느니라

불생불멸제삼매문　원리성문연각지지

남도 없고 멸함도 없는 모든 삼매의 문을 닦아, 성문과 연각의 지위를

阿難아 **彼諸菩薩**은 **成就如是無量功德**하얏느니라 **我**

아난　피제보살　성취여시무량공덕　아

멀리 떠났느니라. 아난아, 저 보살들은 이와 같은 한량없는 공덕을

但爲汝略言之耳하니라 **若廣說者**면 **百千萬劫不**

단위여약언지이　약광설자　백천만겁불

이루었느니라. 내 단지 너를 위하여 간략히 말하였을 뿐이니라. 만약

能窮盡이니라

능궁진

자세히 설하려면 백 천만 겁으로도 능히 다하지 못하리라.

第五節　世間苦痛

제오절　세간고통

제 5 절 세간의 고통

1 勸淨土往生

권정토왕생

1. 정토의 왕생을 권함

佛告彌勒菩薩諸天人等하사되 無量壽國聲聞
불고미륵보살제천인등 무량수국성문
부처님께서 미륵보살과 모든 하늘과 사람 등에 이르시되, 무량수국의

菩薩의 功德智慧不可稱說하느니라 又其國土의 微
보살 공덕지혜불가칭설 우기국토 미
성문과 보살의 공덕과 지혜는 가히 말로 할 수 없느니라. 또 그

妙安樂淸淨若此하니라 何不力爲善하고 念道之自
묘안락청정약차 하불력위선 염도지자
국토의 미묘하고 안락함과 청정함은 이와 같으니라. 어찌 힘써 선을

然하며 著於無上下하야 洞達無邊際터냐 宜各勤精
연 착어무상하 동달무변제 의각근정
위하고, 도의 자연스러움을 생각하며 위아래가 없음에 집착하여, 끝이 없음을 통달하지 아니하느냐? 마땅히 각자 부지런히

進하고 努力自求之하라 必得超絶去하야 往生安養
진 노력자구지 필득초절거 왕생안양
정진하고 노력하여 스스로 구하라. 반드시 끊고 뛰어 넘어 가,

國하야 橫截五惡趣하니 惡趣自然閉하고 昇道無窮
국 횡절오악취 악취자연폐 승도무궁
안양국에 왕생함을 얻어, 가로놓인 5악취를 끊으니, 악취는 저절로 닫히고, 도에 올라 끝내 다함이 없으리라.

極하리라 易往而無人하도다 其國不逆違하야 自然之所

극 이왕이무인 기국불역위 자연지소

가기는 쉬우나 (갈) 사람이 없도다. 그 나라는 거역하거나 어기지 아니하

牽이니라 何不棄世事하고 勤行求道德고오 可獲極長

견 하불기세사 근행구도덕 가획극장

여 저절로 이끌리느니라. 어찌 세상만사를 버리고 부지런히 수행하여 도와 덕을 구하지 아니하는가? 가히 지극히 긴 삶을 얻어,

生하야 壽樂無有極하리라

생 수락무유극

수명과 즐거움이 다함이 없느니라.

2 苦惱世間

고뇌세간

2. 고뇌의 세간

① 貪欲罪過

탐욕죄과

① 탐욕의 허물(죄)

1 世人貪欲

세인탐욕

1 세상 사람의 탐욕

然世人薄俗하야 共諍不急之事하야 於此劇惡

연세인박속 공쟁불급지사 어차극악

그러나 세상 사람은 박덕하고 속되어, 함께 급하지도 않은 일로 다투어,

極苦之中에 勤身營務以自給濟하야 無尊無卑

극고지중 근신영무이자급제 무존무비

이 극악하고 극심한 고통 속에서, 몸을 부지런히 하여 경영하는 일로써 스스로 구제하며, 높음도 없고 낮음도 없으며 가난함도 없고 부자도 없

하며 無貧無富하며 少長男女共憂錢財하나니 有無同

무빈무부 소장남녀공우전재 유무동

으며, 젊은이, 어른, 남자, 여자나 다함께 돈과 재물로 근심하나니, 있든 없든 똑같이 그러하니라. 근심하는 생각이 가득하여 두려움(병영(屛營)과

然하니라 憂思適等과 屛營愁苦로 累念積慮하야 爲

연 우사적등 병영수고 누념적려 위

근심과 괴로움으로, 생각 겹치고 걱정이 쌓여, 마음이 들떠 편안할 때가

心走使無有安時하며 有田憂田과 有宅憂宅과

심주사무유안시 유전우전 유택우택

없으며, 밭이 있으면 밭 걱정과, 집이 있으면 집 걱정과, 소, 말, 6축,

牛馬六畜奴婢錢財衣食什物이 復共憂之니라

우마육축노비전재의식습물 부공우지

노비, 돈, 재물, 옷, 밥과 사는 물건들을 또한 다 걱정하느니라.

重思累息憂念愁怖에 橫爲非常水火盜賊怨

重	思	累	息	憂	念	愁	怖	橫	爲	非	常	水	火	盜	賊	怨
거듭 무거울	생각	맬 묶을	쉴 기를	근심 걱정	생각	근심 찰나	두려 워할	가로 될	할 그를	아닐 떳떳할	항상	물	불	도적 훔칠	도적	원망 할
중	사	누	식	우	념	수	포	횡	위	비	상	수	화	도	적	원

거듭된 생각과 쌓이는 한숨과 근심하는 생각이 걱정과 두려움에

家債主하야 焚漂劫奪消散磨滅하느니라 憂毒忪忪無

家	債	主	焚	漂	劫	奪	消	散	磨	滅	憂	毒	忪	忪	無
집 빌릴	빚	주인 임금	불사 를	떠돌	겁탈 세월	빼앗 을	사라 질	흩을	갈	멸할	독 독할	황당 들뜰	마음 들뜰		
가	채	주	분	표	겁	탈	소	산	마	멸	우	독	종	종	무

가로놓여 항상 물, 불, 도적과 원한 진 집과 빚쟁이가 가로 막아, 불사르고 표류하며 겁탈하고 사라지고 흩어져 달아 없어지느니라.

有解時하고 結憤心中不離憂惱하야 心堅意固適

有	解	時	結	憤	心	中	不	離	憂	惱	心	堅	意	固	適
	풀 알	때 이	맺을	겁낼 흥분				떠날	괴로울 시달릴			굳을	뜻 생각	굳을	갈 마침
유	해	시	결	분	심	중	불	리	우	뇌	심	견	의	고	적

근심의 독은 황당하여 풀릴 때가 없고, 마음 가운데 맺힌 분심 근심과 시달림을 떠나지 않아, 마음도 굳고 뜻도 굳어져 마침내

無縱捨하느니라 或坐摧碎身亡命終하면 棄捐之去莫

無	縱	捨	或	坐	摧	碎	身	亡	命	終	棄	捐	之	去	莫
놓을 쫓을	버릴 놓을		혹시	앉을	꺾을 누를	부술 깨뜨릴		망할 죽을	목숨 명령	끝 마칠	버릴	버릴 내놓		갈	말 저물
무	종	사	혹	좌	최	쇄	신	망	명	종	기	연	지	거	막

놓아 버릴 수 없느니라. 혹 꺾이고 깨진 곳에 앉아 몸이 망가져 목숨이

誰隨者하느니라

誰	隨	者
누구	따를	
수	수	자

다하면, 내버리고 갈 때 누구도 따라올 이는 없느니라.

② 富貴人貪欲

富	貴	人	貪	欲
부자	귀할		탐할	하고 자할
부	귀	인	탐	욕

② 부귀한 사람의 탐욕

尊貴豪富亦有斯患하되 **憂懼萬端勤苦若此**

존귀 호부 역유 사환　　우구 만단 근고 약차

존귀하거나 호걸스런 부자도 또한 이런 근심이 있되, 근심과 두려움이

結衆寒熱與痛共俱하니라

결중 한열 여통 공구

만 갈래라 근심과 고통이 이와 같아, 많은 추위나 더위에 맺쳐 고통과 더불어 함께 같이하느니라.

③ 貧窮人貪欲

빈궁인탐욕

③ 가난한 사람의 탐욕

貧窮下劣困乏常無하느니라 **無田亦憂欲有田**하고

빈궁 하열 곤핍 상무　　무전 역우 욕유전

빈궁하고 하열하여 괴롭고 고달파 항상함이 없느니라. 밭이 없으면 또한

無宅亦憂欲有宅하며 **無牛馬六畜奴婢錢財衣**

무택 역우 욕유택　　무우마육축노비전재의

밭을 두고자 근심하고, 집이 없으면 또한 집을 두고자 근심하며, 소, 말,

食什物하면 **亦憂欲有之**하니라 **適有一復少一**하고 **有**

식습물　　역우욕유지　　적유일부소일　　유

6축, 노비, 돈, 재물, 옷, 음식과 가정의 물건이 없으면, 또한 두고자 근심하느니라. 마침 하나를 두면 또 하나가 적고, 이것이 있으면 이것이 적어,

是少是하야 思有齊等하야도 適欲具有便復靡散하니라
　이 젊을　　　생각 둘 갖출 무리　　　갈 하고 갖출　　　곧 또 죽 흩을
　옳을 적을　　　있을 가지런 같을　　　마침 자할 그릇　　　편안 다시 문어질
　시 소 시　　　사 유 제 등　　　　적 욕 구 유 변 부 미 산
동등하게 갖출 생각은 있지만, 마침 욕심대로 갖추어 있으면 곧 다시 뭉

如是憂苦當復求索하나 不能時得思想無益하니라
　같을　　　쓸 마땅　구할 찾을　　　잘 때 얻을 생각　　더할
　이를　　괴로울 당할 찾을　　　　능할 이 특별　　　　　이익
　여 시 우 고 당 부 구 색　　　불 능 시 득 사 상 무 익
개져 흩어지느니라. 이와 같은 근심하고 괴로우면서 마땅히 다시 찾아 구하나,
능히 제때 얻지 못하여 생각해도 이득이 없느니라. 몸과 마음이 함께 수고로와

身心俱勞坐起不安하고 憂念相隨勤苦若此하며
　몸 마음 함께 일할 앉을 일　편안　근심 생각 서로 따를 부지　만약 이
　　　　갖출 힘쓸　　　　할　　걱정 찰나 바탕 런할　같을 여기
　신 심 구 노 좌 기 불 안　　우 념 상 수 근 고 약 차
앉으나 서나 불안하고, 근심하는 생각이 서로 따라 근심스런 고통이 이와

亦結衆寒熱與痛共俱하니라 或時坐之終身夭命
또 맺을 무리 찰 더울 줄 아플 함께 함께　　혹시　　　　　　　끝 어릴 목숨
　　　많을　　　더불　　갖출　　　　　　　　　　　　　마칠 젊을 명령
역 결 중 한 열 여 통 공 구　　혹 시 좌 지 종 신 요 명
또 많은 추위나 더위에 매여 고통과 더불어 함께하느니라. 혹 때로 앉아
몸을 마침에 명이 짧아 선을 위하여 도를 행하거나 덕에　나아감을

하야 不肯爲善行道進德하야 壽終身死當獨遠去
　옳게 할 잘 갈 길 나아 큰　　목숨　　　죽을　　홀로 멀 갈
　여길 될 좋을 행할 이치 갈 은혜　　　　　　　　　　　어찌
　불 긍 위 선 행 도 진 덕　　수 종 신 사 당 독 원 거
좋아하지 않아, 목숨이 끝나 몸이 죽으면 마땅히 홀로　멀 리가 향하여

하야 有所趣向善惡之道莫能知者하느니라
　　　　　뜻 향할　모질　　말　알 이
　　　　갈,곳 구할 더럴오　저물　지식 것
　유 소 취 향 선 악 지 도 막 능 지 자
가는 곳은 있으되 선도인지 악도인지 능히 아는 자가 없느니라.

② 恚怒罪過

에 노 죄 과

② 성냄의 허물

① 於來世怨憎更相患害罪過

어 내 세 원 증 갱 상 환 해 죄 과

① 내세에 원한과 미움으로 다시 서로 해치며 근심하는 죄과(허물)

世間人民父子兄弟夫婦家室中外親屬은

세 간 인 민 부 자 형 제 부 부 가 실 중 외 친 속

세간의 인민과 아비와 아들, 형과 아우, 부부와 가족 중에 외척과

當相敬愛無相憎嫉하며 **有無相通無得貪惜**하며

당 상 경 애 무 상 증 질　유 무 상 통 무 득 탐 석

친속은, 마땅히 서로 공경하고 사랑하여 서로 미워하고 질투함이 없으며, 있건 없건 서로 통하여 탐하거나 아낌이 없으며, 말과 모습이

言色常和莫相違戾할지니라 **或時心諍有所恚怒**하면

언 색 상 화 막 상 위 려　혹 시 심 쟁 유 소 에 노

항상 화목하여 서로 어김이 없을지니라. 혹 때로 마음이 다투어

今世恨意微相憎嫉하나 **後世轉劇至成大怨**하느니라

금 세 한 의 미 상 증 질　후 세 전 극 지 성 대 원

성내는 것이 있으면, 현세에는 원한의 뜻이 서로 미워하고 질투함이 적어나, 뒤 세상에는 점점 심해 큰 원한을 이룸에 이르느니라.

所以者何오 **世間之事更相患害**하야 **雖不卽時**
소이자하 세간지사갱상환해 수부즉시

무슨 까닭인가? 세간의 일은 다시 서로 아프게 해쳐도, 비록 즉시 서로

應急相破하지만 **然含毒畜怒結憤精神**하면 **自然剋**
응급상파 연함독축노결분정신 자연극

급히 대응하여 깨트리지는 않지만, 그러나 독을 품고 마음에 노여움을 쌓아 분함을 품으면, 자연이 앓이 급하여(마음이 급하여) 서로 여의지

識不得相離하야 **皆當對生更相報復**하느니라
식부득상리 개당대생갱상보복

못하여, 다 마땅히 (다음 생에) 태어나 다시 서로 보복하느니라.

② 來世惡度罪過
내세악도죄과

② 내세 악도에 태어나는 허물(죄)

人在世間愛欲之中하야 **獨生獨死獨去獨來**
인재세간애욕지중 독생독사독거독래

사람은 세간의 애욕 속에 있어, 홀로 나고 홀로 죽으며 홀로 가고 홀로

하나니 **當行至趣苦樂之地**하나니 **身自當之無有代者**
당행지취고락지지 신자당지무유대자

오나니, 마땅히 취(6도)에 감에 괴롭고 즐거운 땅에 이르나니, 자신이 스스로 당하는 것이라 대신할 이가 없느니라. 선과 악은 변화하여

하니라 **善惡變化殃福異處**하야 **宿豫嚴待當獨趣入**
선악변화앙복이처 숙예엄대당독취입

재앙과 복이 있는 곳이 달라, 일찍 미리 엄격하게 (재앙과 복이) 기다리고 있으니

하느니라 **遠到他所莫能見者**하지만 **善惡自然追行所生**
원 도 타 소 막 능 견 자 선악자연추행소생

마땅히 홀로 나아가 들어가느니라.(홀로 받는다) 멀리 다른 곳에 이르면(태어나면) 능히 보는 이가 없지만, 선과 악은 자연이 (지은 대로) 쫓아와 태어나는 것이니라.

이니라 ③ **別離難復得相値罪過**
별 리 난 부 득 상 치 죄 과

③ 헤어져 다시 서로 만나기 어려운 허물

窈窈冥冥別離久長하며 **道路不同會見無期**
요 요 명 명 별 리 구 장 도 로 부 동 회 견 무 기

그윽하고 어두워 헤어져 떠나있음이 오래고 길며, 길이 같지 않아 모여

하나니 **甚難甚難復得相値**하나니라 **何不棄衆事**하고 **各曼**
심 난 심 난 부 득 상 치 하 불 기 중 사 각 만

보기가 기약이 없나니, 매우 어렵고 매우 어렵도다. 다시 서로 만나기가! 어찌 온갖 일을 제쳐 두고 각자 건강할 때 노력하여 힘써 부지런히

强健時에 **努力勤修善**하고 **精進願度世**이뇨 **可得**
강 건 시 노 력 근 수 선 정 진 원 도 세 가 득

선을 닦고 정진하여 세간을 벗어나기를 바라지 아니하는가?(정진하면)

極長生하거늘 如何不求道이뇨 安所須待欲何樂乎

극장생 여하불구도 안소수대욕하락호

지극히 오래 살 수 있거늘, 어찌 도를 구하지 아니하는가? 무엇을 기다리며 무엇을 즐기고자하는가?!

③ 愚癡罪過

우 치 죄 과

③ 어리석음의 허물

如是世人은 不信作善得善爲道得道不信

여시세인 불신작선득선위도득도불신

이와 같이 세상 사람은 선을 지으면 선을 얻고 도를 위하면 도를 얻음을

人死更生惠施得福하며 善惡之事都不信之하야

인사갱생혜시득복 선악지사도불신지

믿지 않고, 사람이 죽으면 다시 태어나니 은혜를 베풀면 복을 얻는 것 도

謂之不然終無有是하며 但坐此故且自見之니라

위지불연종무유시 단좌차고차자견지

믿지 않으며, 선악의 일을 도무지 믿지 않고, 그렇지 않다고 여기며, 끝내 이런일은 있을 수 없다며 단지 여기 앉은 까닭에 잠깐 자신을 볼뿐이니라. 다시 서로

更相瞻視先後同然하야 轉相承受父餘敎令하야

갱상첨시선후동연 전상승수부여교령

처다 보며 앞뒤(선후배)가 똑같이 그러하여, 아비는 남은 가족에게 가르

先人祖父素不爲善不識道德하야 身愚神闇心

선인조부소불위선불식도덕　신우신암심

쳐 서로 전하여 이어 받아, 선대의 사람과 할아버지 아버지는 본래 선행을 하지 않고 도덕도 알지 못하여 몸은 어리석고 정신은 어두우며

塞意閉하야 死生之趣善惡之道난 自不能見無

색의폐　사생지취선악지도　자불능견무

마음은 막히고 뜻은 닫쳐, 생사의 이치와 선악의 도는, 스스로 능히

有語者하느니라 吉凶禍福競各作之하니 無一怪也니라

유어자　길흉화복경각작지　무일괴야

보지 못하며 말해줄 이도 없느니라. 길흉화복은 다투어 각자가 지으면서 하나도 괴이하게 여김이 없느니라.

① 自他更相哭泣罪過

자타갱상곡읍죄과

① 나와 남이 다시 서로 우는 허물

生死常道轉相嗣立하야 或父哭子或子哭父

생사상도전상사립　혹부곡자혹자곡부

나고 죽는 불변의 진리는 옮기며 서로 이어 서서, 혹 아비가 자식에게 곡

하며 兄弟夫婦更相哭泣하니 顚倒上下無常根本

형제부부갱상곡읍　전도상하무상근본

하거나 혹 자식은 아비에게 곡하며 형제와 부부가 바뀌어 서로 우니,

皆當過去不可常保를 教語開導信之者少하야 是以生死流轉無有休止하니라

개 당 과 거 불 가 상 보　　교 어 개 도 신 지 자 소

시 이 생 사 류 전 무 유 휴 지

위아래가 뒤바뀜이 무상의 근본이라. 다 마땅히 과거의 일이라. 항상 보전되지 못함을 가르쳐 말로 열어 인도하지만 믿는 이가 적어, 그래서 생사에 유전하여 멈추어 쉴 날이 없느니라.

② 惡趣苦罪過

악 취 고 죄 과

② 악도의 괴로운 허물

如此之人은 矇冥抵突不信經法코 心無遠慮各欲快意하야 癡惑於愛欲으로 不達於道德하며 迷沒於瞋怒와 貪狼於財色으로 坐之不得道하느니라

여 차 지 인　　몽 명 저 돌 불 신 경 법　　심 무 원 려 각 욕 쾌 의　　치 혹 어 애 욕　　부 달 어 도 덕

미 몰 어 진 노　　탐 낭 어 재 색　　좌 지 부 득 도

이와 같은 사람은 어두움의 밑바닥에 부딪쳐 경의 법을 믿지 않고, 마음은 멀리 생각함이 없이 각자 뜻의 쾌락 만을 바라, 애욕에 미혹되어 어리석음으로, 도덕에 통달치 못하며, 미혹하여 성냄에 빠지며 이리 같이 재물과 여색을 탐함으로 앉아서 도를 얻지 못하느니라. 다시 악도의

當更惡趣苦로 生死無窮已하나니 哀哉甚可傷하노라

당갱악취고　생사무궁이　애재심가상

고통을 당함으로 나고 죽음이 끝이 없나니라. 슬프도다. 매우 가상하구나!

③ 更相哀愍罪過

갱 상 애 민 죄 과

③ 다시 서로 슬퍼하는 허물

或時室家父子兄弟夫婦가 一死一生更相

혹시실가부자형제부부　일사일생갱상

혹 때로 집안의 부자, 형제, 부부가 하나는 죽고 하나는 살아 다시 서로

哀愍하야 恩愛思慕憂念結縛하야 心意痛著迭相

애 민　은애사모우념결박　심의통착질상

슬퍼하여, 은혜와 사랑과 그리워하는 생각으로 얽어 맺어, 마음과 뜻이

顧戀하야 窮日卒歲無有解已하야 敎語道德心不

고 련　궁일졸세무유해이　교어도덕심불

비통함에 사로잡혀 지나치게 서로 돌아보고 그리워하며, 날이 다하고 해가 다해도 풀어지지 않아, 말로 도와 덕을 가르쳐도 마음이 밝게

開明하야 思想恩好不離情欲하니 惛曚閉塞愚惑

개 명　사상은호불리정욕　혼몽폐색우혹

열려지지 않아, 은혜와 호감을 생각하며 정욕을 떠나지 못하니, 혼미하고 몽롱하며 닫히고 막혀 어리석음과 미혹에 덮이는 것이니라.

所覆니라 不能深思熟計心自端政專精行道決

바 덮을　　　잘 깊을 생각 익을 꾀,셀　　　바를 바를 오로 자세 갈 길 터질
것,곳 돌이킬　　능할　　　익숙 꾀할　　　단정 다스릴 지 할　행할 이치 결단

소 부　　불 능 심 사 숙 계 심 자 단 정 전 정 행 도 결

능히 깊이 생각하고 익숙히 헤아려 마음이 스스로 단정히 다스려 오로지

斷世事타가 便旋至竟年壽終盡不能得道하리니 無

끊을 인간 일　　곧　돌 이를 다할 해 목숨 끝 다할　　　　얻을　　특별
　　　섬길　　편안편　　지극　　나이　　마칠끝낼

단 세 사　　변 선 지 경 년 수 종 진 불 능 득 도　　무

정성으로 도를 행하여도 세상일을 결정하여 끊지 못하다가, 문득 돌아가서 마침에 이르러 수명이 끝나 다하면 끝내

可奈何토다

쯤 어찌 어찌
옳게 나락 무엇

가 나 하

능히 도를 얻지 못하리니, 어쩔 수가 없도다!

④ 因迷惑受苦罪過

인할 미혹 의심 받을 쓸 허물 허물
원인 헤맬 낼　　괴로울　　지날

인 미 혹 수 고 죄 과

④ 미혹으로 인하여 고통 받는 허물

總猥憒擾皆貪愛欲이니 惑道者眾코 悟之者

모을 잡될 어둘 어지 다 탐할 사랑 하고　의심 길　　무리　　알
묶을 망녕될 심난할 러울　　　자할　　낼 이치　많을　　깨달을

총 외 궤 요 개 탐 애 욕　　혹 도 자 중　　오 지 자

(세상은)모두 잡되고 심난하고 어지러워 다 애욕을 탐착하니, 도를 의심하

寡하며 世間忽忽하야 無可聊賴나니 尊卑上下貧富

적을　　인간 틈 바쁠　　　쯤 귀울 힘입을　높을 낮을　　가난 부자
나,과부　　　사이　　　　옳게 의지할 의지할　　천할　　할

과　　세 간 총 총　　　무 가 료 뢰　　존 비 상 하 빈 부

는 이는 많고 깨닫는 이는 적으며, 세간은 바쁘기만 하고 의지할 만한 것이 없느니라. 높고 낮으며 위나 아래나 가난하나 부유하며 귀하거나 천

貴賤이나 勤苦忽務各懷殺毒하야 惡氣窈冥爲妄

하거나, 부지런히 고생하며 바쁘게 일하면서 각자 살기어린 독을 품어,

興事하느니라 違逆天地不從人心하야 自然非惡先隨

악한 기운이 깊어져 함부로 일을 일으키게 되느니라. 하늘과 땅을 거슬려

與之하니 恣聽所爲待其罪極하라 其壽未盡便頓

어기고 사람의 마음(도리)을 쫓지 않아, 자연히 그릇된 악이 먼저 따라 함께하니, 내가 한 대로 받으리니 극악 한 죄가(그 과보를)기다리느니라! 그 목숨이 끝

奪之下入惡道하야 累世懃苦展轉其中하야 數千

나지도 않았는데도 문득 별안간 (목숨을)빼앗아 아래로 악도에 대리고 들어가, 여러 생을 거듭하며 원망과 고통으로 그 (악도)속을 옮기고 옮기며, 수 천 억겁에도

億劫無有出期하야 痛不可言甚可哀愍토다

억겁무유출기 통불가언심가애민
벗어날 기약이 없고, 고통은 이루 말로써 할 수 없나니 참으로 슬프고 가련하도다!

3 重勸往生

중 권 왕 생

3. 거듭 왕생을 권함

① 勤行精進

근 행 정 진
① 부지런히 정진을 행하라

佛告彌勒菩薩諸天人等하사되 我今語汝世間

불 고 미 륵 보 살 제 천 인 등   아 금 어 여 세 간

부처님께서 미륵보살과 하늘과 사람 등에 이르시되, 내 이제 너희 세간의

之事하리라 人用是故坐不得道하나니 當熟思計遠離

지 사   인 용 시 고 좌 불 득 도   당 숙 사 계 원 리

일을 말하였느니라. 사람의 씀씀이가 이러함으로 앉아서 도를 얻지 못하나니,

衆惡하야 擇其善者勤而行之하라 愛欲榮華不可

중 악   택 기 선 자 근 이 행 지   애 욕 영 화 불 가

마땅히 익히 생각하고 헤아려 온갖 악을 멀리 떠나, 그 좋은 것만 선택하여 부지런히 행하라. 애욕과 영화는 항상 보전하지 못하고, 다 마땅히 헤어져 떠나나니

常保하야 皆當別離無可樂者하니라 曼佛在世當勤

상 보   개 당 별 리 무 가 락 자   만 불 재 세 당 근

즐거울 게 없느니라. 부처님 세상에 계실 때를 만났으니 (曼→遇)

精進하라 其有至願生安樂國者난 可得智慧明

정 진   기 유 지 원 생 안 락 국 자   가 득 지 혜 명

마땅히 부지런히 정진할 것이니라. 그 지극한 서원이 있어 안락국에 태어나기 바라는 이는, 지혜를 얻어 수승한 공덕을 밝게 통달하여야 하나니

達功德殊勝하고 勿得隨心所欲하야 虧負經戒在
사무 공,일 큰 다를 이길   말 얻을 따를   하고 덜,이 짐질 글 경계 있을
칠 보람 은혜 죽일 수승   특별   자할 지러질   지날 할
달 공 덕 수 승   물 득 수 심 소 욕   휴 부 경 계 재
마음에 하고자 하는 대로 하여 경과 계률을 헛되이 져버려

人後也 일지니라 儻有疑意不解經者난 可具問佛當
  뒤 잇기   진실로 의심 뜻   풀   갖출 물을   마땅
           그러할 할 생각   알   그릇 문안   당할
인 후 야   당 유 의 의 불 해 경 자   가 구 문 불 당
남의 뒤에 있지 말지니라. 실로 의심하는 뜻이 있어 경을 풀지 못하는
이는,

爲說之 하리라
할 말씀
될 기쁠열
위 설 지
부처님께 자세히 질문하면 마땅 위하여 그것을 설하리라.

② 彌勒菩薩讚歎

찰 굴레 보살 보살 기릴 탄식
자갈   칭찬 칭찬
미 륵 보 살 찬 탄
② 미륵보살의 찬탄

彌勒菩薩長跪白言하되 佛威神尊重하며 所說
    길 꿇어 흰 말씀   위엄 귀신 높을 거듭   바 말씀
  어른 앉을 알릴   무거울   것,곳 기쁠열
미 륵 보 살 장 궤 백 언   불 위 신 존 중   소 설
미륵보살께서 무릎을 꿇어앉아 말씀 여쭈되, 부처님의 위신력은 높고 귀

快善하야 聽佛經者貫心思之하시니 世人實爾如佛
쾌할 잘 들을   글 이 꿸 생각   참 너 같을
흰할 좋을 받을 지날 것   열매 그럴 이를
쾌 선   청 불 경 자 관 심 사 지   세 인 실 이 여 불
중하며, 설하시는 바는 상쾌하고 좋아, 부처님 경을 듣는 이는 마음을
꿰뚫어(충심으로) 생각하라. 세상 사람은 참으로 그러하여 부처님께서 말

所言^{하오이다} 今佛慈愍顯示大道^{하시니} 耳目開明長得

말씀하신 바와 같습니다. 이제 부처님께서 자비로 가엾이 여겨 대도를 나타내 보이시니, 귀가 열리고 눈이 밝아져서 길이 생사의 길을 벗어나겠습니다.

度脫^{하나이다} 聞佛所說莫不歡喜^{하옵니다} 諸天人民蠕動

부처님께서 설하신 것을 듣고 기뻐하지 않은 이가 없사옵니다. 모든

之類^난 皆蒙慈恩解脫憂苦^{하얏나이다} 佛語敎誡甚深

하늘과 인민과 움직이는 미물의 종류는 다 자비로운 은혜를 입고 근심과 괴로움을 해탈할 것입니다. 부처님이 말씀하사 가르쳐 경계하심은 매우 깊고 너무

甚善^{하며} 智慧明見八方上下去來今事莫不究

좋으며 지혜로 밝게 보시어 8방과 상하, 과거, 미래, 현재의 일을 다 통

暢^{하나이다} 今我衆等^이 所以蒙得度脫^은 皆佛前世

달하지 않은 곳이 없나이다. 이제 우리 대중들이 해탈을 얻는 까닭은 다

求道之時謙苦所致^{나이다} 恩德普覆福祿巍巍^{하시며}

부처님께서 전생에 도를 구하실 때 겸손과 고행으로 이루신 탓이옵니다.

光明徹照達空無極開入泥洹^{하나이다} 教授典攬威

빛 밝을 밝을 비칠 사무 빌 없을 다할 열 들 진흙 흐를 　 가르 줄 법 잡을 위엄
　 　 환할 칠 　 　 　 지극 　 　 　 얻을 　 칠 　 본보기 딸

광 명 철 조 달 공 무 극 개 입 니 원 　 교 수 전 람 위

은덕은 널리 덮고 복록은 우뚝하시며 광명은 훤히 비추시어, 공을 통달하여 다함
없어 열반(니원)을 열고 드셨나이다. 법을 잡아 가르쳐 주시고 위엄으로 제압하

制消化^{하시니} 感動十方無窮無極^{하야} 佛爲法王尊

마를 사라질 될 　 　 느낄 움직 　 모 　 다할 　
누를 약해질 화할 　 　 　 일 　 방법 　 궁할 　 　 할 될 　 높을

제 소 화 　 감 동 시 방 무 궁 무 극 　 불 위 법 왕 존

여 교화하시니, 시방을 감동시킴이 다함이 없고 끝이 없사옵니다. 부처님은

超衆聖^{하시고} 普爲一切天人之師^{하사} 隨心所願皆

뛸 　 성인 　 넓을 　 　 모두 　 　 스승 　 따를 　 바랄 다
넘을 　 성스릴 　 　 　 　 끊을절 　 　 　 　 　 　 　 　

초 중 성 　 보 위 일 체 천 인 지 사 　 수 심 소 원 개

법왕이 되시어 존귀하심은 많은 성인을 뛰어넘으시고, 널리 모든 하늘과 인간
의 스승이 되시어, (중생의)마음 따라 원하는 바도를 다 얻게 하시며 이제 부처님

令得道^{케하시며} 今得値佛^{하고} 復聞無量壽聲^{하니} 靡不

~게 얻을 길 　 이제 　 값 　 　 또 들을 　 헤아 목숨 소리 　 말
도록 특별 이치 　 　 오늘 　 만날 　 다시 　 맡을 　 릴 　 　 　 얽을

령 득 도 　 금 득 치 불 　 부 문 무 량 수 성 　 미 불

을 만나고 또 무량수불에 대한 소리를 듣사오니 기뻐하지 않은 이가 없고

歡喜心得開明^{사옵니다}

기쁠 기쁠 　 　 　 열 밝을

환 희 심 득 개 명

마음이 열려 밝음을 얻었사옵니다.

③眞理要點

　 　 　 　 참 이치 구할 점
　 　 　 　 　 다스릴 중요

　 　 　 진 리 요 점

　 　 ③ 진리의 요점

佛告彌勒 汝言是也토다 **若有慈敬於佛者**
불고미륵 여언시야 약유자경어불자

부처님께서 미륵에게 이르시되, 너의 말이 옳도다. 만약 부처님께 자비로

實爲大善하느니라 **天下久久乃復有佛**하시나니 **今我於**
실위대선 천하구구내부유불 금아어

공경하는 이는, 참으로 큰 선이 되느니라. 하늘 아래 오래고 오래되어야

此世作佛하야 **演說經法宣布道敎**하야 **斷諸疑網**
차세작불 연설경법선포도교 단제의망

이에 다시 부처님이 계시나니. 이제 내가 이 세상에서 부처되어, 경의 법을 연설하여 도(진리)의 가르침을 선포하여, 모든 의심의 그물을 끊고

하고 **拔愛欲之本**하야 **杜衆惡之源**하니 **遊步三界無**
발애욕지본 두중악지원 유보삼계무

애욕의 뿌리를 뽑고 온갖 악의 근원을 막았으니, 3계를 걸어 다니는데

所拘閡하느니라 **典攬智慧衆道之要**로 **執持網維昭**
소구애 전람지혜중도지요 집지망유소

구애될 것이 없느니라. 잡은 법(경전)의 지혜는 온갖 도의 요점으로,

然分明하니라 **開示五趣度未度者**하야 **決正生死泥**
연분명 개시오취도미도자 결정생사니

그물(법)을 잡아 가져 밝고 밝아 분명하니라. 5취(趣=5도)를 열어 보여 제도하지 못한 이를 제도하여, 생사와 열반의 도를 바르게 결단

무량수경

洹之道케하니라 **彌勒當知**하라 **汝從無數劫來修菩薩**
원 지 도　　　미 륵 당 지　　　여 종 무 수 겁 래 수 보 살
하느니라. 미륵아 마땅히 알라. 너는 수없는 겁으로부터 오며 보살의

行하야 **欲度衆生其已久遠**하야 **從汝得道至于泥**
행　　욕 도 중 생 기 이 구 원　　종 여 득 도 지 우 니
행을 닦아, 중생을 제도하고자한지가 그 이미 오래고 멀어, 너가

洹不可稱數하나니; **汝及十方諸天人民一切四衆**
원 불 가 칭 수　　여 급 시 방 제 천 인 민 일 체 사 중
도를 얻고부터 열반에 이르기까지 이루 수를 헤아리지 못하나니, 너와
시방의 모든 하늘과 인민, 모든 4부대중이, 영겁이래로

이 **永劫已來展轉五道** 한 **憂畏勤苦不可具言**
영 겁 이 래 전 전 오 도　　우 외 근 고 불 가 구 언
5도를 옮기고 옮겨가며, 근심과 두려움과 힘든 고통은 이루 말로 다하지

하며 **乃至今世生死不絕**하니 **與佛相値聽受經法**
내 지 금 세 생 사 부 절　　여 불 상 치 청 수 경 법
못하며, 이에 지금 현세에 이르기까지도 나고 죽음이 끊이지 않았는데,

하며 **又復得聞無量壽佛**하니 **快哉甚善吾助爾喜**
우 부 득 문 무 량 수 불　　쾌 재 심 선 오 조 이 희
부처님과 함께 서로 만나 경법을 듣고 받으며, 또한 무량수불에 대한 말
씀을 얻어 들었으니, 통쾌하고 너무 좋고 내 너를 도우니 기쁘구나!

④ 疑惑衆生邊地誕生

의혹중생변지탄생

④ 의심이 있고 미혹한 중생은 변두리땅에 태어남

汝今亦可自厭生死老病痛苦惡露不淨無

여금역가자염생사노병통고악로부정무

너희는 이제 또 가히 스스로 나고 죽고 늙고 병듦과 쓰라린 고통을

可樂者하라 宜自決斷端身正行益作諸善하야 修

가락자 의자결단단신정행익작제선 수

싫어하며 악이 드러나 깨끗하지 못함은 즐거워할 이가 없느니라. 스스로 결정코 끊어 몸을 단정히 하고 행을 바르게 하여 더욱 온갖 선을 지어,

己潔體洗除心垢하고 言行忠信表裏相應하라 人

기결체세제심구 언행충신표리상응 인

자신을 닦아 몸을 깨끗이 하고 마음의 때를 씻어 없애고, 말과 행동,

能自度轉相拯濟하야 精明求願積累善本하면 雖

능자도전상증제 정명구원적루선본 수

충성, 믿음, 겉과 속이 서로 맞아야 하니라. 사람은 잘 자신을 제도하고 옮겨가며 서로 제도하여, 정성스럽고 밝게 서원을 구하여 선의

一世勤苦須臾之間이며 後生無量壽佛國快樂

일세근고수유지간 후생무량수불국쾌락

근본을 쌓으면, 비록 한 생의 힘든 고통도 잠깐사이이며, 뒤에 무량수

無極하리 長與道德合明하야 永拔生死根本하면 無
부처님 나라에 태어나 쾌락이 끝이 없으리라. 길이 도와 덕을 함께

復貪恚愚癡苦惱之患하느니라 欲壽一劫百劫千億
밝혀, 영원히 나고 죽는 근본을 뽑으면, 다시는 탐욕, 성냄, 어리석음과 괴로움의 근심이 없느니라. 수명은 1겁, 백겁, 천겁, 만겁을 살려고 하면,

萬劫든 自在隨意皆可得之하리 無爲自然히 次
자유롭게 뜻대로 다 얻을 수 있느니라. 함이 없는 자연으로 열반의 도에 이어지

於泥洹之道하느니라 汝等宜各精進求心所願하라 無
느니라. 너희 등은 각자 정진하여 마음의 원하는 바를 구함이 마땅하니라.

得疑惑하라 中悔自爲過咎하야 生彼邊地七寶宮殿
의심과 미혹을 없게 하라. 도중에 후회하면 스스로 허물이 되어, 저 변두

하야 五百歲中受諸厄也하느니라 彌勒白佛하되 受佛重
리 땅의 칠보 궁전에 태어나 5백 년 동안 온갖 재앙을 받느니라. 미륵이 부처님께 여쭈되, 부처님의 두터운 가르침을 받아,

誨하야 專精修學하야 如教奉行不敢有疑하오리다

회 전정수학 여교봉행불감유의

오로지 정성껏 닦고 배워, 가르침과 같이 받들어 행하여 감히 의심하지 않으오리다.

第六節 五濁惡世

제 육 절 오 탁 악 세

제 6 절 5탁 악세(다섯 가지 흐린 악한 세상)

1 總說

총 설

1, 총설

佛告彌勒하사되 汝等能於此世에 端心正意不

불 고 미 륵 여 등 능 어 차 세 단 심 정 의 부

부처님께서 미륵에게 이르시되, 너희 등은 능히 이 세상에서 단정한

作眾惡하고 甚爲至德하니 十方世界最無倫匹하나니라

작 중 악 심 위 지 덕 시 방 세 계 최 무 륜 필

마음과 바른 뜻으로 온갖 악을 짓지 않고, 매우 지극한 덕을 위하니,

所以者何오 諸佛國土天人之類난 自然作善

소 이 자 하 제 불 국 토 천 인 지 류 자 연 작 선

시방세계의 으뜸이라 짝할 사람이 없느니라. 어째서냐? 모든 불국토의 하늘과 사람의 종류는, 저절로 선을 짓고

不大爲惡하야 易可開化하니 今我於此世間作佛하야
불대위악 이가개화 금아어차세간작불
크게 악행을 하지 않아, 개화(교화) 하기가 쉬우느니라. 이제 내가 이

處於五惡五痛五燒之中한 爲最劇苦하야 敎
처어오악오통오소지중 위최극고 교
세간에서 부처가 되어, 5악(살생,도둑,사음 등)과 5고통(5악으로 받는 고통)과 5소(5악으로 죽어 악도에 떨어 받는 고통을 불에 비유)불길의 가운데 처한, 가장 극심한

化群生令捨五惡하며 令去五痛하고 令離五燒하야
화군생령사오악 령거오통 령리오소
괴로움을 받는 중생을 교화하여 5악을 버리게 하며, 5통을 제거하고 5소

降化其意令持五善獲其福德度世長壽泥洹
항화기의령지오선획기복덕도세장수니원
를 떠나게 하여, 교화로 그 뜻을 항복시켜 5선(善)을 지녀 그 복과 덕으로 세간을 제도하여 긴 수명과 열반의 도를 얻게 하리라.

之道케하리라 佛言하사 何等爲五惡이며 何等五痛이며 何
지도 불언 하등위오악 하등오통 하
부처님께서 말씀하시되, 어떤 등이 5악이 되며, 어떤 것이 5통이며,

等五燒오 何等消化五惡하야 令持五善獲其福
등오소 하등소화오악 령지오선획기복
어떤 등이 5소인가? 어떤 등이 교화로 5악을 소멸하여 5선을 지녀 그

德度世世長壽泥洹之道 잇가

큰 지날 인간 길 목숨 진흙 흐를 길
은혜 법도 어른 흐릴 강이름 이치

덕 도 세 장 수 니 원 지 도
복과 덕으로 세간을 제도하여 긴 수명과 열반의 도를 얻게 하는 것인가?

2 殺生惡

죽일 날 모질
빠를쇄 살 더럴오

살 생 악

2. 살생의 악

其一惡者 난 諸天人民蠕動之類 난 欲爲衆

그 이 들 백성 꿈틀 움직 갈 같을 하고 할 무리
그것 것 모든 거릴 일 의,것 종류 자할 될 많을

기 일 악 자 제 천 인 민 연 동 지 류 욕 위 중
그 첫째 악이란, 모든 하늘과 인간의 백성과 미물의 종류는 온갖 악행을

惡莫不皆然 하느니라 强者伏弱轉相剋賊 하야 殘害殺

말 아니 다 그럴 강할 항복 약할 구를 서로 이길 도적 쇠할 해할 죽일
저물 태울 엎드릴 옮길 바탕 해칠 나머지 감할쇄

악 막 불 개 연 강 자 복 약 전 상 극 적 잔 해 살
하려고 하는데 다 그렇지 않음이 없느니라. 강자는 약자를 굴복시키고
옮겨가며 서로 이기고 해쳐, 해침과 살육이 번갈아 서로 물어뜯고 씹으며,

戮迭相吞噬 하야 不知修善惡逆無道 하야 後受殃

죽일 갈마들 삼킬 씹을 알 닦을 잘 반역 길 뒤 받을 재앙
형벌 침노할 멸할 지식 마를 착할 거스릴 이치

육 질 상 탄 서 부 지 수 선 악 역 무 도 후 수 앙
선을 닦는 것은 알지도 못하고 악과 반역으로 무도하여, 뒤에 재앙과

罰自然趣向 神明記識犯者不赦 하나니 故有貧

죄 뜻 향할 귀신 밝을 기록 알 범할 용서 가난
갈,곳 구할 지식 해칠 할 할

벌 자 연 취 향 신 명 기 식 범 자 불 사 고 유 빈
벌을 받아 저절로 악취로 향하느니라. (천지)신명은 기록하여 알고 있어
범한 자는 용서하지 아니하나니, 그러므로 가난하고 하천하거나

窮下賤乞匃孤獨聾盲瘖瘂愚癡憋惡 하며 至有

궁항 하 천할 빌 흉흉할 외로 홀로 귀머 눈멀 병어 병어 어리 어리 모질 이를
다할 천할 결 흉 오랑캐울 고 독 거리 리 리 석을 석을 조급할 지극

궁 하 천 걸 흉 고 독 농 맹 음 아 우 치 별 악   지 유

거지, 고아, 고독한 이, 귀머거리, 장님, 벙어리, 바보 포악한 이, 절름발이(곱추)

尪狂不逮之屬 하느니라 又有尊貴豪富高才明達 하되

곱추 미칠 미칠 붙을 속할   또   높을 귀할 호걸 부자 높을 재주 밝을 사무
절름발이 잡을 속할   칠

우 광 부 대 지 속   우 유 존 귀 호 부 고 재 명 달

미치광, 여기에도 미치지 못하는 무리에 이르기까지 있느니라. 또 높고 귀하거나

皆由宿世慈孝修善積德所致 이니라 世有常道王

다 말미 잘   사랑 효도 닦을 잘 쌓을 큰 이를   항상   임금
   암을 묵을   마를 착할   은혜 힘쓸   떳떳   성할

개 유 숙 세 자 효 수 선 적 덕 소 치   세 유 상 도 왕

호화롭고 부자거나 높은 재주나 지혜가 밝게 통달한 이가 있으되, 다 전생에 자
비와 효도로 선을 닦고 덕을 쌓아 이룬 까닭이니라. 세간에는 항상 한 법도와

法牢獄 하야 不肯畏愼 코 爲惡入罪受其殃罰 하야

   우리 우리   옳게 두려 삼갈   들 허물 받을   재앙 죄
   감옥   여길 울 진실   얻을   벌줄

법 뢰 옥   불 긍 외 신   위 악 입 죄 수 기 앙 벌

왕(나라)의 법과 감옥이 있어, 두렵게 여겨 삼가지 않고 악행을 하여 죄에

求望解脫難得免出 하며 世間有此目前現事 하니

구할 바랄 풀 벗을 어려 얻을 면할 날   틈   이 눈 앞 현재 일
찾을   알   울 특별   드러날   사이 여기 나아갈 나타날 섬길

구 망 해 탈 난 득 면 출   세 간 유 차 목 전 현 사

들면(지으면) 그 재앙과 벌을 받아, 해탈을 바라 구하여도 면하여 나오기

壽終後世尤深尤劇   入其幽冥轉生受身 하나니라

목숨 끝 뒤 더욱 깊을 심할   그윽할 어두울 구를   몸
   마칠   탓할   연극   아득할 아득할 옮길

수 종 후 세 우 심 우 극   입 기 유 명 전 생 수 신

어려우며, 세간에는 이런 눈앞에 나타나는 일이 있으니, 목숨이 끝난 뒷
세상에는 더 깊고 더 극심하여, 그 깜깜한 저승(유명)에 들어 삶을 옮겨

譬如王法痛苦極刑하야 故有自然三塗無量苦

비여왕법통고극형 고유자연삼도무량고

몸을 받느니라. 비유컨대 왕의 법의 아픈 고통과 극형과도 같아, 그래서

惱하고 轉貿其身하니 改形易道이며 所受壽命或長

뇌 전무기신 개형역도 소수수명혹장

저절로 3악도의 한량없는 고뇌가 있어, 옮기어 그 몸도 바꾸고, 모습도 바꾸고 (태어나는)길(6도)도 바뀌며, 받는 바의 수명은 혹 길고 혹은 짧으며, 영혼(혼신,정식)

或短하며 魂神精識自然趣之하나니라 當獨值向相從

혹단 혼신정식자연취지 당독치향상종

이 저절로 거기에 나아가느니라. 마땅히 홀로 가서 만나지만 서로 쫓아와 함

共生更相報復無有止已하느니라 殃惡未盡不得相

공생갱상보복무유지이 앙악미진부득상

께 태어나 다시 서로 보복하며 그칠 날이 없느니라. 재앙과 악이 다하지

離하고 展轉其中無有出期하야 難得解脫痛不可

리 전전기중무유출기 난득해탈통불가

아니하면 서로 헤어지지도 못하고, 그 속에서 돌고 돌아 벗어날 기약이 없어

言이니라 天地之間自然有是하야 雖不卽時卒暴應

언 천지지간자연유시 수부즉시졸폭응

해탈을 얻기 어려우며 고통을 말로 할 수 가없느니라. 하늘과 땅 사이에 저절로 이런 것이 있어, 비록 즉시 갑자기 응하여 오지는 않더라도,

至善惡之道會當歸之 하느니라 是爲一大惡一痛一

지 선악 지 도 회 당 귀 지 　　시 위 일 대 악 일 통 일

선과 악의 이치는 모여 마땅히 거기(과보)로 돌아가느니라. 이것이

燒 이니 勤苦如是 하야 譬如大火焚燒人身 듯하야 人能

소　　근 고 여 시　　비 여 대 화 분 소 인 신　　인 능

제일의 큰 악이요 (현재 받는) 첫 번의 큰 고통이요 내세에 받는 (첫 번
째의)불길이니라. 힘든 고통이 이와 같으니, 비유하면

於中一心制意 하야 端身正行獨作諸善 하며 不爲

어 중 일 심 제 의　　단 신 정 행 독 작 제 선　　불 위

큰 불이 사람의 몸을 불사름과 같아, 사람이 능히 속에서 일심으로 뜻을 억제하
여, 단정한 몸과 바른 행으로 오직 온갖 선을 지으며, 온갖 악행을 짓지 않으

衆惡者 이면 身獨度脫獲其福德度世上天泥洹

중 악 자　　신 독 도 탈 획 기 복 덕 도 세 상 천 니 원

면, 몸은 홀로 생사의 고해를 벗어나 그 복과 덕으로 세간을 건너

之道 하리니 是爲一大善也 니라

지 도　　시 위 일 대 선 야

천상에 올라 열반의 도를 얻으리니, 이것이 하나의 큰 선이 되느니라.

3 盜賊惡

도 적 악

3, 도적의 악

佛言하사되 其二惡者난 世間人民父子兄弟室
부처님께서 말씀하시되, 그 둘째 악이란, 세간의 인민, 부자, 형제, 집안

家夫婦난 都無義理不順法度하고 奢婬憍縱各
과 부부는 도무지 의리가 없고 법도에 순종하지 않고, 사치, 음탕, 교만과

欲快意하며 任心自恣更相欺惑하며 心口各異言
방종으로 각자 쾌락만 바라며, 마음을 맡겨 자기 맘대로 다시 서로 속이고 의심하며, 마음과 입이 각각 다르고 말과 생각에 진실이 없어, 아첨하고 곧지 못하며

念無實하야 佞諂不忠하며 巧言諛媚하며 嫉賢謗善
말을 꾸며 아양 떨며, 어진 이를 질투하고 선한 이를 헐뜯으면 원망과 사곡함

하며 陷入怨枉하느니라 主上不明任用臣下하면 臣下自
에 빠져 드느니라. 임금(주상)이 밝지 못해 신하를 임용하면, 신하는 마음대로

在機偽多端하니라 踐度能行知其形勢하야도 在位不
속이는 끝이 많으니라. 신하가 법도를 밟아 잘 행하여 그 형세를 알아도, 임금(재위)위에 있으면서 바르지 못하면 그를 속이는 바가 되며, 망령되게

무량수경

正爲其所欺하면 妄損忠良不當天心하며 臣欺其
바를 할 바 속일 망령 덜 충성 어질 마땅   신하
갖출 될 것,곳 기만 될 잃을   당할
정 위 기 소 기 망 손 충 량 부 당 천 심 신 기 기
충성된 어짊을 잃어 하늘의 마음에 마땅치 못하며, 신하는 그 임금을

君하고 子欺其父하며 兄弟夫婦와 中外知識한이들이 更
임금   아비 형 아우 무릇 지어미 속 바깥 알 알 다시
         지아비 며느리 가운데 지식 지식 고칠경
군   자 기 기 부 형 제 부 부 중 외 지 식   갱
속이고 아들은 그 아비를 속이며, 형제와 부부와 안과 밖의 아는 이들이 다시 서

相欺誑하야 各懷貪欲瞋恚愚癡하야 欲自厚己하야
서로 속일 속일 각각 품을 탐할 하고 눈부 성낼 어리 어리 두터 몸
바탕   회포   자할 릅뜰 석을 석을 울 자신
상 기 광 각 회 탐 욕 진 에 우 치 욕 자 후 기
로 속여, 각자 탐욕과 성냄과 어리석은 마음을 품고, 스스로 자신 만 이익을

欲貪多有하느 尊卑上下心俱同然하여 破家亡身
   니라
탐할 많을 둘 높을 낮을   함께 같을 그럴 깨뜨 집 망할 몸
   겹칠 있을   천할   갖출 태울 릴   죽을
욕 탐 다 유 존 비 상 하 심 구 동 연 파 가 망 신
두텁게 하고자하여 욕탐이 많이 있느니라. 높거나 낮거나 위와 아래도 마음은
똑같이 그러하여, 집안을 파멸하고 몸을 망쳐도 앞뒤를 돌아보지 않아,

不顧前後하야 親屬內外坐之滅族하느 或時室家
            니라
돌아 앞 뒤 친할 붙을 안 바깥 앉을 멸할 겨레 혹시 때 집
볼 나아갈   속할 드릴납   무리   이 방
불 고 전 후 친 속 내 외 좌 지 멸 족 혹 시 실 가
친족 안팎이 앉아서 씨족을 멸하느니라. 혹은 때로 집안이나

知識鄉黨市里愚民野人이 轉共從事타가 更相
     고향 무리 저자 거리 어리 백성 들,촌 구를 함께 쫓을 일
     시골 마을 시가 마을 석을   거칠 옮길   부터 섬길
지 식 향 당 시 리 우 민 야 인 전 공 종 사 갱 상
아는 이나 고향 사람들이나 시장, 마을의 어리석은 주민과 시골 사람들
이, 옮겨가며 함께 일을 도모하다가, 다시 서로

剝害하야 忿成怨結하느니라 富有慳惜不肯施與하고 愛
박해 분성원결 부유간석불긍시여 애

박해하여 분심을 이루어 원한 맺느니라. 부자는 아낌이 있어 베풀어 주는

保貪重心勞身苦하나라 如是至竟無所恃怙하야 獨
보탐중심노신고 여시지경무소시호 독

것을 좋아하지 않고, 사랑스럽게 보호하여 탐욕을 중히 여겨 마음은

來獨去無一隨者하니라 善惡禍福追命所生이라 或
래독거무일수자 선악화복추명소생 혹

피로하고 몸은 괴로우니라. 이와 같이 끝에 가서는 믿고 의지할 곳이 없어, 홀로 오고 홀로 가 하나도 따를 이가 없느니라. 선과 악, 불행과

在樂處커나 或入苦毒하나니 然後乃悔當復何及하리오
재락처 혹입고독 연후내회당부하급

행복은 생명을 따라 다니는 것이라, 혹 즐거운 곳에 있거나 혹은 지독한 고통속으로 들어가나니, 그런 뒤에 후회한들 마땅이 다시 어찌 하리요!

世間人民이 心愚少智하야 見善憎謗不思慕及
세간인민 심우소지 견선증방부사모급

세간 사람이 마음은 어리석고 지혜는 적어 선을 보면 미워하고 헐뜯어 사

하고 但欲爲惡妄作非法하야 常懷盜心悕望他利
단욕위악망작비법 상회도심희망타리

모하여 따르려 생각하지 않고, 단지 악만 위하여 함부로 그릇된 법을 지어,(행하

무량수경

하며 **消散磨盡而復求索** 하며 **邪心不正懼人有色**

| 사라질 | 흩을 | 갈 마를 | 다할 끝낼 | 말이을 어조사 | 또 다시 | 구할 | 찾을 찾을 | | 삿될 간사 | | 바를 | 두려워할 갖출 | 사람 | 빛 바탕 |

소산 마진 이 부 구 색　　사 심 부 정 구 인 유 색

예)항상 도둑의 마음을 품고 남의 이익을 바라며, (재물이)사라지고 흩어지고 달아 없어지면 다시 찾아 구하며, 삿된 마음에 바르지 못해 남에

하며 **不豫思計事至乃悔** 하느니라 **今世現有王法牢獄**

미리 꾀할 / 생각 꾀,셀 / 일 섬길 / 이를 지극 / 이에 / 뉘우칠 후회할 / 이제 오늘 / 현재 나타날 / 있을 / 우리 / 법 / 우리 감옥

불 예 사 계 사 지 내 회　　금 세 현 유 왕 법 뢰 옥

기색(눈치)을 두려워하며, 미리 생각하여 헤아리지 못하여 일을 당하여 곧 후회하느니라. 금세의 현재는 국법(왕법)과 감옥이 있어, 죄를 따라 향해

하야 **隨罪趣向受其殃罰** 하며 **因其前世不信道德**

따를 / 허물 / 뜻 향할 / 갈,곳 구할 / 받을 / 재앙 불행 / 죄 / 형벌 / 인할 원인 / / 앞 나아갈 / 믿을 분명할 / 길 이치 / 큰 은혜

수 죄 취 향 수 기 앙 벌　　인 기 전 세 불 신 도 덕

가서 그 재앙과 벌을 받지만, 그 전생에 도와 덕을 믿지 않고 선의 근본을

不修善本 하야 **今復爲惡天神剋識別其名籍** 하야

닦을 마를 / 밑 바탕 / / / / / 귀신 / 반드시 판단 / 알 지식 / 나눌 헤어질 / / 호적 문서

불 수 선 본　　금 부 위 악 천 신 극 식 별 기 명 적

닦지 않음으로 인하여, 이제 또 악행을 하니 천신은 반드시 알고 따로 그 명부를 적어두었다가, 목숨이 끝날 때 신이 가서 아래 악도에 넣느니라.

壽終神逝下入惡道 하니 **故有自然三塗無量苦**

목숨 / 끝 마칠 / / 갈 죽을 / / / / / / / / 진흙 바를 / 헤아릴 / 쏠 괴로울

수 종 신 서 하 입 악 도　　고 유 자 연 삼 도 무 량 고

그러므로 자연히 3악도의 무량한 고통이 있고, 그 속에서 옮겨가며, 세

惱 하고 **展轉其中** 하야 **世世累劫無有出期** 하느니라 **難得**

괴로울 시달릴 / 펼칠 / 구를 옮길 / / / / 묶을 겹겹이 / 세월 겁탈 / 없을 않을 / / 날 드러날 / 기약 기한 / 어려울 / 얻을 특별

뇌　　전 전 기 중　　세 세 루 겁 무 유 출 기　　난 득

세누겁에도 나올 기약이 없느니라. 해탈을 얻기 어려워 고통이

解脱痛不可言하나니 是爲二大惡二痛二燒이니라 勤
해탈통불가언 시위이대악이통이소 근
이루 말로 다하지 못하나니, 이것이 둘째 큰 악이요 둘째 고통이요 둘째

苦如是하니 譬如大火焚燒人身하니라 人能於中一
고여시 비여대화분소인신 인능어중일
불길이니라. 힘든 고통이 이와 같아, 비유컨대 큰 불이 사람의 몸을 태우는 것과 같으니라. 사람으로 태어났을 때 능히 이 속에서 일심으로 뜻을 억눌러, 단정한

心制意하야 端身正行獨作諸善하며 不爲衆惡者
심제의 단신정행독작제선 불위중악자
몸과 바른 행으로 오직 온갖 선을 지으며, 온갖 악행을 짓지 않는 이는, 몸은 홀로 해탈하며,

身獨度脫하리 獲其福德度世上天泥洹之道
신독도탈 획기복덕도세상천니원지도
그 복과 덕으로 세간을 건너 천상에 올라 열반의 도를 얻으리니,

是爲二大善也니라
시위이대선야
이것이 둘째의 큰 선이 되느니라.

4 邪婬惡
사음악

4. 사음 (삿된 음탕)의 악

佛言하사되 其三惡者난 世間人民은 相因寄生

부처님께서 말씀하시되, 그 셋째 악이란, 세간의 사람들은 서로 기대어

共居天地之間하되 處年壽命無能幾何니라 上

삶으로 인하여, 하늘과 땅 사이에 함께 살되, 누리는 나이의 수명은

有賢明長者尊貴豪富하고 下有貧窮廝賤尪劣

능히 얼마밖에 없느니라. 위로 현명한 이와 덕 있는 이, 높고 귀한 이, 호걸스럽고 부한 이가 있고, 아래로는 가난한 이. 천한 이, 불구자와 어리석은 이가 있

愚夫하느니라 中有不善之人하야 常懷邪惡 但念婬

느니라. 가운데는 선하지 못한 사람이 있어, 항상 삿된 악한 마음을 품고, 오직 음난한 생각이 번거롭게 가슴속에 가득하여, 애욕이 교란하여 앉으

妷煩滿胸中하야 愛欲交亂坐起不安하며 貪意守

나 서나 불안하며, 탐하는 뜻에 아끼는 마음을 지켜 단지 황당하게 얻으

惜但欲唐得하야 眄睞細色邪態外逸하며 自妻厭

려고 만하여, 고운 여색에 한눈팔고 삿된 모양으로 밖에 나돌며,

憎私妄出入하야 費損家財事爲非法하고 交結聚
미울 사사 망녕 날 들 쓸 덜 집 재물 일 할 아닐 서로 맺을 모일
로울 허망 드러낼 얼을 비용 손해   섬길 될 그를   교차   마을
증 사 망 출 입   비 손 가 재 사 위 비 법   교 결 취
제 아내는 싫어 미워하며 사사로이 함부로 드나들어, 집 재산을 허비하여 축내

會興師相伐하야 攻劫殺戮强奪不道하며 惡心在
모일 일 스승 서로 칠 칠 세월 죽일 죽일 강할 뺏을   길 모질 있을
모을   군사 바탕 벨 공격 겁탈 감할쇄   이치 더럴오
회 흥 사 상 벌   공 겁 살 육 강 탈 부 도   악 심 재
고 하는 일은 그릇된 법으로 하고, 모임을 서로 맺고 군사를 일으켜 서로 쳐,
치고, 겁탈하고 살육하며, 강탈하며 무도하게 하며, 악하게 할 마음이 밖에 있

外不自修業하고 盜竊趣得欲擊成事하느니라 恐勢迫
        닦을 업 훔칠 훔칠 뜻   칠 될 일   두려 세력 닥칠
        꾸밀 일 도둑 몰래 갈,곳   부딪칠 이룰 섬길   울   궁박
외 부 자 수 업   도 절 취 득 욕 격 성 사   공 세 박
어 자신은 사업을 꾸리지 않고 훔쳐서 나아가 얻으며, 욕심으로 쳐서 일을 이루
느니라. 두려운 세력으로 (재물을)협박하고 위협하여 얻은 후 돌아가 처자

脅歸給妻子하느니라 恣心快意極身作樂하야 或於親
곁,갑비 돌아 대줄 아내   방자 쾌할 다할 될 즐길   혹시   친할
위협 갈 공급   멋대로 훤할 지극 지을 좋을요
협 귀 급 처 자   자 심 쾌 의 극 신 작 락   혹 어 친
에게 주느니라. 마음은 방자하고 뜻은 쾌락에 두고 몸을 다하여 즐기되, 혹 친

屬不避尊卑하나니 家室中外患而苦之하느니라 亦復不
붙을   피할 높을 낮을   집 집   바깥 아플   쓸   또 또
속할   천할   방   근심   괴로울   다시
속 불 피 존 비   가 실 중 외 환 이 고 지   역 부 불
척이나 높고 낮음도 가리지 않고 하니, 집안이나 밖에서나 (사회나) 근심하고 괴

畏王法禁令하니 如是之惡著於人鬼하며 日月照
두려   금할 명령   드러날   귀신   날 달 비칠
울   하여금   지을저
외 왕 법 금 령   여 시 지 악 착 어 인 귀   일 월 조
또한 왕법으로 금한 명령도 두려워하지 않으니, 이와 같은 악은 사람과

무량수경 195

見神明記識하면 故有自然三塗無量苦惱하며 展
불 귀신 밝을 기록 알   옛 둘 부터 그럴   진흙 없을 헤아 쓸 괴로울 펼칠
생각   지식   연고 있을 스스로 태울 바를   릴 괴로울 시달릴
견 신 명 기 식   고 유 자 연 삼 도 무 량 고 뇌   전
귀신에게도 드러나며, 해와 달이 비춰 보고 신명이 기록하여 알며, 그

轉其中하며 世世累劫無有出期토다 難得解脫痛
구를   인간   묶을 세월 없을   날 기약 어려 얻을 풀 벗을 아플
옮길   겹겹이 겁탈 않을   드러날 기한 울 특별 알
전 기 중   세 세 루 겁 무 유 출 기   난 득 해 탈 통
래서 저절로 3악도의 한량없는 괴로움이 있으며, 그 속을 옮겨가며, 세세

不可言하나 是爲三大惡三痛三燒이니 勤苦如是
    니라   라 불사 부지
   쯤 말씀   이   를   런할
   옳게   옳을
불 가 언   시 위 삼 대 악 삼 통 삼 소   근 고 여 시
누겁에도 벗어 날 기약이 없으니 해탈을 얻기 어려워 고통을 이루 말로 할 수 없
느니라. 이것이 세 번째 큰 악이요 세 번째 고통이요 세 번째의 불길이니라.

하야 譬如大火焚燒人身틋하 人能於中一心制意
    비유   불 불사 불사   몸 야 잘   마를 뜻
             를 를   능할   누를 생각
    비 여 대 화 분 소 인 신   인 능 어 중 일 심 제 의
힘든 고통이 이와 같아, 비유컨대 큰 불이 사람의 몸을 태움과 같아,

하야 端身正行獨作諸善하며 不爲衆惡者이면 身獨
    끝 바를 갈 홀로 될 여러 잘   무리
   바를   갖출 행할 오직 지을 온갖 착할   많을
    단 신 정 행 독 작 제 선   불 위 중 악 자   신 독
사람이 되었을 때 능히 그중에서 일심으로 뜻을 억눌러, 몸을 단정히 하

度脫獲其福德度世上天泥洹之道하리 是爲三
                                니
법도 벗을 얻을   복 큰   진흙 흐를   길
지날   은혜   흐릴 강이름   이치
도 탈 획 기 복 덕 도 세 상 천 니 원 지 도   시 위 삼
고 행을 바르게 하여 오직 온갖 선행만을 하고, 온갖 악행을 짓지 않으면, 몸은
홀로 해탈하며 그 복과 덕으로 세간을 건너 천상에 올라 열반의 도를

大善也니라

대 선 야
얻으리니, 이것이 세 번째 큰 선이 되느니라.

5 欺語惡

기 어 악
5, 거짓말의 악

佛言하사되 其四惡者난 世間人民不念修善하고

불 언 기 사 악 자   세 간 인 민 불 념 수 선
부처님께서 말씀하시되, 그 넷째 악이란, 세간사람들은 선을 닦을

轉相敎令共爲衆惡하고 兩舌惡口로 妄言綺語

전 상 교 령 공 위 중 악   양 설 악 구   망 언 기 어
생각을 않고, 서로 옮겨가며 명령으로 가르쳐 함께 온갖 악행을 하고,
두 가지 말(이간) 험한 입으로, 거짓말과 비단결(꾸민)같은 말로,

로 讒賊鬪亂憎嫉善人敗壞賢明하느니라 於傍快喜

참 적 투 란 증 질 선 인 패 괴 현 명   어 방 쾌 희
속이고 해치며 싸우고 난리치며 착한 사람을 미워하고 질투하며

不孝二親하며 輕慢師長하며 朋友無信하야 難得誠

불 효 이 친   경 만 사 장   붕 우 무 신   난 득 성
현명한 이를 깨뜨려 무너뜨리느니라. 곁(부부)만 상쾌히 즐기고, 양친에게 불효하며, 스승과 어른을 업신여기며, 벗에게는 믿음이 없어,

무량수경

實하고 尊貴自大謂己有道하야 橫行威勢侵易於

성실함을 얻기 어렵고 자기만 크고 존귀하고 자기에게 도가 있다고 여겨

人하고 不能自知하고 爲惡無恥하며 自以强健欲人

겨, 위엄과 세력을 멋대로 부리고 남에게 쉽게 침범하고도 능히 스스로 알지 못하며 악행을 하고도 부끄러움이 없으며, 스스로 강건함

敬難하며 不畏天地神明日月하고 不肯作善하야 難

으로써 남이 공경하고 어려워하기를 바라며, 천지신명과 해와 달도 두려

可降化하니라 自用偃蹇謂可常爾하야 無所憂懼하며

워하지 않고, 선행을 지으려 들지 않아 가히 굴복시켜 교화하기 어려우니라.

常懷憍慢하나니라 如是衆惡天神記識하느니라 賴其前世

스스로 교만(偃蹇)을 사용하여 항상 그렇게 하여 근심과 두려운 것이 없으며, 항상 교만함을 품고 있느니라. 이와 같은 온갖 악은 천신이 알고 기록하느니라.

頗作福德하야 小善扶接營護助之하나 今世爲惡

그 전생에 조금 지은 복덕을 힘입어 적은 선이 접하여 도와 다스려 보호

福德盡滅하면 諸善神鬼各去離之하니 身獨空立

복 큰 다할 멸할 여러 잘 귀신 귀신 각각 갈 떠날 몸 홀로 빌 설
은혜 끝낼 모든 착할 어찌
복 덕 진 멸 제 선 신 귀 각 거 리 지 신 독 공 립

하여 도우나, 금생에 악행을 하여 복덕이 다 없어지면 모든 선신과 귀신이

無所復依하며 壽命終盡諸惡所歸라 自然迫促

또 의지 목숨 목숨 끝 돌아 그럴 닥칠 재촉할
다시 기댈 명령 마칠 갈 태울 궁할 다가올
무 소 부 의 수 명 종 진 제 악 소 귀 자 연 박 촉

각각 떠나가니, 몸은 홀로 허공에 서서 다시 의지할 곳이 없으며, 목숨이

共趣奪之하느니라 又其名籍記在神明하야 殃咎牽引

함께 뜻 뺏을 또 호적 기록 있을 밝을 재앙 허물 끌 끌
갈,곳 문서 적을 불행 인도할
공 취 탈 지 우 기 명 적 기 재 신 명 앙 구 견 인

다하여 끝나면 모든 악이 돌아오는 바이라. 저절로 급히 닥쳐와 함께 나아가 그를 (3악도로) 빼앗아 가느니라. 또 그 명부의 기록이 신명에게 있어서 재앙과

하야 當往趣向하나니 罪報自然無從捨離하느니라 但得前

마땅 갈 향할 허물 갚을 쫓을 버릴 떠날 다만 얻을 앞
당할 가끔 구할 알릴 부터 놓을 오직 특별 나아갈
당 왕 취 향 죄 보 자 연 무 종 사 리 단 득 전

허물에 이끌려, 마땅히 3악도로 향해 가나니, 죄의 업보는 저절로 라. (죄를)쫓아

行入於火鑊하야 身心摧碎精神痛苦이니라 當斯之

갈 들 불 가마 몸 꺾을 부술 자세 아플 쓸 이
행할 얻을 솥 누를 할 괴로울
행 입 어 화 확 신 심 최 쇄 정 신 통 고 당 사 지

버리고 떠날 수 없느니라. 단지 전생의 행으로 불가마에 들어, 몸과 마음이 꺾어지고 부서져 정신이 아프고 괴로우니라. 이런 때를 당하여

時悔復何及하랴 天道自然不得蹉跌하나니 故有自

때 뉘우칠 또 어찌 및 길 넘어질 넘어질
이 후회할 다시 무엇 미칠 이치 지나갈 지나칠
시 회 부 하 급 천 도 자 연 부 득 차 질 고 유 자

후회한들 다시 어찌하랴! 천도는 자연이라. 차질이 없나니, 그래서 저절로

然三塗無量苦惱하며 展轉其中하며 世世累劫無

연삼도무량고뇌 전전기중 세세루겁무

3악도의 한량없는 고뇌가 있으며, 그 속을 옮겨가며 세세 누겁(여러 겁)에

有出期하나니 難得解脫痛不可言하나니라 是爲四大惡

유출기 난득해탈통불가언 시위사대악

벗어날 기약이 없느니라. 해탈은 얻기 어렵고 고통은 이루 말로 할 수 없느니라.

四痛四燒이니라 勤苦如是하야 譬如大火焚燒人身

사통사소 근고여시 비여대화분소인신

이것이 넷째 큰 악이요 넷째 고통이요 넷째 불이 되느니라. 힘든 고통이 이와 같아, 비유컨대 큰 불이 사람의 몸을 태움과 같아, 사람일 때 능히

하야 人能於中一心制意하야 端身正行獨作諸善

인능어중일심제의 단신정행독작제선

그 속에서 일심으로 뜻을 억눌러, 단정한 몸과 바른 행으로 오직 온갖

하며 不爲衆惡하면 身獨度脫하리 獲其福德度世上

불위중악 신독도탈 획기복덕도세상

선행을 하고 온갖 악행을 짓지 않으면, 몸은 홀로 해탈하며, 그 복과 덕으로 세간을 건너 천상에 올라

天泥洹之道하리라 是爲四大善也니라

천니원지도 시위사대선야

열반의 도를 얻으리라. 이것이 넷째 큰 선이 되느니라.

6 飮酒惡
마실 술 모질/더러울

음주악

6. 음주의 악

佛言^{하사되} 其五惡者^난 世間人民^은 徒倚懈惰

말씀 그/그것 이/것 인간 틈/사이 남/사람 백성 무리/걸을 의지/인할 게으를/느슨할 게으를/소홀할

불언 기오악자 세간인민 도의해타

부처님께서 말씀하시되, 그 다섯째 악이란, 세간 사람들은, 무리지어

不肯作善治身修業^{하야} 家室眷屬飢寒困苦^{하며}

아니 옳게/될 잘 다스 몸 꾸밀 업 집 집 겨레 붙을 굶을 찰 피곤 쓸
여길 지을 착할 릴 마를 일 가정 방 돌아볼 속할 괴로울 괴로울

불긍작선치신수업 가실권속기한곤고

의지하며 게을러 선을 짓고 몸을 다스리며 사업을 좋아하지 않아, 가족과

父母敎誨^{하면} 瞋目怒應^{하며} 言令不和^{하야} 違戾反

아비 어미 가르 가르 눈부 눈 성낼 응할 ~게 화할 어길 어그 돌이
칠 칠 릅뜰 응당 도록 합할 러질 킬

부모교회 진목노응 언령불화 위려반

권속은 굶주리고 추우며 피곤하고 괴로우며, 부모가 가르치면, 눈을 부릅뜨고 성내어 대응하며, 말을 화합하게 하지 않아, 어기고 반역하니

逆譬如怨家^{하야} 不如無子^{하며} 取與無節^{하고} 衆共

거스 비유 같을 원망 없을 아들 가질 줄 마디 무리 함께
릴 이를 자식 취할 더불 단락 많을

역비여원가 불여무자 취여무절 중공

비유하면 원수의 집안과 같아, 자식이 없음만 같지 못하며,

患厭^{하며} 負恩違義^{하며} 無有報償之心^{하며} 貧窮困

아플 싫을 짐질 은혜 어길 뜻 없을 둘 갚을 갚을 갈 가난 궁할 피곤
근심 부담 옳을 않을 있을 알릴 보상 의.것 다할 괴롤

환염 부은위의 무유보상지심 빈궁곤

가지고 줌에 절도가 없고, 대중이 함께 근심하고 싫어하며, 은혜를 저버리고 의리를 어기며, 보답하여 갚을 마음을 두지 않으며 가난하고 찌들어

무량수경 201

乏不能復得하느니라 辜較縱奪放恣遊散하고 串數唐

가난할 불능부득 / 고교종탈방자유산 / 관수당

능히 다시 (재물을)얻지 못하느니라. 허물을 드러내 놓고 마음대로 빼앗아서는 방자하게 노닐며 흩어버리고, 황당한 이득을 꿰어 셈하여 쓰며 자기가

得用自賑給하느니라 耽酒嗜美하며 飮食無度하고 肆心

득 용 자 진 급 / 탐 주 기 미 / 음 식 무 도 / 사 심

쓰는 대는 넉넉히 주느니라. 술을 즐기고 맛남을 즐기며, 마시고 먹는데 절도가 없고, 방자한 마음에 방탕하고 방일하며, 미련하게 따라붙어 밀어 부딪

蕩逸하며 魯扈抵突하야 不識人情하고 强欲抑制하느니라

탕 일 / 노 호 저 돌 / 불 식 인 정 / 강 욕 억 제

처 남의 사정은 알지 못하고, 강제로 억누르려고만 하느니라. 남이 선함이 있음

見人有善하면 憎嫉惡之하야 無義無禮하며 無所顧

견 인 유 선 / 증 질 오 지 / 무 의 무 례 / 무 소 고

을 보면, 미워하고 질투하며 더러워하여, 의리도 없고 예의도 없으며 (행을)

錄하며 自用職當不可諫曉하며 六親眷屬所資有

녹 / 자 용 직 당 불 가 간 효 / 육 친 권 속 소 자 유

조사하여 돌아보는 바도 없으며, 자기일 만 당연하게 여기고 타일러 밝힐 수도

無컨 不能憂念하고 不惟父母之恩하며 不存師友

무 / 불 능 우 념 / 불 유 부 모 지 은 / 부 존 사 우

없으며, 6친 권속이 살림이 있건 없건 능히 근심하여 생각하지도 않고,

之義하며 心常念惡하며 口常言惡과 身常行惡으로
지 의　심 상 념 악　　구 상 언 악　　신 상 행 악
부모의 은혜도 생각하지 않으며, 스승과 벗의 의리도 없으며, 마음은 항상 악만

曾無一善하며 不信先聖諸佛經法하며 不信行道
증 무 일 선　　불 신 선 성 제 불 경 법　　불 신 행 도
생각하며, 입은 항상 악한 말과 몸은 항상 악을 행함으로, 일찍 한 번의

可得度世하고 不信死後神明更生하고 不信作善
가 득 도 세　　불 신 사 후 신 명 갱 생　　불 신 작 선
선행도 없으며 선대의 성인과 모든 부처님 경법도 믿지 않으며 도를 행하면 생사를 벗어날 수 있는 것을 믿지도 않고, 죽은 뒤에 신명(넋,얼,혼)이 다시 태어나는

得善爲惡得惡하고 欲殺眞人鬪亂衆僧하고 欲害
득 선 위 악 득 악　　욕 살 진 인 투 란 중 승　　욕 해
것을 믿지도 않고, 선을 지으면 선을 얻고 악을 행하면 악을 얻는 것도 믿지도

父母兄弟眷屬커나 六親憎惡願令其死커나 如是
부 모 형 제 권 속　　육 친 증 오 원 령 기 사　　여 시
않고, 진인을 죽이려하거나 중승(대중 스님.범어와 한문의 합성어)들과 싸워 어지럽게 하고, 부모, 형제, 권속을 해치려하거나, 6친을 증오하고 그 죽기를 바라거나, 이

世人心意俱然하야 愚癡矇昧하야 而自以智慧로
세 인 심 의 구 연　　우 치 몽 매　　이 자 이 지 혜
와 같이 세간 사람의 마음과 뜻은 다 그러하여, 어리석고 몽매하여 스스

不知生所從來死所趣向하며 不仁不順하며 逆惡
부지생소종래사소취향   불인불순   역악

로의 지혜로는 생은 어디서 오며 죽어서 가는 곳을 알지 못하며, 어질지도

天地하야 而於其中에 悕望僥倖하며 欲求長生하나
천지   이어기중   희망요행   욕구장생

않고 순하지도 않으며, 천지를 거스리고 증오하며 그 속에서 요행을 바라며, 오래

會當歸死하리라 慈心教誨令其念善하야 開示生死
회당귀사   자심교회령기념선   개시생사

살고자 바라나, 마땅히 돌아가 죽음을 만나리라. 자비한 마음으로 가르쳐 그가 선을 생각하게 하여, 나고 죽음과 선과 악의 도리가 저절로 있

善惡之趣自然有是하야도 而不信之하느니라 苦心與語
선악지취자연유시   이불신지   고심여어

으나 이를 열어 보여도 믿으려 하지 않느니라. 애타는 마음으로 말해 주

無益其人하며 心中閉塞意不開解하느니라 大命將終
무익기인   심중폐색의불개해   대명장종

어도 그 사람에게 이익이 없으며, 마음속은 닫혀 막히고 뜻은 열어 풀어지지도 않았느니라. 큰 목숨이 장차 끝날 때 후회와 두려움이 교차하여

悔懼交至하야도 不豫修善하얏으니 臨窮方悔하며 悔之於
회구교지   불예수선   임궁방회   회지어

이르러도, 미리 선을 닦지 않았으니, 다함에 임하여 바야흐로 후회하며,

後將何及乎아 天地之間五道分明하고 恢廓窈

후 장 하 급 호   천 지 지 간 오 도 분 명   회 곽 요

뒤에 후회한들 장차 어찌하리오! 하늘과 땅 사이에 5도가 분명하고,

冥浩浩茫茫善惡報應禍福相承하고 身自當之

명 호 호 망 망 선 악 보 응 화 복 상 승   신 자 당 지

넓고 크며 깊고 어두우며 광활하고 아득하며 선과 악의 과보가 상응하여

無誰代者는 數之自然應其所行하며 殃咎追命

무 수 대 자   수 지 자 연 응 기 소 행   앙 구 추 명

재앙과 복이 서로 이어지고, 몸이 스스로 당하여도 누가 대신할 수 없는 것은, 운수가 저절로 그 행한대로 받으며, 재앙과 허물은 목숨을

無得縱捨느니라 善人行善從樂入樂從明入明하며

무 득 종 사   선 인 행 선 종 락 입 락 종 명 입 명

따르니 놓아 버릴 수 없느니라. 선한 사람은 선을 행하여

惡人行惡從苦入苦從冥入冥하느니라 誰能知者獨

악 인 행 악 종 고 입 고 종 명 입 명   수 능 지 자 독

즐거움으로부터 (더) 즐거움에 들고 밝음으로부터 (더) 밝음에 들며, 악한 사람은 악을 행하여 고통으로부터 (더) 고통에 들고 어두움으로부터

佛知耳라 敎語開示信用者少하고 生死不休惡

불 지 이   교 어 개 시 신 용 자 소   생 사 불 휴 악

(더) 어두움에 드느니라. 누가 능히 아리오? 오직 부처님만이 알 뿐이니라

道不絕하느니라 如是世人難可具盡하나니 故有自然三

도 부 절　여 시 세 인 난 가 구 진　고 유 자 연 삼

말로 가르쳐 열어 보여도 믿고 쓸 이는 적고, 나고 죽음은 쉬지 않고 악한 도는 끊이지 않느니라. 세간 사람은 이와 같이 갖추어 다하기 어렵나

塗無量苦惱하며 展轉其中하야 世世累劫無有出

도 무 량 고 뇌　전 전 기 중　세 세 루 겁 무 유 출

니, 그래서 저절로 3악도가 있어서 한량없이 고뇌하며, 그 속에서 옮겨가며

期하야 難得解脫痛不可言이니라 是爲五大惡五痛

기　난 득 해 탈 통 불 가 언　시 위 오 대 악 오 통

세세 누겁으로 벗어날 기약이 없고, 해탈을 얻기 어려우며 고통을 이

五燒이니라 勤苦如是하야 譬如大火焚燒人身듯하야 人

오 소　근 고 여 시　비 여 대 화 분 소 인 신　　인

루 말로 할 수 없느니라. 이것이 다섯 가지 큰 악이요 다섯 가지 다섯 가지고통이요 다섯 가지 불길이니라. 괴로움이 이와 같아, 비유컨대 큰 불이

能於中一心制意하야 端身正念으로 言行相副所

능 어 중 일 심 제 의　단 신 정 념　언 행 상 부 소

사람의 몸을 태움과 같아, 사람이 되었을 때 능히 그 속에서 일심으로 뜻을 억

作至誠하니 所語如語心口不轉하며 獨作諸善不

작 지 성　소 어 여 어 심 구 부 전　독 작 제 선 불

눌러, 단정한 몸과 바른 생각으로 말과 행이 서로 도우며 하는 것이 지성

爲衆惡者난 身獨度脫하리며 獲其福德度世上天
위 중 악 자   신 독 도 탈   획 기 복 덕 도 세 상 천

이며 말한 것은 말과 같이 마음과 입이 바뀌지 않으며, 오직 온갖 선을 지으며 온갖 악행을 하지 않는 이는, 몸이 홀로 해탈하며, 그 복과 덕으

泥洹之道하리라 是爲五大善也니라
니 원 지 도   시 위 오 대 선 야

로 세간을 넘어 천상에 올라 열반의 도를 얻으리라. 이것이 다섯 가지 큰 선이 되느니라.

7 重說苦痛
중 설 고 통

7. 거듭 고통을 설함

佛告彌勒하사되 吾語汝等是世五惡勤苦若此
불 고 미 륵   오 어 여 등 시 세 오 악 근 고 약 차

부처님께서 미륵에게 이르시되, 내가 너희들에게 말한 이 세상 5악이라

하야 五痛五燒展轉相生하나니라 但作衆惡不修善本
오 통 오 소 전 전 상 생   단 작 중 악 불 수 선 본

고통이 이와 같아 다섯 가지 고통, 다섯 가지 불길이 옮겨가며 서로 생기

하면 皆悉自然入諸惡趣하야 或其今世先被殃病
개 실 자 연 입 제 악 취   혹 기 금 세 선 피 앙 병

느니라. 단지 온갖 악만 짓고 선의 근본을 닦지 않으면 다 저절로 여러

求死不得求生不得하여 罪惡所招示衆見之
하니

구사부득구생부득 죄악소초시중견지

악도에 들어가 혹 그것이 금생에 먼저 재앙과 병을 만나나니, 죽으려 해도 죽지 못하고 살려 해도 살지 못하여 죄악이 불러들인 것을 대중에 보

하니라 身死隨行入三惡道하면 苦毒無量自相燋然

신사수행입삼악도 고독무량자상초연

이니 그것을 볼 것이니라. 몸이 죽으면 행한 대로 따라 3악도에 들면,

하며 至其久後共作怨結하면 從小微起遂成大惡

지기구후공작원결 종소미기수성대악

괴로운 고통이 한량없어 스스로 서로 불태우며, 그 오랜 뒤에 이르러 함께 원한을 맺어 적은 것에서 적게 일어나 마침내 큰 악을 이루나니, 다 재물과 여색을

하나니 皆由貪著財色不能施慧며 癡欲所迫隨心

개유탐착재색불능시혜 치욕소박수심

탐하고 집착하여 능히 은혜(慧→惠)를 베풀지 못한 연유며 어리석은 욕

思想이니 煩惱結縛無有解已느니라 厚己諍利無所

사상 번뇌결박무유해이 후기쟁리무소

망에 쫓기는 것이며 마음대로 생각하니 번뇌에 묶여 풀려 날 수 없느니라.

省錄하야 富貴榮華當時快意 不能忍辱不務

성록 부귀영화당시쾌의 불능인욕불무

자신을 두텁게 이익을 다투어도 깨달아 단속한 것이 없어, 부귀와 영화는 당시

修善하얏으니 威勢無幾隨以磨滅하면 身生勞苦久後

에는 뜻을 상쾌하게 하여 능히 욕됨을 참지 못하고 선을 닦는데 힘쓰지 않았으니, 위엄과 세력이 얼마밖에 없으니 따라서 닳아 없어지면, 몸에는 힘든 고통이 생겨

大劇하나니라 天道施張自然紏擧하고 網紀羅網上下

나 오랜 뒤에는 크게 극심해지느니라. 하늘의 이치는 베풀면 저절로

相應하면 煢煢忪忪當入其中하나니 古今有是痛哉

들어 거두고, 법의 그물이 펼쳐 있어 위아래에서 서로 응하면, 근심하고 놀라며 마땅히 그 속에 들어가나니, 예나 지금이나 이런 것이 있으니 슬프구나. 가

可傷하노라 佛語彌勒하사되 世間如是佛皆哀之하야 以

련하도다. 부처님께서 미륵에게 말씀하시되 세간은 이와 같아 부처님이

威神力摧滅衆惡하야 悉令就善棄捐所思하고 奉

다 가엾이 여겨, 위신력으로써 온갖 악을 꺾어 멸하여, 다 선에 나가게

持經戒受行道法無所違失하면 終得度世泥洹

하여 생각한 바를 버리고, 경과 계를 받들어 지니고 도법을 받아 행하여

之道하리라

지 도

어기거나 잃는 바가 없으면, 끝내 세간을 건너 열반의 도를 얻으리라.

8 勸善行

권할 착할 갈
  좋을 행할

권 선 행

8, 선행을 권함

佛言하사되 汝今諸天人民及後世人이 得佛經

말씀   너 이제 들 하늘 남 백성 및 뒤 인간   얻을 글
       오늘 모든   사람 미칠   특별 지날

불 언   여 금 제 천 인 민 급 후 세 인   득 불 경

부처님께서 말씀하시되, 너는 지금의 하늘과 인민과 뒤 세상 사람이 부

語當熟思之하야 能於其中端心正行으로 主上爲

말씀 마땅 익을 생각 갈 잘 ~에 그 속 끝,바를 마음 바를 갈 주인 웃 할
   당할 익숙 의,것 능할 에게 그것 가운데 단정할 갖출 행할 임금 으뜸 될

어 당 숙 사 지   능 어 기 중 단 심 정 행   주 상 위

처님의 경과 말씀을 얻어, 마땅히 곰곰이 생각하여 능히 그가운데서 단정

善率化其下하야 轉相勅令各自端守하야 尊聖敬

잘 이끌 될 아래 구를 서로 조서 명령 각각 부터 지킬 높을 성인 공경
착할 거느릴 화할 내릴 옮길 바탕 타이를 도록 스스로   성스럴 할

선 솔 화 기 하   전 상 칙 령 각 자 단 수   존 성 경

한 마음과 바른 행으로, 임금(주상)은 선행을 하고 그 아래를 거느려 교
화하여, 서로 칙령(임금의 명령)을 바꿔가며 각자 스스로 단정히

善仁慈博愛로 佛語敎誨無敢虧負하되 當求度

착할 어질 사랑 넓을 사랑 말씀 가르 가르 없을 감히 이지 짐질   구할 법도
                      칠 칠   감행 러질 부담 찾을 지날

선 인 자 박 애   불 어 교 회 무 감 휴 부   당 구 도

지켜, 성인을 존중하고 선을 공경하며 인자하고 박애하며, 부처님 가르
치는 말씀을 감히 헐어 저버림이 없이하고 마땅히

世拔斷生死衆惡之本하야 永離三塗無量憂畏

인간 뺄 끊을 날 죽을 무리 모질 밑 길 떠날 진흙 없을 헤아 근심 두려
　　 뽑을 　　 살 　　 많을 더러울 바탕 영원 　　 바를 　　 릴 걱정 울

세 발 단 생 사 중 악 지 본　　영 리 삼 도 무 량 우 외

세간에서 도탈함을 구하여 나고 죽는 온갖 악의 근본을 뽑아 끊어, 길이

苦痛之道할지니라 汝等於是廣殖德本하야 布恩施慧

쓸 아플 길 너 무리 이 넓을 번성 큰 베 은혜 베풀 지혜
괴로울 　　 이치 　　 같을 옳을 기를 은혜 베풀

고 통 지 도　　여 등 어 시 광 식 덕 본　　포 은 시 혜

3악도의 한량없는 근심과 두려움과 고통의 길을 떠날지니라. 너희 등은

勿犯道禁하며 忍辱精進一心智慧로 轉相敎化

말 범할 　　 금할 참을 욕될 찧을 나아 마음 슬기 구를 서로 가르 될
　　 해칠 　　 　　 견딜 수치 자세할 갈 　　 지혜 옮길 바탕 칠 화할

물 범 도 금　　인 욕 정 진 일 심 지 혜　　전 상 교 화

이에서 널리 덕의 근본을 심어, 은혜를 베풀고 지혜를 베풀어 도에서 금한 것을 범하지 말며, 욕됨을 참음과 정진과 일심과 지혜로, 옮기며 서로

하야 爲德立善正心正意로 齋戒淸淨一日一夜

할 큰 설 좋을 바를 　　 뜻 재계할 경계 맑을 깨끗 날 밤
될 은혜 착할 갖출 　　 　　 생각 엄숙할 할 　　 할 　　 해

위 덕 립 선 정 심 정 의　　재 계 청 정 일 일 일 야

교화하여, 덕을 위하고 선을 세워 바른 마음과 바른 뜻으로 하루 낮과 하룻밤을 재계(계를 지켜)하여 청정하게 하면 무량수 나라에 있으면서

면 勝在無量壽國爲善百歲하나니라 所以者何오 彼

이길 있을 　　 목숨 나라 　　 해 어찌 저
수승 　　 　　 　　 　　 　　 세월 무엇

승 재 무 량 수 국 위 선 백 세　　소 이 자 하　　피

백년 선행을 하는 것 보다 수승하나니라. 어째서인가? 그 불국토는

佛國土無爲自然으로 皆積衆善無毛髮之惡하느니라

흙 그럴 다 쌓을 터럭 터럭
태울

불 국 토 무 위 자 연　　개 적 중 선 무 모 발 지 악

함이 없이 저절로, 다 온갖 선을 쌓아 터럭만한 악도 없느니라.

무량수경 211

於此修善十日十夜하면 **勝於他方諸佛國中爲**
어차수선십일십야   승어타방제불국중위
여기서 열흘 낮과 열흘 밤을 선을 닦으면, 다른 곳의 모든 부처님 나라

善千歲하나니라 **所以者何**오 **他方佛國爲善者多爲**
선천세   소이자하   타방불국위선자다위
가운데서 천년 선행을 함보다 수승하나니라. 어째서인가? 다른 곳의

惡者少하야 **福德自然無造惡之地唯此間多惡**
악자소   복덕자연무조악지지유차간다악
부처님 나라에는 선행하는 이는 많고 악행하는 이는 적어, 복과 덕은 저
절로 라 악을 짓는 땅이 없고 오직 이 세간에만 악이 많으며 저절로 되는

無有自然하나니라 **勤苦求欲轉相欺殆**하야 **心勞形困**
무유자연   근고구욕전상기태   심노형곤
것은 없느니라. 힘써 고생하며 욕망을 구하 서로 옮겨가며 가까운 이를

飮苦食毒이라 **如是忽務未嘗寧息**하나니라 **吾哀汝等**
음고식독   여시총무미상녕식   오애여등
속이니, 마음은 고달프고 형색은 곤고하여 쓴 것을 마시고 독을 먹는
것이라. 이와 같이 바쁘게 일하느라 일찍 편안히 쉬지 못하느니라.

天人之類하야 **苦心誨喩敎令修善**하야 **隨器開導**
천인지류   고심회유교령수선   수기개도
내 너희들과 하늘과 사람의 부류를 가엾이 여겨, 괴로운 마음으로 가르치

授與經法하니 莫不承用이니라 在意所願皆令得道
수여경법 막불승용 재의소원개령득도

며 하여금 선을 닦도록 가르쳐, 그릇(근기)에 따라 열어 인도하여 경법

하야 佛所遊履의 國邑丘聚난 靡不蒙化하야 天下
불소유이 국읍구취 미불몽화 천하

을 주었나니, 받들어 쓰지 않은 이가 없어야 하느니라. 뜻에 원하는 것은 다 도를 얻게 하는데 있나니, 부처님이 밟고 다니시는 바의 나라, 읍, 언덕, 마을이 교화

和順하며 日月淸明하며 風雨以時하야 災厲不起하며
화순 일월청명 풍우이시 재려불기

를 입지 않은 곳이 없어, 천하는 화목하고 순하며, 해와 달은 맑고 밝으

國豐民安하며 兵戈無用하고 崇德興仁하야 務修禮
국풍민안 병과무용 숭덕흥인 무수예

며 바람과 비는 때 마춰 내려, 재앙과 위기가 일지 않으며 나라는 풍요롭고 백성은 편안하며 병사와 무기는 쓸데없고, 덕을 받들며 어짊을 일으켜

讓하느니라 佛言하사되 我哀愍汝等諸天人民함이 甚於父
양 불언 아애민여등제천인민 심어부

힘써 예도와 겸양을 닦느니라. 부처님께서 말씀하시되, 내 너희들과 모든

母念子하나니라 今吾於此世作佛하야 降化五惡消除
모념자 금오어차세작불 항화오악소제

하늘과 인민을 가엾이 여김이, 부모가 자식 생각함보다 더하느니라. 이제

五痛하고 絶滅五燒하야 以善攻惡하야 拔生死之苦
오통 절멸오소   이선공악   발생사지고

나는 이 세계에서 부처되어, 5악을 항복시키고 5통을 말끔히 없애고

하야 令獲五德昇無爲之安하얏니라 吾去世後經道漸
 령획오덕승무위지안   오거세후경도점

5불길을 끊어 멸하여, 선으로써 악을 쳐, 생사의 고통을 뽑아, 5덕을 얻어 함이 없는 편안함에 오르게 하였느니라. 내가 세상을 간 뒤, 경과 도

滅하야 人民諂僞復爲衆惡하야 五燒五痛還如前
멸 인민첨위부위중악   오소오통환여전

가 점차 멸하여, 사람들이 아첨과 거짓과 또 온갖 악행을 하여, 5불길과

法하야 久後轉劇不可悉説하리라 我但爲汝略言之
법 구후전극불가실설   아단위여약언지

5통이 도로 앞의 법과 같아, 오랜 뒤에는 극심하게 바뀌어 질 것을 말로 다 할 수 없느니라. 내 단지 너를 위하여 간략히 말했을 뿐이니라. 부처님께서 미륵

耳니라 佛告彌勒하사 汝等各善思之하야 轉相教誡
이 불고미륵   여등각선사지   전상교계

에게 이르시되, 너희들이 각자 잘 생각하여, 옮기며 서로 가르치고 경계

如佛經法無得犯也하라 於是彌勒菩薩合掌白
여불경법무득범야   어시미륵보살합장백

하여 부처님의 경법과 같이 하여 범함이 없게 하라. 이에 미륵보살이

言하되 佛所說甚善世人實爾하오니 如來普慈哀愍

언 불소설심선세인실이 여래보자애민

합장하고 말씀 여쭈되, 부처님 설하신 바는 매우 훌륭하시며 세간 사람은

悉令度脫케하시나니 受佛重誨不敢違失하나이다

실령도탈 수불중회불감위실

참으로 그러하오니, 여래께서 널리 자비로 가엾이 여기시어 다 해탈케 하시나니, 부처님의 중한 가르침을 받들어 감히 어기거나 잃지 않겠나이다.

第七節 佛大智慧

제 칠 절   불 대 지 혜

제 7 절 부처님의 큰 지혜

1 阿難親見阿彌陀佛

아 난 친 견 아 미 타 불

1, 아난이 아미타 부처님을 친견하다.

佛告阿難하사 汝起更整衣服合掌恭敬하야 禮

불 고 아 난   여 기 갱 정 의 복 합 장 공 경   예

부처님께서 아난에게 이르시되, 너는 일어나 옷을 가지런히 고쳐

無量壽佛하라 十方國土諸佛如來난 常共稱揚

무 량 수 불   시 방 국 토 제 불 여 래   상 공 칭 양

합장하고 공경하여 무량수불께 예배하라. 시방 국토의 모든 부처님 여래께서,

讚歎彼佛無著無閡하시느니라 於是阿難起整衣服하고

찬탄피불무착무애　어시아난기정의복

항상 함께 드높이 칭찬하시고 저 부처님의 집착 없고 걸림 없으심을 찬탄하시느니라. 이에 아난이 일어나 옷깃을 여미고,

正身西向하야 恭敬合掌五體投地하야 禮無量壽

정신서향　공경합장오체투지　예무량수

바른 몸으로 서쪽을 향하여, 공경하고 합장하여 5체를 땅에 던져,

佛하고 白言世尊하사되 願見彼佛安樂國土及諸菩

불　백언세존　원견피불안락국토급제보

무량수 부처님께 예배하고, 세존께 말씀 여쭈되, 원컨대 저 부처님의

薩聲聞大衆하소서 說是語已하니 卽時無量壽佛이

살성문대중　설시어이　즉시무량수불

안락 국토와 모든 보살과 성문의 대중을 보여주소서. 이 말씀을 여쭙고

放大光明하사 普照一切諸佛世界하시며 金剛圍山

방대광명　보조일체제불세계　금강위산

나니, 즉시 무량수 부처님께서 큰 광명을 놓으샤, 널리 모든 부처님들

과 須彌山王과 大小諸山과 一切所有皆同一

　　수미산왕　　대소제산　일체소유개동일

세계를 비추시며, 금강위산과 수미산왕과 크고 작은 모든 산과 일체 있는 바가 다 똑같은 한 색깔이라.

色이라 譬如劫水彌滿世界하야 其中萬物沈沒不
색 비여겁수미만세계 기중만물침몰불
비유컨대 겁의 물이 세계를 가득 채워, 그 가운데 만물이 빠져

現하고 滉瀁浩汗唯見大水 듯 彼佛光明亦復如
현 황양호한유견대수 피불광명역부여
나타나지 못하고, 넓고 망망하며 오직 큰물만 보이듯이, 저 부처님의

是하니 聲聞菩薩一切光明皆悉隱蔽하야 唯見佛
시 성문보살일체광명개실은폐 유견불
광명 또한 이와 같으니라. 성문과 보살과 모든 광명은 모조리 은폐되고,

光明耀顯赫하느니라 爾時阿難卽見無量壽佛하니 威
광명요현혁 이시아난즉견무량수불 위
오직 부처님의 광명만이 찬란하게 나타나 황홀하게 보이느니라. 그때 아난이 바로 무량수 부처님을 뵈니,

德巍巍如須彌山王이 高出一切諸世界上 듯
덕외외여수미산왕 고출일체제세계상
위엄과 덕은 높고 우뚝하여 수미산왕이 높이 솟아 모든 세계에서 으뜸이

相好光明靡不照耀하고 此會四衆一時悉見하느니라
상호광명미불조요 차회사중일시실견
듯이, 상호와 광명이 찬란하게 비추지 않는데 없고, 여기 모인 4부대중이 일시에 다 보느니라.

彼見此土亦復如是하느니라

피견차토역부여시

저기서 여기 땅을 봄도 또한 이와 같으니라.

2 胎生往生

태생왕생

2. 태생의 왕생(극락세계에 가서 태로 태어남)

爾時佛告阿難及慈氏菩薩하사되 汝見彼國하니

이시불고아난급자씨보살 여견피국

그때 부처님께서 아난과 자씨보살에게 이르시되, 네가 저 나라를 보니,

從地已上至淨居天에 其中所有微妙嚴淨한

종지이상지정거천 기중소유미묘엄정

땅으로부터 위로 올라 정거천에 이르기까지, 그 가운데 있는 바의 미묘하고

自然之物爲悉見不아 阿難對曰하되 唯然已見

자연지물위실견부 아난대왈 유연이견

장엄하고 청정한 자연의 만물이 다 보이더냐? 아니냐? 아난이 대답하여

汝寧復聞無量壽佛大音宣布一切世界化

여녕부문무량수불대음선포일체세계화

가로되, 예 그러하옵니다. 이미 보았습니다. 너는 정녕 또 무량수 부처님께서 큰 소리로 모든 세계에 펴시며 중생을 교화함도 들었느냐? 아니냐?

衆生不아 阿難對曰하되 唯然已聞하얏나이다 彼國人民

아난이 대답하여 가로되, 네, 그렇사옵니다. 이미 들었습니다. 저 나라의

은 乘百千由旬七寶宮殿無所障閡하야 遍至十

사람들은 백 천 유순인 칠보 궁전에 올라 장애되는 것 없이, 두루 시방

方供養諸佛하나니 汝復見不아 對曰已見하얏나이다 彼國

에 이르기 까지 모든 부처님께 공양하나니, 너는 또 보았느냐? 아니냐?

人民有胎生者한대 汝復見不아 對曰已見하얏나이다 其

대답하여 가로되, 이미 보았습니다. 저 나라의 사람들은 태로 태어나는 이도 있는데, 너는 또 보았느냐? 아니냐? 대답하여 가로되, 이미

胎生者所處宮殿은 或百由旬或五百由旬이며

보았습니다. 그 태로 태어나는 이가 사는 바의 궁전은, 혹 백 유순 혹은

各於其中受諸快樂하느니라 如忉利天亦皆自然이니라

5백 유순이며, 각자 그 가운데서 온갖 쾌락을 받느니라. 도리천과 같이 또한 다 저절로 이니라.

3 疑惑五智

3. 5지혜(다섯 가지 지혜)의 의심

爾時慈氏菩薩白佛言하사 **世尊**하 **何因何緣**
이시자씨보살백불언 세존 하인하연
그때 자씨보살이 부처님께 말씀 여쭈되, 세존이시여, 어떤 원인과 어떤

으로 彼國人民胎生化生하오잇가 **佛告慈氏**하사 **若有衆**
피국인민태생화생 불고자씨 약유중
인연으로, 저 나라의 사람들은 태로 태어나며 홀연히 태어나옵니까?

生이 **以疑惑心修諸功德**하야 **願生彼國**하면 **不了**
생 이의혹심수제공덕 원생피국 불요
부처님께서 자씨에게 이르시되, 만약 어떤 중생이, 의심하는 마음으로써
모든 공덕을 닦아, 저 나라에 태어나기를 바라면, 부처님의 지혜와

佛智와 **不思議智**와 **不可稱智**와 **大乘廣智**와
불지 부사의지 불가칭지 대승광지
불가사의 한 지혜와, 가히 말하지 못하는 지혜와 대승의 넓은 지혜와,

無等無倫最上勝智하느니라 **於此諸智疑惑不信**하고
무등무륜최상승지 어차제지의혹불신
동등함이 없고 짝이 없는 가장 으뜸의 수승한 지혜를 알지 못하느니라.
이 모든 지혜는 의심하여 믿지 않고,

然猶信罪福修習善本하야 願生其國하면 此諸衆
연유신죄복수습선본 원생기국 차제중
그러나 오히려 죄와 복만 믿고 선의 근본을 닦고 익혀, 그 나라에 태어나

生生彼宮殿하야 壽五百歲되 常不見佛不聞經
생생피궁전 수오백세 상불견불불문경
기를 바라면, 이 모든 중생은 저 궁전에 태어나, 수명은 5백세이며,

法하며 不見菩薩聲聞聖衆하나니 是故於彼國土에
법 불견보살성문성중 시고어피국토
항상 부처님을 뵙지 못하고 경법도 듣지 못하며, 보살과 성문과 성인의 대중도 보지 못하나니, 이러므로 저 국토에서, 태로 태어난다고

謂之胎生하느니라 若有衆生이 明信佛智乃至勝智
위지태생 약유중생 명신불지내지승지
이르느니라. 만약 어떤 중생이, 밝게 부처님의 지혜와 이에 수승한

하고 作諸功德信心廻向하면 此諸衆生於七寶華
작제공덕신심회향 차제중생어칠보화
지혜에 이르기까지 믿고, 온갖 공덕을 짓고 믿는 마음으로 회향하면,

中自然化生加趺而坐하야 須臾之頃에 身相光
중자연화생가부이좌 수유지경 신상광
이 모든 중생은 칠보의 꽃 가운데 저절로 홀연히 태어나 가부좌하고 앉아, 잠깐쯤에 몸의 모습과 광명과

明智慧功德이 如諸菩薩具足成就하느니라 復次慈
명 지 혜 공 덕   여 제 보 살 구 족 성 취   부 차 자

지혜와 공덕이, 모든 보살과 같이 구족하게 이루느니라. 또 다음에

氏여 他方諸大菩薩이 發心欲見無量壽佛하면
씨   타 방 제 대 보 살   발 심 욕 견 무 량 수 불

자씨여, 다른 곳의 큰 보살들이, 마음을 내어 무량수 부처님을 뵙고자

恭敬供養及諸菩薩聲聞之衆하면 彼菩薩等은
공 경 공 양 급 제 보 살 성 문 지 중   피 보 살 등

하면, 공경하고 공양하며 모든 보살과 성문의 대중에게도 미치면, 저

命終得生無量壽國하야 於七寶華中自然化生
명 종 득 생 무 량 수 국   어 칠 보 화 중 자 연 화 생

보살들은 목숨이 끝나면 무량수 나라에 태어남을 얻어, 칠보의 꽃 가운데 저절로 홀연히 태어나느니라.

하나니라 彌勒當知하라 彼化生者智慧勝故이나 其胎生
     미 륵 당 지   피 화 생 자 지 혜 승 고   기 태 생

미륵아 마땅히 알라. 저 화생한 이는 지혜가 수승한 때문이나, 그

者皆無智慧하야 於五百歲中에 常不見佛不聞
자 개 무 지 혜   어 오 백 세 중   상 불 견 불 불 문

태생한 이는 다 지혜가 없어, 5백세 중에, 항상 부처님을 뵙지 못하고 경의 법을 듣지 못하며,

經法하며 不見菩薩諸聲聞衆하나니라 無由供養於佛

경법　불견보살제성문중　무유공양어불

보살과 성문의 대중들도 뵙지 못하느니라. 부처님께 공양할 연유가 없어

하야 不知菩薩法式하며 不得修習功德하느니라 當知此

부지보살법식　부득수습공덕　당지차

보살의 법식도 알지 못하며, 공덕을 닦고 익히지도 아니하느니라. 마땅

人은 宿世之時에 無有智慧疑惑所致니라 佛告

인　숙세지시　무유지혜의혹소치　불고

히 알라, 이런 사람은 전생에, 지혜가 없어 의심만 하였기 때문이니라.

彌勒하사 譬如轉輪聖王別有宮室七寶莊飾하되

미륵　비여전륜성왕별유궁실칠보장식

부처님께서 미륵에게 이르시되, 비유컨대 전륜성왕은 따로

張設床帳懸諸繒幡하얏나니라 若有諸小王子하야 得罪

장설상장현제증번　약유제소왕자　득죄

칠보로 엄숙히 꾸민 궁전이 있는데, 평상과 장막을 차려 세우고 온갖 비
단 기를 달았느니라. 만약 어린 왕자들이 있어, 왕에게 죄를 얻으면

於王輒內彼宮中하야 繫以金鎖하야 供給飲食衣

어왕첩납피궁중　계이금쇄　공급음식의

문득 저 궁전 안에서, 금 사슬로써 묶어두고, 음식과 의복과

服床蓐華香伎樂 툿 如轉輪王無所乏少 하니라 於

복상욕화향기악 여전륜왕무소핍소 어

평상, 깔개, 꽃, 향과 음악을 공급하되, 전륜성왕과 같이 조금도 모자람

意云何 오 此諸王子寧樂彼處不 아 對曰不也

의운하 차제왕자녕락피처부 대왈불야

이 없느니라. 생각에 어떠하냐? 이 왕자들이 저곳에 삶이 어찌 즐겁겠느냐? 아니냐? 대답하여 가로되 즐겁지 않겠습니다.

니이다 但種種方便 으로 求諸大力欲自勉出 하오리다 佛告

단종종방편 구제대력욕자면출 불고

오직 가지가지 방편으로, 여러 큰 힘을 찾아 스스로 힘써 나오고자

彌勒 하사 此諸衆生亦復如是 하야 以疑惑佛智生

미륵 차제중생역부여시 이의혹불지생

하오리다. 부처님께서 미륵에게 이르시되, 이 모든 중생도 또한 이와

彼宮殿 하야 無有形罰乃至一念惡事 하지만 但於五

피궁전 무유형벌내지일념악사 단어오

같아, 부처님의 지혜를 의심한 까닭에 저 궁전에 태어나, 몸에다 형벌이나 내지 한 생각도 악한 일은 없지만, 단지 5백세 중에

百歲中不見三寶 하니 不得供養修諸善本 하야 以

백세중불견삼보 부득공양수제선본 이

3보를 뵙지 못하니, 공양하거나 모든 선의 근본을 닦지 못하여,

此爲苦하야 雖有餘樂猶不樂彼處하느니라 若此衆生

이로써 괴로움이 되어, 비록 다른 즐거움은 있으나 오히려 저곳의 삶이

識其本罪하야 深自悔責求離彼處하면 卽得如意

즐겁지 않느니라. 이와 같이 중생이 그 근본의 죄를 알아, 깊이 스스로 뉘우치고 자책하여 그곳에서 떠나기를 바라면, 바로 뜻과 같이 무량수

하야 往詣無量壽佛所하야 恭敬供養하리 亦得遍至

부처님 처소에 가 나아가 공경하고 공양함을 얻으리라. 또 두루 한량없고

無量無數諸如來所에 修諸功德하리 彌勒當知

수없는 모든 여래의 처소에 다니며 온갖 공덕을 닦을 수도 있느니라. 미륵아,

하라 其有菩薩生疑惑者난 爲失大利是故應當

마땅히 알라. 그 어떤 보살이 의심을 내는 이는, 큰 이익을 잃게 되나니

明信諸佛無上智慧할지니라

이러므로 마땅히 모든 부처님의 위없는 지혜를 밝게 믿을 지니라.

4 他方菩薩極樂往生

타방보살극락왕생

4, 타방 보살의 극락왕생

彌勒菩薩白佛言하되 世尊하 於此世界有幾

미륵보살백불언 세존 어차세계유기

미륵보살이 부처님께 말씀 여쭈되, 세존이시여, 이 세계에는 물러나지

所不退菩薩하며 生彼佛國하오잇가 佛告彌勒하사되 於此

소불퇴보살 생피불국 불고미륵 어차

않는 바의 보살이 얼마쯤 있으며 저 부처님 나라에 태어납니까? 부처님

世界有六十七億不退菩薩하며 往生彼國하리라 一

세계유육십칠억불퇴보살 왕생피국 일

께서 미륵에게 이르시되, 이 세계에는 67억의 물러나지 않는 보살이

一菩薩은 已曾供養無數諸佛하얏나니 次如彌勒者

일보살 이증공양무수제불 차여미륵자

있으며, 저 나라에 가 태어나리라. 하나하나의 보살은 이미 일찍 수없는
부처님들을 공양하였나니, 지위가 미륵과 같은 이들이니라.

也니라 諸小行菩薩及修習少功德者들이 不可稱

야 제소행보살급수습소공덕자 불가칭

모든 수행이 적은 보살들이나 또 적은 공덕을 닦고 익힌 이들이, 가히
헤아려 말하지 못하나니,

計하나 皆當往生하리라 佛告彌勒하사대 不但我刹諸菩
薩等往生彼國하고 他方佛土亦復如是하니라 其第
一佛名曰遠照시니 彼有百八十億菩薩하되 皆當
往生하리라 其第二佛名曰寶藏이시니 彼有九十億菩
薩하되 皆當往生하리라 其第三佛名曰無量音이시니 彼
有二百二十億菩薩하되 皆當往生하리라 其第四佛

다 마땅히 왕생하리라. 부처님께서 미륵에게 이르시되, 오직 내 국토의 모든 보살들만이 그 나라에 왕생하는 것이 아니고, 다른 곳의 부처님 국토도 또한 이와 같으니라. 그 제 1의 부처님 이름이 가로되 원조시니, 저곳은 180억의 보살이 계시되, 다 마땅히 가서 태어나리라. 그 제 2의 부처님 이름이 가로되 보장이시니, 저곳은 90억의 보살이 계시되, 다 마땅히 왕생하리라. 그 제 3의 부처님 이름이 가로되 무량음이시니, 저곳은 220억의 보살이 계시되, 다 마땅히 왕생하리라. 그 제 4의 부처님

名曰甘露味시니 彼有二百五十億菩薩하되 皆當

이름이 가로되 감로미시니, 저곳은 250억의 보살이 계시되, 다 마땅히

往生하리라 其第五佛名曰龍勝이시니 彼有十四億菩

왕생하리라. 그 제 5의 부처님 이름이 가로되 용승이시니, 저곳은

薩하되 皆當往生하리라 其第六佛名曰勝力이시니 彼有

14억의 보살이 계시되, 다 마땅히 왕생하리라. 그 제 6의 부처님 이름이 가로되 승력이시니, 저곳은

萬四千菩薩하되 皆當往生하리라 其第七佛名曰師

1만 4천의 보살이 계시되, 다 마땅히 왕생하리라. 그 제 7의 부처님

子이시니 彼有五百億菩薩하되 皆當往生하리라 其第八

이름이 가로되 사자이시니, 저곳은 50억의 보살이 계시되, 다 마땅히

佛名曰離垢光이시니 彼有八十億菩薩하되 皆當往

왕생하리라. 그 제 8의 부처님 이름이 가로되 이구광이시니, 저곳은 80억의 보살이 계시되, 다 마땅히 왕생하리라.

生ᄒᆞ리라 其第九佛名曰德首이시니 彼有六十億菩薩

생 기제구불명왈덕수 피유육십억보살

그 제 9의 부처님 이름이 가로되 덕수이시니, 저곳은 60억의 보살이

ᄒᆞ되 皆當往生ᄒᆞ리라 其第十佛名曰妙德山이시니 彼有

개당왕생 기제십불명왈묘덕산 피유

계시되, 다 마땅히 왕생하리라. 그 제 10의 부처님 이름이 가로되

六十億菩薩ᄒᆞ되 皆當往生ᄒᆞ리라 其第十一佛名曰

육십억보살 개당왕생 기제십일불명왈

묘덕산이시니, 저곳은 60억의 보살이 계시되, 다 마땅히 왕생하리라. 그
제 11의 부처님 이름이 가로되

人王이시니 彼有十億菩薩ᄒᆞ되 皆當往生ᄒᆞ리라 其第十

인왕 피유십억보살 개당왕생 기제십

인왕이시니, 저곳은 10억의 보살이 계시되, 다 마땅히 왕생하리라.

二佛名曰無上華시니 彼有無數不可稱計諸菩

이불명왈무상화 피유무수불가칭계제보

그 제 12의 부처님 이름이 가로되 무상화시니, 저곳은 수없는 이루 헤아려 일컫지 못할 많은 보살의 대중이 계시되,

薩衆이시되 皆不退轉이시니라 智慧勇猛ᄒᆞ며 已曾供養無

살중 개불퇴전 지혜용맹 이증공양무

다 불퇴전이시니라. 지혜롭고 용맹하며 이미 일찍 한량없는 부처님들을

量諸佛^{하야} 於七日中卽能攝取百千億劫大士
량제불 어칠일중즉능섭취백천억겁대사
공양하여, 7일 동안에 바로 능히 백 천 억겁의 보살(대사)이 닦아야 할

所修堅固之法^{하얏니라} 斯等菩薩皆當往生^{하며} 其第
소 수 견 고 지 법   사 등 보 살 개 당 왕 생   기 제
굳고도 굳은 법을 섭취하였느니라. 이들 보살은 다 마땅히 왕생할 것이며,

十三佛名曰無畏^{시니} 彼有七百九十億大菩薩
십 삼 불 명 왈 무 외   피 유 칠 백 구 십 억 대 보 살
그 제 13의 부처님 이름이 가로되 무외시니, 저곳은 790억의 큰 보살

衆^{하되} 諸小菩薩及比丘等不可稱計^{하나니} 皆當往
중   제 소 보 살 급 비 구 등 불 가 칭 계   개 당 왕
대중이 계시되, 적은 보살들과 비구 등 이루 헤아려 일컫지 못하나니, 다 마땅히 왕생하리라. 부처님께서

生^{하리라} 佛語彌勒^{하사되} 不但此十四佛國中諸菩薩
생   불 어 미 륵   부 단 차 십 사 불 국 중 제 보 살
미륵에게 말씀하시되, 단지 이 14곳의 부처님 나라 중의 모든

等當往生也^{니라} 十方世界無量佛國^{에서} 其往生
등 당 왕 생 야   시 방 세 계 무 량 불 국   기 왕 생
보살들만이 마땅히 왕생하는 것이 아니니라, 시방세계의 한량없는 부처님 나라에서, 그 왕생하는

者亦復如是甚多無數하느니라 我但說十方諸佛名

또 또 매우많을 셀 나 다만말씀 모 이름
다시 몹시겹칠 자주삭 오직기쁠열 방법 부를

자 역 부 여 시 심 다 무 수 아 단 설 시 방 제 불 명

이가 또한 이와 같이, 너무 많아서 수가 없느니라. 나는 단지 시방의

號及菩薩比丘生彼國者하얏나니라 晝夜一劫尚未能

이름 및 견줄 언덕 저 나라 낮 밤 세월 높을 아닐 잘
부를 미칠 본뜰 겁탈 오히려 능할

호 급 보 살 비 구 생 피 국 자 주 야 일 겁 상 미 능

여러 부처님의 이름과 또 보살과 비구로서 저 나라에 태어날 이들만을 설하였느니라. 주야로 헤아려도 1겁에는 오히려 능히 다 헤아리지 못하리니,

竟하리니 我今爲汝略說之耳니라

다할 이제 할 너 간략 귀
오늘 될 다스릴 말그칠

경 아 금 위 여 약 설 지 이

나는 이제 너를 위하여 간략히 말했을 뿐이니라.

第三章　流通分

제 3 장　유통분

第一節　付囑於彌勒菩薩

제 1 절　미륵보살에게 부촉함

佛語彌勒하사 **其有得聞彼佛名號**하야 **歡喜踊**
불어미륵　기유득문피불명호　환희용
부처님께서 미륵보살에게 말씀하시되, 그 저 부처님의 이름을 듣고

躍乃至一念이면 **當知此人爲得大利**하야 **則是具**
약 내지 일념　당지차인위득대리　즉시구
기뻐 뛰거나 내지 한번만 생각하면,(念) 마땅히 알라, 이 사람은 큰 이익을 얻게 되어, 곧 이 위없는 공덕을 구족하리라.

足無上功德하리라 **是故彌勒**아 **設有大火充滿三**
족 무상공덕　시고미륵　설유대화충만삼
이러므로 미륵아, 설령 어떤 큰 불이 3천대천세계에 가득히 찼다하더라도

千大千世界하야도 **要當過此**하야 **聞是經法**하고 **歡喜**
천대천세계　요당과차　문시경법　환희
반드시 마땅히 이것을 뚫고 지나가서, 이 경의 법문을 듣고, 기뻐

信樂하며 受持讀誦하며 如說修行할지니라 所以者何오
신락 수지독송 여설수행 소이자하
믿고 즐거워하며, 받아 지녀 읽고 외우며, 말씀과 같이 닦고 행할지니라.

多有菩薩하야 欲聞此經而不能得하느니라 若有衆生
다유보살 욕문차경이불능득 약유중생
왜냐하면 많은 보살이 있어 이 경을 듣고자 하여도 능히 얻지 못하느니

聞此經者이면 於無上道終不退轉하느니라 是故應當
문차경자 어무상도종불퇴전 시고응당
라. 만약 어떤 중생이 이 경을 듣는다면, 위없는 도에서 끝내 물러나지 않느니라. 이러므로 응당

專心信受持誦說行하여 吾今爲諸衆生說此經
전심신수지송설행 오금위제중생설차경
마음을 오로지하여 믿고 받아 지니며 외우고 설하며 행하여라. 내 이제

法하얏으며 令見無量壽佛及其國土一切所有하얏나니 所
법 령견무량수불급기국토일체소유 소
중생들을 위하여 이 경의 법문을 설하였으며, 무량수불과 그 국토의

當爲者皆可求之하리라 無得以我滅度之後復生
당위자개가구지 무득이아멸도지후부생
모든 있는 바를 보게 하였나니, 마땅히 할 것은 다 구할 것이라. 내가 멸도한 뒤에 다시 의심을 냄이 없어야 할 것이니라.

疑惑하느니라 當來之世經道滅盡하야도 我以慈悲哀愍하야 特留此經止住百歲하야 其有衆生値斯經者이면 隨意所願皆可得度하리라 佛語彌勒하사되 如來興世難値難見하야 諸佛經道難得難聞하니 菩薩勝法諸波羅蜜도 得聞亦難하며 遇善知識聞法能行도 此亦爲難하느니라 若聞斯經信樂受持난 難中

마땅히 미래의 세상에 경과 도가 다 멸하여도 나는 자비로써 가엾이 여겨, 특별히 이 경을 백년을 더 멈추어 머물게 하여, 그 어떤 중생이 이 경을 만나면, 뜻에 원하는 바를 따라 다 가히 제도를 얻으리라. 부처님께서 미륵에게 말씀하시되, 여래께서 세상에 나타 나오심은 만나기 어렵고 뵙기도 어려워, 부처님들의 경과 도를 얻기 어렵고 듣기도 어려우니, 보살의 수승한 법과 모든 바라밀도, 얻어 듣기 또한 어려우며, 선지식을 만나 법을 듣고 잘 행하기도, 이 역시 어려움이 되느니라. 만약 이 경을 듣고 믿어 즐거워하며 받아 지니기는, 어려움 중에

之難無過此難하느니라 是故我法如是作如是說如

지난무과차난　시고아법여시작여시설여

어려움이니 이보다 더 어려움은 없느니라. 이러므로 나의 법은

是敎하나니 應當信順如法修行하라

시교　응당신순여법수행

이와 같이 짓고 이와 같이 설하고 이와 같이 가르치나니, 응당 믿고 순종하여 법과 같이 닦고 행하라.

第二節　法聞功德

제 이 절　법 문 공 덕

제 2 절 법문(법 들은) 의 공덕

爾時世尊說此經法無量衆生皆發無上正

이시세존설차경법무량중생개발무상정

그때 세존께서 이 경의 법문을 설하시어 한량없는 중생이 다 위없는

覺之心하얏나니라 萬二千那由他人得淸淨法眼하얏으며 二

각지심　만이천나유타인득청정법안　이

바른 깨달음의 마음을 내었느니라. 1만 2천 나유타의 사람이 청정한

十二億諸天人民得阿那含하얏으며 八十萬比丘漏

십이억제천인민득아나함　팔십만비구루

법의 눈을 얻었으며, 22억의 하늘과 사람들이 아나함과를 얻었으며, 80만의 비구가 샘(번뇌)을 다하여 뜻(지혜)을 알았으며,

盡意解하얏으며 四十億菩薩得不退轉하얏느니라 以弘誓功

진의해 사십억보살득불퇴전 이홍서공

40억 보살은 불퇴전을 얻었느니라. 넓은 서원의 공덕으로써 스스로

德而自莊嚴하야 於將來世當成正覺하리라

덕이자장엄 어장래세당성정각

장엄하여, 장차 오는 세상에 마땅히 바른 깨달음을 이루리라.

第三節　大衆歡喜

제삼절　대중환희

제 3 절　대중의 환희

爾時三千大千世界六種震動하고 大光普照

이시삼천대천세계육종진동 대광보조

그때 3천 대천세계가 여섯 가지로 진동하고, 큰 광명이 널리

十方國土하며 百千音樂自然而作하며 無量妙華

시방국토 백천음악자연이작 무량묘화

사방의 불국토를 비추며, 백 천의 음악이 저절로 울리며, 한량없는

芬芬而降하얏느니라 佛說經已하시니 彌勒菩薩及十方來

분분이강 불설경이 미륵보살급시방래

미묘한 꽃이 향기롭고 어지러이 내렸느니라. 부처님께서 경을 설하시고 나니, 미륵보살과 시방에서 오신

諸菩薩衆과 長老阿難諸大聲聞과 一切大衆

제보살중 장노아난제대성문 일체대중

모든 보살 대중과 장로 아난과 모든 큰 성문과 모든 대중은

聞佛所說靡不歡喜하얏느니라

문불소설미불환희

부처님께서 설하신 바를 듣고 기뻐하지 아니함이 없었느니라.

無量壽經 卷下 終

무 량 수 경 권 하 종

무량수경 하권 끝

佛說無量壽經 終

불 설 무 량 수 경 종

부처님께서 설하신 무량수경 끝

○佛說觀無量壽佛經

부처 말씀 볼 없을 헤아 목숨　　글
기쁠열 살펴볼　　　릴　　　　지날

불 설 관 무 량 수 불 경

불설관무량수경

宋　西域　三藏　畺良耶舍　譯

송나　　지경　　　　지경 어질 어조사 집　번역
라　　　경계　　　　　　좋을 그런가　　　가릴

송　서역　삼장　강량야사　역

송 서역 삼장 강량야사 역

○ 佛說觀無量壽佛經

부처 말씀 볼 없을 헤아 목숨　　글
기쁠열 살펴볼　　릴　　　　　지날

불 설 관 무 량 수 불 경

불설관무량수경

宋　西域　三藏　畺良耶舍　譯

송나　　　지경　　　　지경 어질 어조사 집　　번역
라　　　　경계　　　　　　좋을 그런가　　　가릴

송　서역　삼장　강 량 야 사　역

송 서역 삼장 강량야사 역

○ 第一章　序分

차례　　　글　　담　나눌
　　　　문장　차례 구별

제 일 장　　서 분

제 1 장 서분

第一節　證信序

마디　　증거 믿을
　　　증명 진실

제 일 절　　증 신 서

제 1 절 민음을 증명하는 서문

如是我聞^{하사오니} 一時佛在王舍城耆闍崛山中

2　1　3　4　　　　　1　　2　4　3
같을 이 나 들을　　　　때　　있을 임금 집 재 늙을 화장할 산우 뫼 속
이를 옳을　맡을　　　　이　　　　　　　　성　　 대궐문 뚝할　　가운데

여 시 아 문　　일 시 불 재 왕 사 성 기 사 굴 산 중

이와 같이 나는 들었사오니, 한 때 부처님께서 왕사성 기사굴산 중에

^{하사}與大比丘衆千二百五十人俱^{하시며} 菩薩三萬

　　6　5　　　　　　　　　　7　　　　1
　줄 큰 건줄 언덕 무리 일천　일백　　남 함께　　보살 보살　일만
더불 길(태 본뜰　많을　　　　　　사람 갖출　보리수

여 대 비 구 중 천 이 백 오 십 인 구　　보 살 삼 만

계시며, 큰 비구대중 1250의 사람과 더불어서 함께 하시며, 보살 3만 2

二千과 文殊師利法王子가 而爲上首얏나니라

이천 문수사리법왕자 이위상수

천과 문수사리 법의 왕자가 우두머리(상수제자)가 되었느니라.

第二節 發起序

제 이 절 발 기 서

제 2 절 발기서 --- 설법의 인연 ---

1 王舍城悲劇

왕 사 성 비 극

1, 왕사성의 비극

① 投獄父王

투 옥 부 왕

① 부왕을 가둠

爾時 王舍大城有一太子하니 名阿闍世라 隨

이시 왕사대성유일태자 명아사세 수

그때 왕사의 큰 성에 한 태자가 있었으니, 이름이 아사세라.

順調達惡友之教하야 收執父王頻婆娑羅하야 幽

순조달악우지교 수집부왕빈바사라 유

조달이라는 악한 벗의 가르침(꾀임)을 순히 따라, 아버지며 왕이신 빈바사라를 잡아 들여

閉置於七重室內하고 制諸群臣一不得往하나니라 國

폐치어칠중실내 제제군신일부득왕 국

깜깜한 일곱 겹의 방안에 가두어 두고, 모든 무리의 신하를 억눌러 한사람도 왕

大夫人名韋提希라 恭敬大王하야 澡浴淸淨하고

대부인명위제희 공경대왕 조욕청정

래하지 못하게 하니라.(굶어 죽게 함) 나라의 큰 부인(왕비)으로 이름이 위제희

以酥蜜和麨用塗其身하고 諸瓔珞中盛葡萄漿

이수밀화초용도기신 제영락중성포도장

라. 대왕을 공경하여, 목욕하여 깨끗이 씻고, 연유와 꿀로써 보리 가루를 섞어 사용하여 그 몸에 바르고, 여러 영락 속에 포도즙을 담아 은밀히 왕

密以上王하얏니라 爾時大王은 食麨飮漿하며 求水漱

밀이상왕 이시대왕 식초음장 구수수

에게 올렸느니라. 그때 대왕은 보리 가루를 (몸에 바른 것을 빨아)먹고,

口하얏니라 漱口畢已하사 合掌恭敬하야 向耆闍崛山遙

구 수구필이 합장공경 향기사굴산요

즙을 마시며 물을 구하여 입을 양치질하였느니라. 입을 양치하여 마치고 나서, 합장하고 공경하여, 기사굴산을 향하여 멀리서 세존께 예배하고,

禮世尊하고 而作是言하얏니라 大目乾連是吾親友오이다

예세존 이작시언 대목건련시오친우

이런 말을 하였느니라. 대목건련은 이는 저의 벗 이옵니다,

관무량수경 241

願興慈悲授我八戒 하소서 時目乾連如鷹集飛疾
  1 3 2   6 4 5   1 2   3 5 4 6
바랄 일 사랑 슬플 줄 나 경계   때 눈 마를 이을 같을 매 모을 날 병
나나낼   할   이   하늘 이를   이룰   빠를
원 흥 자 비 수 아 팔 계   시 목 건 연 여 응 집 비 질
원컨대 자비를 베푸시어 저에게 8계를 주게 하소서. 이때 목건련이 매가 날개

至王所 하야 日日如是授王八戒 하다 世尊亦遣尊
 9 7 8   1 3 2 6 4 5   1   2 4 3
이를 바 날   높을 또 보낼
지극 곳,것 해
지 왕 소   일 일 여 시 수 왕 팔 계   세 존 역 견 존
를 모아 날듯 빨리 왕의 처소에 이르러 나날이 이와 같이 왕에게 8계를

者富樓那 하야 爲王說法 하다 如是時間經三七日
  부자 망루 클 어찌   할   말씀   틈   글
  다락   될   기쁠열   사이 지날
  2 1 4 3   2 1 4 3   2 1 3   5 4
자 부 루 나   위 왕 설 법   여 시 시 간 경 삼 칠 일
주었다. 세존께서도 또 존자 부루나를 보내어, 왕을 위하여 법을 설하셨다.

한데 王食麨蜜得聞法故 로 顏色和悅 하다
     1 4 2 7 6 5 8   얼굴 빛 고루 기쁠
     밥 보리 꿀 얻을 들을   옛   용모 모양 합할
     먹을 가루 특별 맡을   연고
     왕 식 초 밀 득 문 법 고   안 색 화 열
이와 같이 시간이 삼칠일(21일)이 지났는데, 왕은 보리 가루와 꿀을 먹고 법을 듣고 얻은 때문에, 얼굴빛이 온화하고 기쁘셨다.

② 投獄母
  던질 우리 어미
       감옥
  투 옥 모
② 어머니를 가둠

時阿闍世問守門人 하야 父王今者猶存在耶
 1 2   11 4 3   5   6   7 8 9 9 10
때 큰언 화장할 인간 물을 지킬 문   아비 이제 같을 있을 있을 어조사
이 덕 대궐문 문안 입구   오늘 오히려   그런가
시 아 사 세 문 수 문 인   부 왕 금 자 유 존 재 야
이때 (아들)아사세는 문직이에게 부왕이 지금도 아직 생존해 계시느냐? 물었다.

時守門者白言하되 大王은 國大夫人身塗麨蜜하고 瓔珞盛漿持用上王하고 沙門目連及富樓那가 從空而來爲王說法하니 不可禁制하나이다 時阿闍世聞此語已하사 怒其母曰하되 我母是賊이라 與賊爲伴하얏나니라 沙門惡人이라 幻惑呪術로 令此惡王多日不死케하얏나니라 卽執利劍欲害其母하니 時有一臣

이때 문직이가 말씀 여쭈되, 대왕께서는 나라의 큰 부인께서 몸에 보리 가루와 꿀을 바르고, 영락에 즙을 담아 지니고 사용하여 왕에게 올리고, 사문인 목연과 부루나가 공중으로부터 와서 왕을 위하여 설법하니, 가히 금하여 억제 할 수 없나이다. 이때 아사세는 이 말을 듣고 나서, 성이나 그 어머니에게 가로되, 내 어머니는 이는 적이라. 적과 더불어 짝이 되었느니라. 사문은 나쁜 사람이라. 홀려 유혹하는 주술로, 이 악한 왕(아버지)으로 하여금 많은 날을 죽지 않게 하였느니라. 즉시 날카로운 칼을 들고 그 어머니를 해치려하니, 이때 한 신하가 있었으니

관무량수경 243

名曰月光이라 聰明多智하며 及與耆婆하야 爲王作

禮하고 白言大王하되 臣聞毗陀論經説하면 劫初已

來有諸惡王貪國位故로 殺害其父一萬八千

未曾聞有無道害母 王今爲此殺逆之事

汚刹利種 臣不忍聞 是栴陀羅 我等

不宜復住於此 時二大臣説此語竟에 以手

이름이 가로되 월광이라. 총명하고 지혜가 많으며, 또 기바와 함께 왕을 위하여 예를 올리고, 대왕에게 말씀 여쭈되, 신이 비타논경(베다, 브라만의 경, bc2000~500성립 추정)의 말을 들으면, 겁의 초기에서 이미 내려오며 여러 악한 왕들이 있었으되 나라의 보위를 탐내는 까닭으로 그 아버지를 죽여 해침이 1만 8천 이었습니다 만 일찍 어머니를 해치는 무도함이 있었다고는 들어보지 못했나이다. 왕은 지금 이 거역죄로 죽이는 일 때문에 찰리종(왕족)을 더럽힘이니, 신은 듣고 참지 못하겠나이다. 이는 전다라라. 저희들은 마땅이 다시는 여기에 있지 않겠나이다. 당시 두 큰 신하는 이 말을 마치고 손으로써 칼을 만지며 물러섰느

按劍却行而退하얏니라 時阿闍世驚怖惶懼하야 告耆

니라. 이때 아사세는 놀라고 두렵고 황당하여, 기바에게 알려 이르시되,
너는 나를 위하지 않는구나? 기바가 말씀을 (기바-의술에 능하여 출가후 부처님의 풍병.아나율
의 구머거리.아난의 창병등을 고침 부처님의 주치의. 부왕을 죽인후 나중에 아사세를 부처님께 인도 함)

婆言하사되 汝不爲我耶오 耆婆白言하되 大王하 愼

아뢰되, 대왕이시여, 삼가 어머니를 살 해하지 마옵소서. 왕은 이 말을 듣고

莫害母하소서 王聞此語懺悔求救하며 卽便捨劍止

참회하여 구원을 바라며, 곧 문득 칼을 버리고 멈추어 어머니를 살해하지 않고,

不害母하고 勅語內官하여 閉置深宮不令復出하얏니라

내관에게 명하여, 깊은 궁전에 가두고 다시는 나오지 못하게 했느니라.

第三節 厭穢土求淨土

제 삼 절 염 예 토 구 정 토
제 3 절 예토를 싫어하고 정토를 구함

1 佛訪獄舍

불 방 옥 사
1, 부처님께서 감옥을 방문하시다.

관무량수경 245

時韋提希被幽閉已하니 愁憂憔悴하야 遙向耆
시 위 제 희 피 유 폐 이   수 우 초 췌   요 향 기

당시 위제희는 깊숙이 갇히고 나니, 근심과 걱정으로 수척해져, 멀리 기사굴산

闍崛山하야 爲佛作禮而作是言하사 如來世尊在
사 굴 산   위 불 작 예 이 작 시 언   여 래 세 존 재

을 향하여, 부처님을 위하여 예를 올리고 이런 말씀을 하시되, 여래 세존께서 옛

昔之時에 恒遣阿難來慰問我하얏지만 我今愁憂하야도
석 지 시   항 견 아 난 래 위 문 아   아 금 수 우

날에는, 항상 아난을 보내어 와 나를 위로하고 문안하였건만, 내가 이제 근심하

世尊威重無由得見하니 願遣目連尊者阿難하사
세 존 위 중 무 유 득 견   원 견 목 연 존 자 아 난

고 걱정하여도, 세존의 위엄과 존중하심을 얻어 뵐 수가 없으니, 원컨대 목연존

與我相見케하소서 作是語已하사 悲泣雨淚遙向佛禮
여 아 상 견   작 시 어 이   비 읍 우 루 요 향 불 예

자와 아난존자를 보내시어, 저와 더불어 서로 보게 하소서. 이 말을 하고 나서,
비통하여 흐느끼며 눈물이 비같이 내리며 멀리 부처님을 향하여 예배하고,

하니 未擧頭頃에 爾時世尊在耆闍崛山하시며 知韋
미 거 두 경   이 시 세 존 재 기 사 굴 산   지 위

머리를 체 들지도 않고 있는데, 그때 세존께서 기사굴산에 계시면서, 위제희의 마음의

提希心之所念하고 卽勅大目揵連及以阿難하야
제희심지소념   즉칙대목건련급이아난
생각한 바를 아시고, 바로 대목건련과 아난에 4명하여 공중으로부터

從空而來하시니 佛從耆闍崛山沒하사 於王宮出하샷니라
종공이래   불종기사굴산몰   어왕궁출
오시니, 부처님께서 기사굴산으로 부터 살아져 왕궁에 나타나셨느니라.

2 韋提希請法
위제희청법
2, 위제희가 설법을 청함

時韋提希禮已擧頭하니 見世尊釋迦牟尼佛
시위제희예이거두   견세존석가모니불
이때 위제희는 예배하고 나서 머리를 드니, 세존 석가모니 부처님께서

이 身紫金色坐百寶蓮華하야 目連侍左하고 阿難
신자금색좌백보연화   목연시좌   아난
몸은 자금색이시고 일백 보배 연꽃에 앉으시어, 목연은 왼쪽에서 모시고,

在右하며 釋梵護世諸天在虛空中하시며 普雨天華
재우   석범호세제천재허공중   보우천화
아난은 오른쪽에 있으며, 제석천과 범천과 세상을 보호하는 하늘들이 허공 가운데 계시며, 널리 하늘 꽃을 비 내려 지니고 써서

관무량수경 247

持用供養하얏니라 時韋提希見佛世尊하고 自絶瓔珞
지용공양   시위제희견불세존   자절영락
공양함을 보았느니라., 이때 위제희는 부처님 세존을 뵙고, 스스로

擧身投地하야 號泣向佛白言하되 世尊하 我宿何
거신투지   호읍향불백언   세존 아숙하
영락을 끊고 몸을 들어 땅에 던져, 소리 내어 울며 부처님을 향하여 말씀

罪生此惡子하며 世尊復有何等因緣에 與提婆
죄생차악자   세존부유하등인연   여제바
여쭈되, 세존이시여, 저는 전생에 무슨 죄로 이런 악한 아들을 낳았으며,
세존께서는 또 어떠한 등의 인연이 있기에 제바달다를 더불어

達多共爲眷屬호이 唯願世尊하 爲我廣說無憂
달다공위권속   유원세존   위아광설무우
함께 권속이 되셨습니까? 오직 원하오니 세존이시여, 저를 위하여 널리

惱處하소서 我當往生하리며 不樂閻浮提濁惡世也나이다
뇌처   아당왕생   불요염부제탁악세야
근심과 괴로움이 없는 곳을 설해주소서. 저는 마땅히 왕생할 것이오며,

此濁惡處에 地獄餓鬼畜生盈滿하고 多不善聚
차탁악처   지옥아귀축생영만   다불선취
염부제의 흐리고 악한 세상은 즐겁지 않나이다. 이 흐리고 악한 곳에 지옥, 아귀와 축생이 가득히 차고, 선하지 못한 무리가 많으옵니다.

願我未來不聞惡聲하고 不見惡人케하소서 今向世
원아미래불문악성 불견악인 금향세
원컨대 저는 미래에 악한 소리를 듣지 않고, 악한 사람을 보지 않게

尊五體投地하야 求哀懺悔하오니 唯願佛日教我觀
존 오 체 투 지 구 애 참 회 유 원 불 일 교 아 관
하소서. 지금 세존을 향하여 5체로 땅에 던져 애달프게 참회를 구하오니

於淸淨業處하소서 爾時世尊放眉間光하시니 其光金
어 청 정 업 처 이 시 세 존 방 미 간 광 기 광 금
오직 원컨대 부처님은 태양이시니 제가 청정한 업의 처소(세계)를 살펴
보게 가르쳐주소서. 그때 세존께서 눈썹 사이의 광명을 놓으시니, 그

色으로 遍照十方無量世界하고 還住佛頂하얏다가 化爲
색 변 조 시 방 무 량 세 계 환 주 불 정 화 위
광명은 금색으로 두루 시방의 한량없는 세계를 비추고, 돌아와 부처님의

金臺如須彌山툿하니라 十方諸佛淨妙國土가 皆於
금 대 여 수 미 산 시 방 제 불 정 묘 국 토 개 어
정수리에 머물렀다가, 변화하여 금대로 되어 수미산과 같으니라. 시방의

中現하되 或有國土七寶合成하야고 復有國土純是
중 현 혹 유 국 토 칠 보 합 성 부 유 국 토 순 시
모든 부처님의 청정하고 미묘한 국토가 다 가운데 나타나되, 혹 어떤 국
토는 칠보로 섞어 이루었고, 또 어떤 국토는 순수한 이 연꽃 뿐 이니라.

관무량수경

蓮花復有國土如自在天宮하며 復有國土如頗梨鏡하며 十方國土皆於中現하나니라 有如是等無量諸佛國土嚴顯可觀하야 令韋提希見케하니라 時韋提希白佛言하되 世尊하 是諸佛土난 雖復淸淨皆有光明하나 我今樂生極樂世界阿彌陀佛所하옵니다 唯願世尊하 敎我思惟敎我正受하소서 爾時世

또 어떤 국토는 자재천궁과 같으며, 또 어떤 국토는 파리 거울과 같으며 시방의 국토가 다 속에 나타나느니라. 이와 같은 등의 한량없는 모든 불국토가 엄하게 나타나 볼 수 있어, 위제희로 하여금 보게 하였느니라. 이때 위제희는 부처님께 말씀 여쭈되, 세존이시여, 이 모든 불국토는, 비록 또한 청정하고 다 광명이 있으나, 저는 지금 극락세계 아미타불의 처소에 태어나면 좋겠사옵니다. 오직 원하오니 세존이시여, 저에게 생각함(의 법)을 가르치시고 저에게 바로 받아들이게 가르쳐주소서. 그때 세존께서

尊卽便微笑하시니 有五色光從佛口出하야 一一光
존 즉 변 미 소   유 오 색 광 종 불 구 출   일 일 광
곧 문득 살며시 웃으시니, 5색 광명이 있어 부처님 입으로부터 나와,

照頻婆娑羅王頂하얏니라 爾時大王雖在幽閉하얏지만 心
조 빈 바 사 라 왕 정   이 시 대 왕 수 재 유 폐   심
하나하나의 광명이 빈바사라왕의 정수리를 비추었느니라. 그때 대왕이

眼無障遙見世尊코 頭面作禮하니 自然增進成
안 무 장 요 견 세 존   두 면 작 예   자 연 증 진 성
비록 깊숙이 갇혀 있지만, 마음의 눈은 걸림이 없어 멀리서 세존을 뵙고,

阿那含하얏니라
아 나 함
머리와 얼굴로 예배를 드리니, 저절로 더욱 나아가 아나함과를 이루었느니라.

3 三福往生

삼 복 왕 생

3, 세 가지 복으로 왕생하다

爾時世尊告韋提希하사되 汝今知不아 阿彌陀
이 시 세 존 고 위 제 희   여 금 지 부   아 미 타
그때 세존께서 위제희에게 이르시되, 너는 이제 알겠느냐? 모르겠느냐?
아미타 부처님 여기서 가기가 멀지 않느니라.

관무량수경 251

佛去此不遠 汝當繫念諦觀彼國淨業成者
불거차불원 여당계념제관피국정업성자

너는 마땅히 생각을 매고 자세히 살펴보라. 저 나라는 청정한 업으로 이

我今爲汝廣說衆譬 亦令未來世一切凡
아금위여광설중비 역령미래세일체범

루어진 것을 나는 이제 너를 위하여 널리 많은 비유를 설하고, 또 미래의

夫欲修淨業者得生西方極樂國土 欲生彼
부욕수정업자득생서방극락국토 욕생피

세상에서 모든 범부로 하여금 청정한 업을 닦고자 하는 이는 서방의

國者 當修三福 一者孝養父母 奉事師
국자 당수삼복 일자효양부모 봉사사

극락국토에 태어남을 얻게 하리라. 저 나라에 태어나고자 하는 이는, 마땅히 3복을 닦아야 하나니, 첫째는 부모에게 효도하고 봉양하며, 스승과

長 慈心不殺 修十善業 二者受持三歸
장 자심불살 수십선업 이자수지삼귀

어른을 받들어 섬기고, 자비한 마음으로 살생하지 말며, 10선의 업을 닦

具足衆戒 不犯威儀 三者發菩提心
구족중계 불범위의 삼자발보리심

아야 하느니라. 둘째는 3귀의계를 받아 지니고, 온갖 계율을 족히 갖추고, 위엄한 거동을 침범치 말지니라. 셋째는 보리(깨달음)의 마음을 내어,

深信因果하고 讀誦大乘하며 勸進行者이니라 如此三

심신인과　독송대승　권진행자　여차삼

깊이 원인과 결과를 믿고, 대승경전을 읽고 외우고, 수행하는 이에게

事名爲淨業이니라 佛告韋提希하사되 汝今知不아 此

사명위정업　불고위제희　여금지부　차

권하여 정진하게 하는 것이니라. 이와 같은 세일의 이름이 청정한 업이 되느니라. 부처님께서 위제희에게 이르시되, 너는 이제 알겠느냐? 모르겠느냐? 이

三種業乃是過去未來現在하신 三世諸佛淨業

삼종업내시과거미래현재　삼세제불정업

런 세 종류의 업은 곧 이것은 과거, 미래, 현재, 3세의 모든 부처님의

正因이니라

정인

청정한 업의 올바른 원인이니라.

4 觀法功德

관법공덕

4, 법을 살펴보는 공덕

佛告阿難及韋提希하사되 諦聽諦聽善思念之

불고아난급위제희　제청제청선사념지

부처님께서 아난과 위제희에게 이르시되, 자세히 듣고 자세히 들어 잘 생각하라.

하라 如來今者에 爲未來世一切衆生爲煩惱賊
여래금자 위미래세일체중생위번뇌적
여래께서는 이제, 미래 세상의 모든 중생이 번뇌라는 도적의

之所害者하야 說淸淨業하소서 善哉韋提希快問此
지 소 해 자 설 청 정 업 선 재 위 제 희 쾌 문 차
해하는 바가 됨을 위하여, 청정한 업을 설하소서. 좋도다. 위제희여,

事하얏나니라 阿難아 汝當受持廣爲多衆宣說佛語하라
사 아 난 여 당 수 지 광 위 다 중 선 설 불 어
통쾌하게 이 일을 물었느니라. 아난아, 너는 마땅히 받아 지니고 널리

如來今者에 敎韋提希及未來世一切衆生觀
여 래 금 자 교 위 제 희 급 미 래 세 일 체 중 생 관
많은 중생을 위하여 부처님의 말씀을 펴 설하라. 여래는 이제 위제희와
미래 세상의 모든 중생이 서방의 극락세계를 보는 것을 가르치리라.

於西方極樂世界하리라 以佛力故로 當得見彼淸
어 서 방 극 락 세 계 이 불 력 고 당 득 견 피 청
부처님의 힘까닭으로 마땅히 저 청정한 국토를 얻어 보리라.

淨國土하리라 如執明鏡自見面像틋하니라 見彼國土極
정 국 토 여 집 명 경 자 견 면 상 견 피 국 토 극
밝은 거울을 쥐고 스스로 얼굴 형상을 보는 것과 같으니라. 저 국토의
지극히 미묘하고 즐거운 일을 보면,

妙樂事하면 心歡喜故로 應時卽得無生法忍하니라
묘락사 심환희고 응시즉득무생법인
마음이 기쁜 때문으로, 때맞추어 바로 무생법인을 얻느니라.

佛告韋提希하사되 汝是凡夫心想羸劣하야 未得天
불고위제희 여시범부심상리열 미득천
부처님께서 위제희에게 이르시되, 너는 이 범부라 마음의 생각이 여리고

眼하야 不能遠觀하느니라 諸佛如來有異方便하야 令汝
안 불능원관 제불여래유이방편 령여
열등하여, 하늘눈을 얻지 못하여, 능히 멀리 살펴보지 못하느니라. 모든 부처님 여래께서는 기이한 방편이 있어, 너로 하여금 얻어 보게

得見하느니라 時韋提希白佛言하되 世尊하 如我今者
득견 시위제희백불언 세존 여아금자
하느니라. 이때 위제희가 부처님께 말씀 여쭈되, 세존이시여, 제가 지금

以佛力故見彼國土듯 若佛滅後諸衆生等이
이불력고견피국토 약불멸후제중생등
부처님의 힘 까닭으로써 저 국토를 보듯이, 만약 부처님께서 멸도하신

濁惡不善五苦所逼이면 云何當見阿彌陀佛極
탁악불선오고소핍 운하당견아미타불극
뒤에 모든 중생들이, 흐리고 악하며 선하지 못한 다섯 가지 고통에 시달

관무량수경 255

樂_하世界_서_소

즐길 인간 지경
좋을요   둘레

락 세 계

리게 되면, 어찌해야 마땅히 아미타불의 극락세계를 볼 는 지요

○ 第二章　正宗分

제 이 장　정종분
제 2 장 정종분(본론)

第一節　十六觀法

제 일 절　십 육 관 법
제 1 절　16가지 관법

1 觀法爲韋提希及大衆

관 법 위 위 제 희 급 대 중
1, 위제희와 대중을 위한 관법(觀法)

① 日想觀

일 상 관
① 지는 해를 생각하는 관

佛告韋提希하사되 汝及衆生은 應當專心하야 繫
불 고 위 제 희　　여 급 중 생　　응 당 전 심　　계
부처님께서 위제희에게 이르시되, 너와 중생은 마땅히 마음을 오로지

念一處하야 想於西方하라 云何作想하면 凡作想者
념 일 처　　상 어 서 방　　운 하 작 상　　범 작 상 자
하여(집중하여), 생각을 한 곳에 매어, 서방을 생각하라. 어떻게 생각하는가 하면, 무릇 생각하는 이는

一切衆生自非生盲 이면 有目之徒皆見日沒

일체중생자비생맹 유목지도개견일몰

모든 중생이 스스로 맹인으로 태어나지 않았음이라. 눈이 있는 무리는 다 해가

當起想念 하야 正坐西向諦觀於日 하라 令心堅

당기상념 정좌서향제관어일 령심견

짐을 보느니라. 마땅히 생각을 일으켜, 바르게 앉아 서쪽을 향하여 해를

住 하고 專想不移 하면 見日欲沒狀如懸鼓 하리라 旣見

주 전상불이 견일욕몰상여현고 기견

자세히 관하라. 마음을 굳게 먹고, 생각을 오로지하여 움직이지 않으면, 해의 지려고하는 형상이 매달린 북과 같음을 보게 되리라. 이미 해를

日已 하면 閉目開目皆令明了 케되리라 是爲日想 하며 名

일이 폐목개목개령명요 시위일상 명

보고 나면, 눈을 감으나 눈을 뜨나 다 분명하고 또렷하게 되리라. 이것이

曰初觀 이니라 作是觀者名爲正觀 이고 若他觀者名

왈초관 작시관자명위정관 약타관자명

해를 생각함이라 하며, 이름을 말하면 첫 관이니라. 이 관을 지으면 이름이 바른 관이요, 만약 다르게 관하면 이름이 삿된 관이 되느니라.

爲邪觀 이니라 佛告阿難及韋提希 하사되 初觀成已 하사

위사관 불고아난급위제희 초관성이

부처님께서 아난과 위제희에게 이르시되, 첫 관을 이루고 나서,

② 水想觀
물 생각 볼(살펴볼)
수 상 관

② 물을 생각하는 관

次作水想하느니라 想見西方一切皆是大水하라 見
다음 될 물 생각   볼 서녘 모 모두 다 이
    지을   생각   생각 방법 끊을절 옳을
차 작 수 상   상 견 서 방 일 체 개 시 대 수   견

다음으로 물을 생각하라. 서방이 모두 다 이 큰 물이라고 생각해 보아라.

水澄淸하고 亦令明了하야 無分散意케라 旣見水已
맑을 맑을   또 ~게 밝을 알   없을 나눌 흩을 뜻   이미 이미
       하여   마칠   구별 생각   벌써 마칠
수 징 청   역 령 명 요   무 분 산 의   기 견 수 이

물의 맑고 깨끗함을 보고, 또한 분명하고 또렷하여, 나뉘어 흩어지는

當起氷想하라 見氷映徹作琉璃想하라 此想成已
마땅 일 얼음   얼음 비출 밝을 유리 유리   될
당할   통할   이룰
당 기 빙 상   견 빙 영 철 작 유 리 상   차 상 성 이

뜻이 없게 하라. 이미 물을 보고 나면, 마땅히 얼음의 생각을 일으켜라.
얼음이 환하게 비침을 보았으면 유리의 생각을 지어라. 이 생각이 이루어

하면 見琉璃地內外映徹하라 下有金剛七寶金幢
        땅 안 바깥 비칠 밝을   금 굳셀 보배   기
     지위 드릴납   훤할   쇠   깃대
   견 유 리 지 내 외 영 철   하 유 금 강 칠 보 금 당

지고 나면, 유리 땅 안팎이 환하게 비침을 보아라. 아래는 금강과 칠보의

하야 擎琉璃地하고 其幢八方八楞具足하고 一一方
    들   면   모 갖출 발
    떠받칠   각 그릇 족할
   경 유 리 지   기 당 팔 방 팔 능 구 족   일 일 방

금 깃대가 있어, 유리 땅을 떠받치고, 그 깃대는 8면과 8각을 족히 갖추
고, 하나하나의 방향의 면은

관무량수경

面百寶所成이며 一一寶珠有千光明하고 一光明
면백보소성　　일일보주유천광명　　일광명
1백 보배로 이루어진 바이며, 하나하나의 보배 구슬은 1천의 광명이 있고

八萬四千色으로 映琉璃地하면 如億千日不可具
팔만사천색　　영유리지　　여억천일불가구
한 광명은 8만 4천의 색으로, 유리 땅을 비추면, 억 천의 태양과 같아

見하느니라 琉璃地上난 以黃金繩雜厠間錯하되 以七
견　　유리지상　　이황금승잡측간착　　이칠
이루 자세히 보지 못하느니라. 유리 땅 위는 황금 줄로써 잡다하게 옆과

寶界分齊分明하고 一一寶中有五百色光하며 其
보계분제분명　　일일보중유오백색광　　기
사이에 교차하되, 7보배로써 경계를 나누어 가지런히 분명히 하고, 하나하나의 보배 가운데는 5백의 색과 빛이 있으며, 그 빛은 꽃과 같으니라.

光如花하나니라 又似星月懸處虛空成光明臺하얏니라 樓
광여화　　우사성월현처허공성광명대　　누
또 별이나 달과 같이 허공에 달려 있어 빛의 받침을 이루었느니라.

閣千萬百寶合成하고 於臺兩邊各有百億花幢
각천만백보합성　　어대양변각유백억화당
누각 천만이 백 가지 보배로 섞여 이루어지고, 받침의 양쪽 가에는 각각 백억의 꽃 깃대와

無量樂器로 以爲莊嚴하얏느니라 八種淸風從光明出하야

무량악기 이위장엄 팔종청풍종광명출

한량없는 악기로써 장엄하였느니라. 여덟 가지 맑은 바람이 광명을 쫓아

鼓此樂器하면 演說苦空無常無我之音하느니라 是

고차악기 연설고공무상무아지음 시

나와, 이 악기를 치면, 고통과 공과 항상함이 없음과 내가 없는 소리를

爲水想이며 名第二觀이니라

위수상 명제이관

펴 설하느니라. 이것이 물의 생각함이 되며, 이름이 제 2관이니라.

③ 寶地觀

보지관

③ 보배 땅을 관하다.

此想成時에 一一觀之極令了了케하야 閉目開

차상성시 일일관지극령요요 폐목개

이런 생각이 이루어질 때, 하나하나 관이 지극에 이르러 또렷하게 하여,

目不令散失하라 唯除食時하고 恒憶此事하라 作此

목불령산실 유제식시 항억차사 작차

눈을 감으나 눈을 뜨나 흩어져 잃지 않게 하라. 오직 먹을(::잠잘) 때만 제외하고, 항상 이 일을 기억하라. 이 관을 지으면

觀者名爲正觀이고 若他觀者名爲邪觀이니라 佛告
이름이 바른 관이 되고, 만약 다르게 관하면 이름이 삿된 관이 되느니라.

阿難及韋提希하사되 水想成已하면 名爲粗見極樂
부처님께서 아난과 위제희에게 이르시되, 물 생각함이 이루어지고 나면,

國地하느니라 若得三昧하야 見彼國地了了分明하리지만 不
이름이 대강 극락국의 땅을 보았다고 하느니라. 만약 삼매를 얻어, 저 나라의 땅을 본다면 또렷하고 분명하겠지만, 자세히

可具説하느니라 是爲地想이며 名第三觀이니라 佛告阿難
말할 수 없느니라. 이것이 땅의 생각함이 되며, 이름이 제 3관이니라.

하사되 汝持佛語하야 爲未來世一切大衆欲脱苦者
부처님께서 아난에게 이르시되, 너는 부처님의 말씀을 지녀, 미래 세상의 모든 대중이 고통에서 벗어나고자 하는 이를 위하여,

하야 説是觀地法하라 若觀是地者하면 除八十億劫
이 땅을 관하는 법을 설하라. 만약 이 땅을 관하면, 80억겁의

生死之罪하고 捨身他世必生淨國하리니 心得無疑
생사지죄 사신타세필생정국 심득무의

나고 죽는 죄를 덜고, 몸을 버리면 다른 세상에 반드시 청정한 나라에

하라 作是觀者名爲正觀이며 若他觀者名爲邪觀
작시관자명위정관 약타관자명위사관

태어나리니, 마음에 의심이 없음을 얻으라.(없게 하라) 이 관을 지으면 이름이 바른 관이 되고, 만약 다르게 관하면 이름이 삿된 관이 되느니라.

이니라

④ 寶樹觀
보 수 관

④ 보배 나무를 관하다.

佛告阿難及韋提希하사되 地想成已하면 次觀寶
불고아난급위제희 지상성이 차관보

부처님께서 아난과 위제희에게 이르시되, 땅 생각이 이루어지고 나면,

樹하라 觀寶樹者란 一一觀之作七重行樹想하라
수 관보수자 일일관지작칠중항수상

다음은 보배 나무를 관하라. 보배 나무를 관함이란 하나하나 관하면서

一一樹高八千由旬이며 其諸寶樹七寶花葉無
일일수고팔천유순 기제보수칠보화엽무

7겹으로 줄선 나무 생각을 지으라. 하나하나 나무의 높이는 8천 유순이며, 그 모든 보배 나무는 칠보의 꽃과 잎으로 족히 갖추지 못함이

不具足하니라 一一華葉作異寶色하고 琉璃色中出

불구족 일일화엽작이보색 유리색중출

없느니라. 하나하나 꽃과 잎은 다른 보배 색을 짓고, 유리 색 가운데는

金色光하고 頗梨色中出紅色光하며 馬腦色中出

금색광 파리색중출홍색광 마노색중출

금색 빛이 나오고, 파리 색 가운데는 붉은색의 빛이 나오며, 마노 색

車磲光하고 車磲色中出綠眞珠光하며 珊瑚琥珀

자거광 자거색중출녹진주광 산호호박

가운데는 자거의 빛이 나오고, 자거 색 가운데는 초록의 진주 빛이

一切衆寶以爲映飾케하니라 妙眞珠網彌覆樹上하고

일체중보이위영식 묘진주망미부수상

나오며, 산호와 호박과 모든 온갖 보배로써 꾸며 비나게 하라. 미묘한 진주 그물이 나무 위를 가득히 덮고,

一一樹上有七重網하고 一一網間有五百億妙

일일수상유칠중망 일일망간유오백억묘

하나하나의 나무 위에는 일곱 겹의 그물이 있고, 하나하나의 그물 사이

華宮殿하야 如梵王宮듯하니라 諸天童子自然在中하고

화궁전 여범왕궁 제천동자자연재중

에는 5백억의 미묘한 꽃과 궁전이 있어. 범천왕의 궁전과도 같으니라. 하늘의 동자들이 저절로 가운데 있고,

一一童子有五百億釋迦毘楞伽摩尼寶以爲
일일동자유오백억석가비릉가마니보이위
하나하나의 동자는 5백 억의 석가비릉가마니 보배로써 영락을 하고

瓔珞하고 其摩尼光照百由旬하야 猶如和合百億
영락 기마니광조백유순 유여화합백억
있고, 그 마니의 빛은 백 유순을 비쳐, 마치 백억의 해와 달을 조화롭게

日月듯하야 不可具名하며 衆寶間錯色中上者이니라 此
일월 불가구명 중보간착색중상자 차
합한 듯하여, 가히 이름을 지을 수 없으며, 온갖 보배 사이의 섞인 색

諸寶樹行行相當하며 葉葉相次하고 於衆葉間生
제보수항항상당 엽엽상차 어중엽간생
가운데서 으뜸이니라. 이 보배 나무는 줄과 줄이 서로 적당하며, 잎과 잎은 서로 이어지고, 온갖 잎 사이에는 미묘한 꽃들이 나고,

諸妙花하고 花上自然有七寶果하며 一一樹葉은
제묘화 화상자연유칠보과 일일수엽
꽃 위에는 저절로 칠보의 열매가 있으며, 하나하나의 나뭇잎은 세로와 넓

縱廣正等二十五由旬이라 其葉千色有百種畫
종광정등이십오유순 기엽천색유백종화
이가 똑같이 25유순이라. 그 잎은 1천의 색에 1백 가지의 그림(무늬)이 있어,

관무량수경 265

如天瓔珞듯하니라 有衆妙華作閻浮檀金色하야 如
  하야   1
  끈 옥돌   묘할 꽃   염라 뜰 박달
  갓끈   빛날   구렁   나무
  여천영락   유중묘화작염부단금색   여
하늘의 영락과도 같으니라. 온갖 미묘한 꽃이 있되, 염부단금 색을 지어,

旋火輪듯 宛轉葉間踊生諸果하야 如帝釋瓶하나니라
 4 2 3   2 3   6 7 4 5
 돌   바퀴 굽을 구를 잎 틈 뛸   과실   임금 놓을 병
           완연히 옮길 사이 솟을 결과   해석   항아리
 선화륜   완전엽간용생제과   여제석병
마치 불 바퀴가 돌 듯, 잎 사이를 굽이쳐 나부끼며 온갖 열매가 솟아 나,

有大光明하되 化成幢幡無量寶蓋하고 是寶蓋中
         1 5 2   3   4
         기 기 헤아 덮을
              릴   대개
 유대광명   화성당번무량보개   시보개중
제석천의 병과 같으니라. 큰 광명이 있되, 변화하여 깃대와 한량없는

映現三千大天世界一切佛事하며 十方佛國
  3 4 1   2
  비칠 현재   둘레   일
  나타날   지경   섬길
 영현삼천대천세계일체불사   시방불국
보배 덮개를 이루고, 이 보배 덮개 가운데는 3천 대천세계의 모든

亦於中現하느니라 見此樹已하면 亦當次第一一觀之
              나무   다음 차례   볼
                                         살펴볼
 역어중현   견차수이   역당차제일일관지
부처님의 일을 비추어 나타내며, 시방의 부처님 나라도 또한 가운데 나
타나느니라. 이 나무를 보고 나면, 또 마땅히 다음 차례로 하나하나

하되 觀見樹莖枝葉華果하야 皆令分明할지니라 是爲樹
   7 8 1 2 3 4 5 6
     줄기 가지 잎 꽃   다 나눌 밝을
                빛날   구별
 관견수경지엽화과   개령분명   시위수
관하되, 나무의 줄기, 가지, 잎, 꽃과 열매를 관하여 보며, 다 분명하게
할지니라. 이것이 나무의 생각함이 되며,

想이며 名第四觀이니 作是觀者名爲正觀이고 若他
상 명제사관 작시관자명위정관 약타
이름이 제 4관이니라. 이 관을 지으면 이름이 바른 관이 되고, 만약

觀者名爲邪觀이라 佛告阿難及韋提希하사되 樹想
관자명위사관 불고아난급위제희 수상
다르게 관하면 이름이 삿된 관이 되느니라. 부처님께서 아난과 위제희에

成已하면
성이
게 이르시되. 나무의 생각함이 이루어지고 나면,

⑤ 寶池觀
보지관
⑤ 보배 연못을 관하다.

次當想水이니 欲想水者란 極樂國土有八池
차당상수 욕상수자 극락국토유팔지
다음은 마땅히 물을 생각할 것이니, 물을 생각하고자함이란, 극락국토에

水하되 一一池水七寶所成이라 其寶柔軟從如意
수 일일지수칠보소성 기보유연종여의
는 여덟의 연못물이 있되, 하나하나의 연못물은 칠보로 이루어진 바이니라. 그 보배는 부드럽고 연하여 여의주왕으로부터 나왔느니라.

珠王生^{하얏}^{나라} 分爲十四支^며 一一支作七寶色^{하며}

구슬　　　　　나눌　할　　　가를　　　　　될　　빛
　　　　　　　구별　될　　　지탱　　　　　지을　보배　모양

주 왕 생　　분 위 십 사 지　　일 일 지 작 칠 보 색

나뉘어 14줄기가 되며, 하나하나의 줄기는 칠보의 색을 띠며,

黃金爲渠^{하얏}^{으며} 渠下皆以雜色金剛以爲底沙^{하얏}^{으며}

누럴　금　도랑　　　　다　섞일　　굳셀　　　밑　모래
　　　쇠　　　　　　　　　　　　　　　　바닥

황 금 위 거　　거 하 개 이 잡 색 금 강 이 위 저 사

황금으로 도랑을 하였으며, 도랑 아래는 다 잡색의 금강으로써 밑바닥의

一一水中有六十億七寶蓮花^{하며} 一一蓮華團

　　　　　　억　　　　연꽃 꽃　　　　　　꽃　둥글
　　　　　　　　　　　　　　　　　　　　　빛날 모일

일 일 수 중 유 육 십 억 칠 보 연 화　　일 일 연 화 단

모래로 삼았으며, 하나하나의 물 가운데는 60억의 칠보 연꽃이 있으며,

圓正等十二由旬^{이라} 其摩尼水流注華間尋樹

둥글 바를 무리　말미 열흘　　만질 여승 물 흐를 물댈　틈　찾을 나무
　　　갖출 같을　암을　　　　　　　　　　부을　사이 인할

원 정 등 십 이 유 순　　기 마 니 수 류 주 화 간 심 수

하나하나의 연꽃은 둥글둥글하여 똑같이 12유순이라. 그 마니의 물은 꽃 사이를 흐르며 물주고 나무의 위아래로 이어지며

上下^로 其聲微妙演說苦空無常無我諸波羅

　　　　소리 적을 묘할 펼 말씀 쓸 빌 없을 항상　　나 여러 물결 벌일
　　　　　　　　　　부를　　괴로울　　　떳떳할　　　모든 （파）

상 하　　기 성 미 묘 연 설 고 공 무 상 무 아 제 바 라

그 소리는 미묘하여 고, 공, 무상, 무아와 모든 바라밀을 펴 설하며,

蜜^{하며} 復有讚歎諸佛相好者^{이는}^{니라} 從如意珠王踊

꿀　　또　둘 기릴 탄식　　　서로 좋을　　쫓을 같을 뜻 구슬　　뛸
　　다시 있을 칭찬 칭찬　　　바탕　　　　부터 이를 생각　　　솟을

밀　　부 유 찬 탄 제 불 상 호 자　　종 여 의 주 왕 용

또 모든 부처님의 상호를 찬탄하는 것도 있느니라. 여의주왕으로부터

出金色微妙光明하며 其光化爲百寶色鳥하야 和
금색의 미묘한 광명이 솟아나오며, 그 광명은 변하여 1백 보배 색의

鳴哀雅하며 常讚念佛念法念僧하느니라 是爲八功德
새가 되어, 조화롭게 울어 애틋하고 우아하며, 항상 부처님을 생각하고

水想이니 名第五觀이니라 作是觀者名爲正觀이고 若
법을 생각하고 스님을 생각하며 찬탄하느니라. 이것이 8공덕의 물을 생각함이 되나니, 이름이 제 5관이니라. 이 관을 지으면 이름이 바른 관이

他觀者名爲邪觀이니라 佛告阿難及韋提希하사되
되고, 만약 다르게 관하면 이름이 삿된 관이 되느니라. 부처님께서 아난과 위제희에게 이르시되,

⑥ 寶樓觀

보루관

⑥ 보배 누각을 관하다.

衆寶國土난 ——界上有五百億寶樓하며 其
온갖 보배의 국토는 하나하나의 세계 위에 5백억의 보배 누각이 있으며,

樓閣中有無量諸天하야 作天伎樂하느니라 又有樂器

루각중유무량제천 작천기악 우유악기

그 누각 중에는 한량없는 하늘들이 있어, 하늘의 음악을 짓느니라. 또

懸處虛空하야 如天寶幢不鼓自鳴하며 此衆音中에

현처허공 여천보당불고자명 차중음중

어떤 악기는 허공에 달려 있어, 하늘의 보배 깃대와 같이 치지않아도

皆說念佛念法念比丘僧하느니라 此想成已하면 名

개설념불념법념비구승 차상성이 명

저절로 울리며, 이 온갖 소리 중에 다 부처님을 생각하고 법을 생각하며 비구스님을 생각하며 설하느니라. 이 생각을 이루고 나면,

爲粗見極樂世界寶樹寶地寶池하니라 是爲總觀

위조견극락세계보수보지보지 시위총관

이름이 대강 극락세계의 보배 나무, 보배 땅, 보배 못을 보았다고 하니라.

想하나니 名第六觀이니라 若見此者면 除無量億劫極

상 명제육관 약견차자 제무량억겁극

이것이 모두 관하여 생각함이 되나니, 이름이 제 6관이니라. 만약

重惡業하고 命終之後必生彼國하리라 作是觀者名

중악업 명종지후필생피국 작시관자명

이를 보는 이면, 한량없는 억겁의 지극히 무거운 악업을 덜고, 목숨이 끝난 뒤에는 반드시 저 나라에 태어나리라. 이 관을 지으면 이름이

爲正觀이고 若他觀者名爲邪觀이니라
위 정 관　　약 타 관 자 명 위 사 관
바른 관이 되고, 만약 다르게 관하면 이름이 삿된 관이 되느니라.

2 爲未來衆生觀法
위 미 래 중 생 관 법
2. 미래의 중생을 위한 관법

⑦ 華座觀
화 좌 관
⑦ 꽃자리에서 관하다.

佛告阿難及韋提希하사되 諦聽諦聽善思念之
불 고 아 난 급 위 제 희　　제 청 제 청 선 사 념 지
부처님께서 아난과 위제희에게 이르시되, 자세히 듣고 자세히 들어 잘

하라 吾當爲汝分別解説除苦惱法하리 汝等憶持
　　 오 당 위 여 분 별 해 설 제 고 뇌 법　　여 등 억 지
생각하여라. 내 마땅히 너를 위하여 괴로움을 더는 법을 분별하여 풀어

하야 廣爲大衆分別解説하라 説是語時에 無量壽
　　 광 위 대 중 분 별 해 설　　설 시 어 시　　무 량 수
설하리라. 너희들은 기억하고 지녀서, 널리 대중을 위하여 분별하여 풀어 설하여라. 이 말씀을 설하실 때, 무량수불께서 공중에 서 계시고,

관무량수경

佛住立空中 하시고 觀世音大勢至 와로 是二大士侍
　　4　3　2　　　　　　　볼 인간 소리　　세력 이를　　　　선비 모실
　머물 설 빌　　　　　살펴볼　　　　　　　지극　　　　　　벼슬
　있을
불 주 립 공 중　　관 세 음 대 세 지　　시 이 대 사 시
관세음과 대세지와 이 두 대사(보살)께서 좌우에 서서 모시느니라.

立左右 하시니라 光明熾盛不可具見 하느니라 百千閻浮檀
　　　　　　　　　1　2　　　　　　　　　　
왼 오른　　　　빛 밝을 불성 성할　　쯤 갖출 볼　　　　염라 뜰 박달
　　　　　　　　할 담을　　　　　옳게 그릇 생각　　　구렁　　나무
립 좌 우　　광 명 치 성 불 가 구 견　　백 천 염 부 단
광명이 불같이 성하여 이루 자세히 보지 못하느니라. 백 천의 염부단금

金色不得爲比 하니라 時韋提希見無量壽佛已 하사
　　　　　　　　　　　1　2　　　　4　3　　　　　5
금 빛　　얻을 할 견줄　　　　　　　　　　　　　　　　　이미
쇠 모양　　특별 될 본뜰　　　　　　　　　　　　　　　마칠
금 색 부 득 위 비　　시 위 제 희 견 무 량 수 불 이
색을 비교할 수 없느니라. 이때 위제희는 무량수불을 뵙고 나서,

接足作禮 하고 白佛言 하되 世尊 하　我今因佛力故
　2　1　4　3　　　　　　　　　　　　　1　2　5　3　4　6
접할 발 될 예도　　흰　　　　　　높을　　나 오늘 인할　　힘　옛
족할 지을 경의　　알릴　　　　　　　　　이제 원인　　　　연고
접 족 작 예　　백 불 언　　세 존　　아 금 인 불 력 고
(머리를)발에 대고 예배하고, 부처님께 말씀 여쭈되, 세존이시여, 저는
지금 부처님의 힘으로 인한 까닭으로,

로 得見無量壽佛及二菩薩 하나 未來衆生 은 當
　　　　　　　　　　　　　　　　　　　　　　　1
　　　　　　　　　　　　　　　아닐 올
　　　　　　　　　　　　　　　　　강조사
　득 견 무 량 수 불 급 이 보 살　　미 래 중 생　　당
무량수불과 두 보살을 뵘을 얻었으나, 미래의 중생은 마땅히 어찌해야

云何觀無量壽佛及二菩薩 하소서 佛告韋提希 하사되
2　6　3　　　　　　　4　5　　　　
이를 어찌　　　　　
　　무엇
운 하 관 무 량 수 불 급 이 보 살　　불 고 위 제 희
무량수불과 두 보살을 뵈올지요. 부처님께서 위제희에게 이르시되,

欲觀彼佛者이면 當起想念하야 於七寶地上作蓮
저 부처님을 뵙고자하면, 마땅히 생각을 일으켜, 칠보의 땅위의 연꽃을

花想하라 令其蓮花一一葉作百寶色하되 有八萬
생각하라. 그 연꽃의 하나하나의 잎이 1백 보배의 색을 짓게 하되,

四千脈하야 猶如天畫一一脈有八萬四千光하며
8만 4천의 줄기가 있어, 마치 하늘의 그림과 같고 하나하나의 줄기는 8만 4천의 광명이 있으며,

了了分明皆令得見케하며 華葉小者縱廣二百五
또렷하고 분명하여 다 보며, 꽃잎이 적은 것도 세로와 넓이가

十由旬이니라 如是蓮華有八萬四千大葉하며 一一
250유순이니라. 이와 같은 연꽃은 8만 4천의 큰 잎이 있으며, 하나하나의

葉間에 有百億摩尼珠王하야 以爲映飾하되 一一
잎 사이에는 백억의 마니주 왕이 있어, 이로서 꾸며 빛나게 하되, 하나하나의

관무량수경 273

摩尼珠放千光明하며 其光如蓋七寶合成하얏으며 遍

마니주는 1천의 광명을 놓으며, 그 광명은 덮개(증개)처럼 칠보로 섞어

覆地上하얏니라 釋迦毘楞伽摩尼寶以爲其臺하얏으되 此

이루어졌으며, 두루 땅위를 덮었느니라. 석가비릉가마니 보배로써 그

蓮花臺난 八萬金剛甄叔迦寶와 梵摩尼寶妙

연화대 대를 하였으되, 이 연화대는 8만의 금강석과 견숙가 보배와 범마니 보배

眞珠網으로 以爲交飾하얏니라 於其臺上에 自然而有

와 미묘한 진주 그물로 섞어 꾸몄느니라. 그 대 위에는 저절로

四柱寶幢하며 一一寶幢如百千萬億須彌山하고

네 기둥의 보배 깃대가 있으며, 하나하나의 보배 깃대는 백 천 만억의

幢上寶縵如夜摩天宮하며 復有五百億微妙寶

수미산과 같고, 깃대 위의 보배 휘장은 야마천의 궁전 같으며, 또 5백억의 미묘한 보배 구슬이 있어, 이로써

珠하야 以爲映飾하얏으며 一一寶珠有八萬四千光하고
구슬   할 비칠 꾸밀   보배 둘 일만 일천 빛
           될   있을
주   이위영식   일일보주유팔만사천광
꾸며 빛나게 하였으며, 하나하나의 보배 구슬은 8만 4천의 광명이 있고

一一光作八萬四千異種金色하며 一一金色遍
1 5 2   3 4
     될   다를 씨 금 빛   다 두루
  지을   틀릴 가지 쇠 모양
일일광작팔만사천이종금색   일일금색변
하나하나의 광명은 8만 4천의 다른 종류의 금색을 지으며, 하나하나의

其寶土하야 處處變化各作異相하되 或爲金剛臺
   흙   곳,살 변할 될 각각   서로 혹시   굳셀 대
        처할   화할   바탕
기 보 토   처 처 변 화 각 작 이 상   혹 위 금 강 대
금색은 그 보배의 땅에 두루 하여, 곳곳에서 변화하여 각각 기이한 모습
을 짓되, 혹 금강대가 되거나 혹 진주의 그물을 짓거나

或作眞珠網커나 或作雜花雲하야 於十方面隨意
                              3 1   2 5 4
   참 법   섞일 꽃 구름   ~에 모 얼굴 따를 뜻
      그물   에게 방법 표면   생각
혹 작 진 주 망   혹 작 잡 화 운   어 시 방 면 수 의
혹은 잡다한 꽃구름이 되어, 시방의 각면에 뜻을 따라(뜻대로) 변하여 나

變現施作佛事하느니라 是爲花座想이니 名第七觀이니라
6 7 8 10 9
변할 현재 베풀 일   자리 생각   이름 차례 볼
나타날   섬길   부를   살펴볼
변 현 시 작 불 사   시 위 화 좌 상   명 제 칠 관
타나 배풀어 부처님의 일을 지었느니라. 이것이 꽃자리를 생각함이 되니,

佛告阿難하사 如此妙花난 是本法藏比丘願力
         알릴   이 묘할   밑 숨길 견줄 언덕 바랄 힘
                        여기   바탕 창고 본뜰
불 고 아 난   여 차 묘 화   시 본 법 장 비 구 원 력
이름이 제 7관이니라. 부처님께서 아난에게 이르시되, 이와 같은 미묘한
꽃은, 이는 본래 법장비구의 서원의 힘으로 이룬 바이니라.

所成이니라 若欲念彼佛者난 當先作此妙花座想
            5 4 2 3 6   1 2 5 3 4
     될   만약 하고 생각 저   마땅 앞서 될   묘할 꽃 자리 생각
     이룰 같을 자할 찰나   당할 먼저 지을
소 성   약 욕 념 피 불 자   당 선 작 차 묘 화 좌 상
만약 저 부처님을 생각하고자하는 이는, 마땅히 먼저 이 미묘한 꽃자리의

하라 作此想時不得雜觀하고 皆應一一觀之하라 一
        때   얻을 섞일 볼   다 응할
            못할 특별 살펴볼   마땅
    작 차 상 시 부 득 잡 관   개 응 일 일 관 지   일
생각을 지어라. 이 생각함을 지을 때는 잡다한 관을 하지 말고, 다

一葉과 一一珠과 一一光과 一一臺와 一一幢
   잎   구슬   빛   대   기
 일 엽   일 일 주   일 일 광   일 일 대   일 일 당
마땅히 하나하나를 관하라. 하나하나의 잎과, 하나하나의 구슬과, 하나하나의 광명과, 하나하나의 대와, 하나하나의 깃대며

皆令分明케하야 如於鏡中自見面像듯하라 此想成者
           8 3 1 2 4 7 5 6
   나눌 밝을   거울   부터   얼굴 형상
   구별   스스로   표면
개 령 분 명   여 어 경 중 자 견 면 상   차 상 성 자
다 분명하게 하여, 거울 속에서 자기 얼굴의 형상을 보듯 하라. 이

난 滅除五百億劫生死之罪하고 必定當生極樂
                                1 2 3 4
  멸할 덜   억 세월 죽을   허물 반듯 정할   다할 즐길
     제할   겁탈   지극 좋을요
  멸 제 오 백 억 겁 생 사 지 죄   필 정 당 생 극 락
생각함이 이루어진 이는, 5백 억겁의 나고 죽는 죄를 덜어 없애고, 반드시 결정코 마땅히 극락세계에 태어나리라.

世界하리 作是觀者名爲正觀이고 若他觀者名爲
   인간 지경   바를   만약 다를
      둘레   갖출   같을
세 계   작 시 관 자 명 위 정 관   약 타 관 자 명 위
이 관을 지으면 이름이 바른 관이 되고, 만약 다르게 관하면 이름이

邪觀이니라

삿될 볼
간사 살펴볼

사 관

삿된 관이 되느니라.

⑧ 像想觀

형상 생각

상 상 관
⑧ 형상을 생각하는 관

佛告阿難及韋提希하사 見此事已하면 次當想

알릴 큰언 어려 및 다룬 끌 바랄   볼 이 일 이미   다음 마땅 생각
덕 울 미칠 가죽 들 드물   생각 여기 섬길 마칠   당할

불 고 아 난 급 위 제 희   견 차 사 이   차 당 상

부처님께서 아난과 위제희에게 이르시되, 이 일을 보고 나면, 다음은

佛이니 所以者何오 諸佛如來是法界身으로 遍入

        바 써,할 이 어찌   들 같을 올 이 법 지경 몸   다 들
        것,곳 까닭 것 무엇   모든 이를 강조사 옳을 형상 둘레   두루 얻을

불   소 이 자 하   제 불 여 래 시 법 계 신   변 입

마땅히 부처님을 생각할 것이니, 어째서냐? 모든 부처님 여래는 이는

一切衆生心想中하느니라 是故汝等心想佛時난 是

모두 무리 날 마음   속   옛 너 무리   때
끊을절 많을 살   가운데   연고 같을   이

일 체 중 생 심 상 중   시 고 여 등 심 상 불 시   시

법계의 몸으로, 두루 모든 중생의 마음의 생각 속에 들었느니라. 이러므로 너희들이 마음으로 부처님을 생각할 때는, 이마음은 곧 이는 32의

心卽是三十二相八十隨形好니라 是心作佛是

곧   서로   따를 형상 좋을   될
나아갈   바탕   지을

심 즉 시 삼 십 이 상 팔 십 수 형 호   시 심 작 불 시

모습과 80의 좋은 형상을 따름이니라. 이 마음이 부처를 지으며, 이

관무량수경 277

心是佛 이니라 諸佛正遍知海從心想生 하느니라 是故應

심시불 제불정변지해종심상생 시고응

마음이 이는 부처니라. 모든 부처님이신 바르게 다아는(정변지) 바다는

當一心繫念諦觀彼佛多陀阿伽度阿羅呵三

당일심계념제관피불다타아가도아라하삼

마음의 생각으로부터 나오느니라. 이러므로 마땅히 일심에 생각을 매고 자세히 저 부처님 다타아가도아라하삼막삼불타를 관하라.

藐三佛陀 하라 想彼佛者 란 先當想像 하야 閉目開

막삼불타 상피불자 선당상상 폐목개

저 부처님을 생각함이란, 먼저 마땅히 형상을 생각하여, 눈을 감으나

目見一寶像如閻浮檀金色坐彼華上 하고 像旣

목견일보상여염부단금색좌피화상 상기

눈을 뜨나 하나의 보배 형상이 염부단금색과 같아 저 꽃 위에 앉았음을

坐已 면 心眼得開 하야 了了分明 하리라 見極樂國七

좌이 심안득개 요요분명 견극락국칠

보고, 형상이 이미 앉고 나면, 마음의 눈이 열리어, 또렷하고 분명하리라.

寶莊嚴寶地寶池寶樹行列 과 諸天寶縵彌覆

보장엄보지보지보수항열 제천보만미부

극락국의 칠보로 장엄한 보배 땅과 보배 못과 보배 나무의 늘어선 줄과, 온갖 하늘의 보배 휘장(보만)이 나무 위를 가득히 덮고,

樹上하고 衆寶羅網滿虛空中하리라 見如此事極令

온갖 보배의 벌어진 그물이 허공중에 가득함을 보리라. 이와 같은 일을

明了如觀掌中하며 見此事已하면 復當更作一大

보면 지극히 분명하고 또렷하게 되어 손바닥 가운데를 관하는 듯하며, 이

蓮華在佛左邊하되 如前蓮華等無有異하니 復作

일을 보고 나면, 또 마땅히 다시 하나의 큰 연꽃을 만들어 부처님의 왼쪽 가에 두되. 앞의 연꽃과 같은 등 다름이 있지 않느니라. 또

一大蓮華在佛右邊하라 想一觀世音菩薩像坐

하나의 큰 연꽃을 만들어 부처님의 오른쪽 옆에 두어라. 한분의 관세음보

左華座하고 亦放金光如前無異하느니라 想一大勢至

살의 형상이 왼쪽의 꽃자리에 앉았음을 생각하고, 또한 금색 광명을 놓음도 앞과 같아 다름이 없느니라. 한분의 대세지보살의 형상이

菩薩像坐右華座하라 此想成時에 佛菩薩像皆

오른쪽의 꽃자리에 앉았음을 생각하라. 이런 생각이 이루어졌을 때,

放妙光하며 其光金色照諸寶樹하느니라 一一樹下亦

방묘광 기광금색조제보수 일일수하역

부처님과 보살의 형상이 다 미묘한 광명을 놓으며, 그 광명은 금색으로

有三蓮華하며 諸蓮華上各有一佛二菩薩像하며

유삼연화 제연화상각유일불이보살상

모든 보배 나무를 비추느니라. 하나하나의 나무 아래는 또 세 연꽃이 있
으며, 모든 연꽃 위에는 각각 한분의 부처님과 두 분의 보살의 형상이

遍滿彼國하라 此想成時에 行者當聞水流光明

변만피국 차상성시 행자당문수류광명

있으며, 두루 저 나라에 가득하니라. 이 생각이 이루어졌을 때, 수행하는

及諸寶樹鳧鴈鴛鴦皆說妙法하리라 出定入定恒

급제보수부안원앙개설묘법 출정입정항

이는 마땅히 물의 흐름과 광명과 모든 보배 나무, 오리, 기러기, 원앙이

聞妙法하리라 行者所聞은 出定之時憶持不捨하고

문묘법 행자소문 출정지시억지불사

다 미묘한 법을 설함을 들으리라. 선정에서 나오거나 선정에 들거나 항상
미묘한 법을 들으리라. 수행자가 들은 바는 선정에서 나올 때 기억하고

令與修多羅合하되 若不合者名爲妄想이라하고 若與

령여수다라합 약불합자명위망상 약여

지녀 버리지 말고, 수다라(경문=契經)와 함께 합치하게 하되,

合者면 名爲麤想見極樂世界하느니라 是爲想像이며

합 자　명 위 추 상 견 극 락 세 계　시 위 상 상

만약 합치하지 않으면 이름이 망령된 생각이 되고, 만약 함께 합치하면,

名第八觀이니라 作是觀者면 除無量億劫生死之

명 제 팔 관　작 시 관 자　제 무 량 억 겁 생 사 지

이름이 거친 생각으로 극락세계를 본다 하느니라. 이것이 형상을 생각함이 되며, 이름이 제 8관이니라. 이 관을 지으면, 한량없는

罪하야 於現身中得念佛三昧하리라 作是觀者名爲

죄　어 현 신 중 득 념 불 삼 매　작 시 관 자 명 위

억겁의 나고 죽는 죄를 없애어, 현재의 몸 중에서 부처님을 생각하는

正觀이고 若他觀者名爲邪觀이니라

정 관　약 타 관 자 명 위 사 관

삼매를 얻으리라. 이 관을 지으면 이름이 바른 관이 되고, 만약 다르게 관하면 이름이 삿된 관이 되느니라.

⑨ 眞身觀

진 신 관

⑨ 진실한 몸을 관하다.

佛告阿難及韋提希하사되 此想成已하면 次當更

불 고 아 난 급 위 제 희　차 상 성 이　차 당 갱

부처님께서 아난과 위제희에게 이르시되, 이 생각을 이루고 나면, 다음은

관무량수경

觀無量壽佛身相光明하라 阿難當知 無量壽
관 무 량 수 불 신 상 광 명 아 난 당 지 무 량 수
마땅히 다시 무량수불 몸의 모습과 광명을 관하라. 아난아 마땅히 알라.

佛身은 如百千萬億夜摩天閻浮檀金色하며 佛
불 신 여 백 천 만 억 야 마 천 염 부 단 금 색 불
무량수불의 몸은, 백 천 만 억 야마천의 염부단금 색과 같으며, 부처님

身高六十萬億那由他恒河沙由旬이니라 眉間白
신 고 육 십 만 억 나 유 타 항 하 사 유 순 미 간 백
몸의 높이는 60만억 나유타 항하의 모래같은 유순이니라. 눈썹 사이의 흰

毫右旋宛轉如五須彌山툿하니라 佛眼清淨如四大
호 우 선 완 전 여 오 수 미 산 불 안 청 정 여 사 대
털은 오른쪽으로 돌되 굽이져 돌아 다섯 수미산과 같으니라. 부처님의

海水清白分明하니라 身諸毛孔演出光明如須彌
해 수 청 백 분 명 신 제 모 공 연 출 광 명 여 수 미
눈은 청정하여 넷의 큰 바닷물과 같아 맑고 깨끗하며 분명하니라. 몸의
모든 털구멍에서는 광명이 퍼져 나와 수미산과 같으며,

山툿하며 彼佛圓光如百億三千大千世界툿하며 於圓
산 피 불 원 광 여 백 억 삼 천 대 천 세 계 어 원
저 부처님의 둥근 광명은 백억의 3천 대천세계와 같으며, 둥근 광명

光中에 有百萬億那由他恒河沙化佛하고 一一
化佛은 亦有衆多無數化菩薩하야 以爲侍者하느니라

가운데는 백 만억 나유타 항하 모래 같은 화신불이 계시고, 하나하나의 화신불은, 또 많고 많은 수없는 화신보살이 계셔, 모시는 이가 되느니라.

無量壽佛有八萬四千相하며 一一相中에 各有
八萬四千隨形好하며 一一好中復有八萬四千

무량수불은 8만 4천의 모습이 있으며, 하나하나의 모습 가운데 각각 8만 4천의 형상에 따라 좋음이 있으며, 하나하나의 좋음 가운데는 또 8만 4천의 광명이 있으며,

光明하며 一一光明遍照十方世界하야 念佛衆生
攝取不捨하느니라 其光相好及與化佛하야 不可具説

하나하나의 광명은 두루 시방의 세계를 비쳐, 염불하는 중생을 거두어 버리지 않느니라. 그 광명의 모습과 화신불을 더불어, 이루 자세히 말할 수 없느니라.

但當憶想令心明見하라 見此事者는 卽見十方一切諸佛하며 以見諸佛故名念佛三昧니라 作是觀者면 名觀一切佛身타하며 以觀佛身故亦見佛心하느니라 諸佛心者大慈悲是라 以無緣慈攝諸衆生하느니라 作此觀者면 捨身他世生諸佛前하야 得無生忍하리라 是故智者應當繫心諦觀無量壽佛하라

오직 마땅히 기억하고 생각하여 마음으로 밝게 보도록 하라. 이 일을 보면, 곧 시방의 모든 부처님들을 보며, 모든 부처님을 보는 까닭으로써 이름이 염불삼매니라. 이 관을 지으면, 이름이 '모든 부처님의 몸을 관한다'라고 하며, 부처님의 몸을 관하는 까닭으로써 또한 부처님의 마음을 보느니라. 모든 부처님의 마음이란 대자비 이것이라. 인연 없는 자비로써 모든 중생을 거두느니라. 이 관을 지으면, 몸을 버리고 다른 세계의 모든 부처님 앞에 태어나, 나지 않는 법인을 얻으리라. 이러므로 지혜 있는 이는 마땅히 마음을 매고 살펴 무량수불을 관하라.

觀無量壽佛者하면 從一相好入하되 但觀眉間
관무량수불자 종일상호입 단관미간
무량수불을 관하면, 하나의 상호로부터 들어가되, 오직 눈썹 사이의

白毫極令明了하라 見眉間白毫相者하면 八萬四
백호극령명요 견미간백호상자 팔만사
흰 터럭을 관하여 지극히 분명하고 또렷하게 하라. 눈썹 사이의

千相好自然當見하느니라 見無量壽佛者이면 卽見十
천상호자연당견 견무량수불자 즉견시
흰 터럭의 모습을 보면, 8만 4천의 상호가 저절로 당연히 보이느니라.
무량수불을 보면, 곧 시방의 한량없는 부처님들을 보며,

方無量諸佛하며 得見無量諸佛故로 諸佛現前
방무량제불 득견무량제불고 제불현전
한량없는 부처님들을 뵙는 까닭으로, 부처님들이 앞에 나타나

受記하느니라 是爲遍觀一切色想이며 名第九觀이니라 作
수기 시위변관일체색상 명제구관 작
수기를 주느니라. 이것이 두루 모든 색과 생각을 관하는 것이 되며,

是觀者名爲正觀이고 若他觀者名爲邪觀이니라
시관자명위정관 약타관자명위사관
이름이 제 9관이니라. 이 관을 지으면 이름이 바른 관이 되고, 만약 다르게 관하면 이름이 삿된 관이 되느니라.

⑩ 觀音觀
관음관
⑩ 관세음보살을 관하다.

佛告阿難及韋提希하사되 見無量壽佛了了分

불 고 아 난 급 위 제 희　　견 무 량 수 불 요 요 분

부처님께서 아난과 위제희에게 이르시되, 무량수불을 뵙고 또렷하고

明已　次亦應觀觀世音菩薩하니 此菩薩身長

명 이　　차 역 응 관 관 세 음 보 살　　차 보 살 신 장

분명하여지면, 다음은 또 응하여 관세음보살을 관할 것이니, 이 보살의

八十億那由他恒河沙由旬이니라 身紫金色이며 頂

팔 십 억 나 유 타 항 하 사 유 순　　신 자 금 색　　정

몸은 크기가 80억 나유타 항하의 모래같은 유순이니라. 몸은 자금색이며,

有肉髻하며 項有圓光하되 面各百千由旬이며 其圓

유 육 계　　항 유 원 광　　면 각 백 천 유 순　　기 원

정수리에는 살의 상투가 있으며, 목에는 둥근 광명이 있으되, 낯이 각각

光中有五百化佛하되 如釋迦牟尼듯하니라 一一化佛

광 중 유 오 백 화 불　　여 석 가 모 니　　일 일 화 불

백 천 유순이며, 그 원융한 광명 가운데는 5백의 화신불이 계시되, 석가모니불과 같으니라. 하나하나의 화신불에는,(변화로 된 부처님 몸)

은 有五百菩薩無量諸天으로 以爲侍者하니라 擧身
유오백보살무량제천 이위시자 거신
5백의 보살이 계시며 한량없는 모든 하늘로써, 모시는 이를 삼느니라.

光中五道衆生의 一切色相皆於中現하느니라 頂上
광중오도중생 일체색상개어중현 정상
온몸의 광명 가운데 5도 중생의 모든 기색과 모습이 다 가운데 나타나느

毘楞伽摩尼妙寶로 以爲天冠하고 其天冠中有
비릉가마니묘보 이위천관 기천관중유
니라. 정수리 위에는 비릉가마니의 미묘한 보배로써, 하늘 관을 삼고, 그

一立化佛하시되 高二十五由旬이니라 觀世音菩薩面
일립화불 고이십오유순 관세음보살면
하늘 관 가운데 한분의 화신불이 서 계시되, 높이가 25유순이니라.

如閻浮檀金色듯하며 眉間毫相備七寶色하되 流出
여염부단금색 미간호상비칠보색 류출
관세음보살의 얼굴은 염부단금 색과 같으며, 눈썹 사이의 털 모습은

八萬四千種光明하고 一一光明은 有無量無數
팔만사천종광명 일일광명 유무량무수
칠보 색을 갖추었으되, 8만 4천 가지의 광명이 흘러나오고, 하나하나의 광명은, 한량없고 수없는

百千化佛하며 一一化佛은 無數化菩薩以爲侍
　　　　　　　　　　　　　　　　　될　　　　　　　　　　　할　모실
　　　　　　　　　　　　　　　　　화할　　　　　　　　　　　　될
백 천 화 불　　일 일 화 불　　무 수 화 보 살 이 위 시
백 천의 화신불이 계시며, 하나하나의 화신불은, 수없는 화신보살로써

者하얏 變現自在滿十方界하느 譬如紅蓮花色툿하
　니라　　1　2　3　　5　4　　　니라　　　　　　　　　　며
　　　　변할 현재 부터 있을 찰　　모 지경　비유　　붉을 연꽃 꽃
　　　　나타날 스스로　　　방법 둘레
자　　변 현 자 재 만 시 방 계　　비 여 홍 연 화 색
모시는 이(시자)를 삼았느니라. 변하여 나타남이 자유자재라 시방세계에

有八十億微妙光明하야 以爲瓔珞하시 其瓔珞中
　　　　　　억 적을 묘할　　　　　　　　옥돌 옥돌

유 팔 십 억 미 묘 광 명　　이 위 영 락　　기 영 락 중
가득하느니라. 비유컨대 붉은 연꽃 색과 같으며, 80억의 미묘한 광명이
있어, 영락을 삼으시며, 그 영락 가운데,

에 普現一切諸莊嚴事하며 手掌作五百億雜蓮
　　1　5　2　　3　4
　넓을　　　　　엄숙할 엄할 일　　　손　손바 될　　　　　　　섞일
　　　　　　　씩씩할 위엄 섬길　　　닥　지을
　　보 현 일 체 제 장 엄 사　　수 장 작 오 백 억 잡 연
널리 모든 장엄한 일들이 나타나며, 손의 손바닥은 5백억의 잡다한 연꽃

華色하시 手十指端은 一一指端有八萬四千畫
　　　며　　　　　　　　　　　　　　　　　　　　　　　　　　　　　
　꽃　　　　손가락 끝　　　　　　　　　　　　　　　　　그림
　빛날　　　가리킬 바를
화 색　　수 십 지 단　　일 일 지 단 유 팔 만 사 천 화
색을 지으시며, 손의 열 손가락 끝은, 하나하나의 손가락 끝에는

하야 猶如印文툿하 一一畫有八萬四千色하며 一一
　　　1　4　2　3 며
　　마치　도장 글월
　　같을　찍을
　　유 여 인 문　　일 일 화 유 팔 만 사 천 색　　일 일
8만 4천의 그림(무늬)이 있어, 마치 도장의 글자 같으며, 하나하나의 그
림(무늬)에는 8만 4천의 색이 있으며, 하나하나의

色有八萬四千光하며 其光柔軟普照一切하시며 以
색유팔만사천광 기광유연보조일체 이
색은 8만 4천의 광명이 있으며, 그 광명은 부드럽고 연하여 널리 일체를

此寶手接引衆生하시느니라 擧足時난 足下有千輻輪
차보수접인중생 거족시 족하유천폭륜
비추며, 이 보배의 손으로써 중생을 이끌어 맞이하시느니라. 발을 들 때

相하야 自然化成五百億光明臺하고 下足時난 有
상 자연화성오백억광명대 하족시 유
는 발아래 1천의 살 달린 바퀴 모습(천폭륜상)이 있어, 저절로 변하여 5
백억의 광명대를 이루고, 발을 내릴 때는,

金剛摩尼花하야 布散一切莫不彌滿하니 其餘身
금강마니화 포산일체막불미만 기여신
금강마니 꽃이 있어, 일체에 퍼져 흩어지니 가득히 차지 않은 곳이

相衆好具足하야 如佛無異하니 唯頂上肉髻及無
상중호구족 여불무이 유정상육계급무
없느니라. 그 나머지 몸의 모습도 온갖 상호구족하여, 부처님과 같아

見頂相만이 不及世尊하느니라 是爲觀觀世音菩薩眞
견정상 불급세존 시위관관세음보살진
다름이 없느니라. 오직 정수리 위의 살상투(육계)와 정수리의 모습을 볼 수 없음(무견정상)이, 세존에 미치지 못하느니라. 이것이

實色身想이니 名第十觀이니 佛告阿難하사 若欲觀

관세음보살의 진실한 색신(몸)을 생각하는 관법이 되느니라. 이름이

觀世音菩薩當作是觀하라 作是觀者不遇諸禍

제 10관이니라. 부처님께서 아난에게 이르시되, 만약 관세음보살을 관하

하고 淨除業障하며 除無數劫生死之罪하느니라 如此菩

고자하면 마땅히 이 관을 하라. 이 관을 지으면 모든 재앙을 만나지 않고, 깨끗하게 업장을 없애며, 수없는 겁의 나고 죽는 죄를 없애느니라.

薩은 但聞其名獲無量福한데 何況諦觀이랴 若有

이와 같은 보살은 단지 그 이름만 들어도 한량없는 복을 얻는데, 어찌

欲觀觀世音菩薩者하면 當先觀頂上肉髻하고 次

하물며 자세히 관함이랴! 만약 관세음보살을 관하고자하는 이가 있으면,

觀天冠하며 其餘衆相亦次第觀之할지니라 悉令明了

마땅히 먼저 정수리 위의 살의 상투를 관하고, 다음에 하늘 관을 관하며, 그 나머지 온갖 모습은 또한 다음 차례로 관하여 갈지니라. 다 분명하고

如觀掌中 듯하라 作是觀者名爲正觀 이고 若他觀者

여관장중　작시관자명위정관　　약타관자

또렷하게 하여 손바닥 가운데을 관하 듯 하라. 이 관을 지으면 이름이

名爲邪觀 이니라

명 위 사 관

바른 관이 되고, 만약 다르게 관하면 이름이 삿된 관이 되느니라.

⑪ 勢至觀

세 지 관

⑪ 대세지보살을 관하다.

佛告阿難及韋提希 하사되 此觀大勢至菩薩 하라

불 고 아 난 급 위 제 희　　차 관 대 세 지 보 살

부처님께서 아난과 위제희에게 이르시되, 이번엔 대세지보살을 관하라.

此菩薩身量大小亦如觀世音 듯하나니 圓光面各二

차 보 살 신 량 대 소 역 여 관 세 음　　원 광 면 각 이

이 보살도 몸의 크고 작음을 헤아림은 또한 관세음과 같으나, 둥근

百二十五由旬 이며 照二百五十由旬 하느니라 擧身光

백 이 십 오 유 순　　조 이 백 오 십 유 순　　거 신 광

광명의 얼굴은 각각 225유순이며, 250유순을 비추느니라. 온몸의 광명이

관무량수경 291

明照十方國하며 作紫金色하야 有緣衆生皆悉得
밝을 비칠 모 나라 될 보라 금 빛 둘 인연 무리 날 다 다 얻을 특별
      방법   지을 쇠 모양   있을 고리 많을 살   특별
명 조 시 방 국   작 자 금 색   유 연 중 생 개 실 득
시방의 나라를 비치며, 자금색을 지어, 인연이 있는 중생은 모두다

見하느니라 但見此菩薩一毛孔光하야 卽見十方無量
   1 5 2   3 4   1 4 2
볼 다만 이   터럭 구멍 빛   곧
생각 오직 여기   나아갈
견   단 견 차 보 살 일 모 공 광   즉 견 시 방 무 량
보느니라. 오직 이 보살의 한 털구멍의 광명만 보아도, 곧 시방의

諸佛淨妙光明하느니라 是故號此菩薩名無邊光으로
3   깨끗 묘할   1 2 4 3   5 7 6 8
          할   이 옛 이름   이름   가
                       옳을 연고 부를   부를   끝
제 불 정 묘 광 명   시 고 호 차 보 살 명 무 변 광
한량없는 모든 부처님의 청정하고 미묘한 광명을 보느니라. 이러므로

以智慧光普照一切하야 令離三塗得無上力하나니라
3 1 2 4 6 5   3 2 1   7 5 4 6
써,할 슬기 지혜 넓을 비칠 모두 ~게 떠날   바를   힘
까닭 지혜   끊을절 하다   진흙
이 지 혜 광 보 조 일 체   령 리 삼 도 득 무 상 력
이 보살을 부르는 이름이 가없는 광명(무변광)으로, 지혜의 광명으로써
널리 일체를 비쳐, 3악도를 떠나게 하며 위없는 힘을 얻게 하나니라.

是故號此菩薩名大勢至니라 此菩薩天冠有五
1 3 2   4 5   이를   갓
                         지극   벼슬
시 고 호 차 보 살 명 대 세 지   차 보 살 천 관 유 오
이러므로 이 보살을 부르는 이름이 대세지니라. 이 보살의 하늘 관에는

百寶蓮華하되 一一寶華有五百寶臺하며 一一臺
       연꽃 꽃   보배   대
           빛날
백 보 연 화   일 일 보 화 유 오 백 보 대   일 일 대
5백의 보배 연꽃이 있으되, 하나하나의 보배 꽃은 5백의 보배대가 있으
며, 하나하나의 보배 대 가운데는,

中에 十方諸佛淨妙國土廣長之相이 皆於中
시방의 모든 부처님의 청정하고 미묘한 국토의 넓고 장대한 모습이 다

現하느니라 頂上肉髻如鉢頭摩花하며 於肉髻上有一
가운데 나타나느니라. 정수리 위의 육계는 발두마 꽃과 같으며, 육계

寶瓶하되 盛諸光明普現佛事하느니라 餘諸身相如觀
위에는 하나의 보배 병이 있되, 온갖 광명을 담아 널리 부처님의 일을

世音等無有異하니라 此菩薩行時에 十方世界一
나타내느니라. 나머지 모든 몸의 모습은 관세음과 같이 평등하여 다름이
있을 수 없느니라. 이 보살이 다니실 때는, 시방세계가 모두 진동하되,

切震動하되 當地動處各有五百億寶花하며 一一
마땅히 땅이 흔들리는 곳에는 각각 5백억의 보배 꽃이 있으며, 하나하나

寶花莊嚴高顯하야 如極樂世界하느니라 此菩薩坐時
의 보배 꽃은 장엄하고 높이 드러나, 극락세계와 같으니라. 이 보살이 앉
으실 때는,

七寶國土一時動搖하되 從下方金光佛刹
칠보국토일시동요 종하방금광불찰
칠보의 국토가 일시에 움직여 흔들리되, 아래쪽으로 금광불 국토로부터

乃至上方光明王佛刹하며 於其中間無量塵數
내지상방광명왕불찰 어기중간무량진수
이에 위쪽으로는 광명왕불 국토에 이르기까지며, 그 가운데 사이에는

分身無量壽佛分身觀世音大勢至이 皆悉雲
분신무량수불분신관세음대세지 개실운
한량없는 먼지 수의 무량수불의 분신과 관세음과 대세지의 분신이 모두

集極樂國土하야 側塞空中坐蓮華座하야 演說妙
집극락국토 측새공중좌연화좌 연설묘
다 극락국토에 구름처럼 모여, 공중에 연꽃 자리에 앉은 옆 까지도 가득

法度苦衆生하시니라 作此觀者하면 名爲觀見大勢至
법도고중생 작차관자 명위관견대세지
히 미묘한 법을 펴 설하며 고통의 중생을 제도하시느니라. 이 관을 지으면, 이름이 대세지보살을 관하여 본다고 하느니라.

菩薩하느니라 是爲觀大勢至色身相하니 觀此菩薩者
보살 시위관대세지색신상 관차보살자
이것이 대세지의 몸 모습의 생각을 관한다고 하느니라. 이 보살을 관하면,

名第十一觀이며 除無數劫阿僧祇生死之罪하느니라

이름 차례　　　　볼　　덜　셀　세월 큰언 중　지신　　죽을　허물
부를　　　　　살펴볼　제할　자주삭 겁탈 덕　　다만

명 제 십 일 관　　제 무 수 겁 아 승 지 생 사 지 죄
이름이 제 11관이며, 수없는 겁 아승지의 나고 죽는 죄를 없애느니라.

作是觀者不處胞胎하며 常遊諸佛淨妙國土하느니라

　　　　　　　곳,살 태포 태　　　항상 놀　　　깨끗 묘할
　　　　　　　처할 胎衣 밸　　 떳떳할 다닐　　할

작 시 관 자 불 처 포 태　　상 유 제 불 정 묘 국 토
이 관을 지으면 잉태함에 처하지 않으며, 항상 모든 부처님의 청정하고

此觀成已하면 名爲具足觀觀世音及大勢至하느니라

　　될 이미　　　　할 갖출 발　　　　　및　세력 이를
　　이룰 마칠　　　될 그릇 족할　　　　미칠　　　지극

차 관 성 이　　명 위 구 족 관 관 세 음 급 대 세 지
미묘한 국토에서 노니느니라. 이 관을 이루고 나면, 이름이 관세음과 대
세지를 관함을 족히 갖춘다고 하느니라.

作是觀者名爲正觀이고 若他觀者名爲邪觀이니라

　　　　　　　　　바를　　만약 다를　　　　삿될
　　　　　　　　　갖출　　같을　　　　　　　간사

작 시 관 자 명 위 정 관　　약 타 관 자 명 위 사 관
이 관을 짓는 것을 이름하여 바른 관이라 하고, 만약 다르게 관하면 이

佛告阿難及韋提希하사되

　　알릴

불 고 아 난 급 위 제 희
름이 삿된 관이 되느니라. 부처님께서 아난과 위제희에게 이르시되,

⑫ 普觀

　넓을 볼
　　　살펴볼

보 관
⑫ 넓은 관

見此事時當起想作心自見生於西方極樂
견 차 사 시 당 기 상 작 심 자 견 생 어 서 방 극 락
이런 일을 볼 때는 마땅히 생각을 일으켜 작심하고, 스스로 서방의

世界하고 於蓮華中結跏趺坐하야 作蓮華合想커나
세 계   어 연 화 중 결 가 부 좌   작 연 화 합 상
극락세계에 태어남을 보고, 연꽃 가운데 책상다리를 맺고 앉아, 연꽃과

作蓮華開想하되 蓮華開時에 有五百色光來照
작 연 화 개 상   연 화 개 시   유 오 백 색 광 래 조
합한 생각을 짓거나, 연꽃이 열리는 생각을 짓되, 연꽃이 필 때는,

身想과 眼目開想하라 見佛菩薩滿虛空中하리라 水
신 상   안 목 개 상   견 불 보 살 만 허 공 중   수
5백의 색과 광명이 있어 오! 몸을 비추는 생각과, 눈이 열린다고 생각하라. 부처님과 보살이 허공 가운데 가득함을 보리라.

鳥樹林及與諸佛하야 所出音聲皆演妙法함이니 與
조 수 림 급 여 제 불   소 출 음 성 개 연 묘 법   여
물, 새, 숲과 모든 부처님을 더불어, 내는 바의 음성이 다 미묘한 법을

十二部經合하느니라 若出定時憶持不失할지니라 見此事
십 이 부 경 합   약 출 정 시 억 지 부 실   견 차 사
연설하리니, 12부 경과 함께 합치하느니라. 만약 선정에서 나올 때는 기억하고 지녀 잃지 말지니라. 이 일을 보고 나면,

已하면 名見無量壽佛極樂世界함이니라 是爲普觀想
이 명견무량수불극락세계 시위보관상
이름하여 무량수불의 극락세계를 본다고 하느니라. 이것이 널리 생각을

이며 名第十二觀이니라 無量壽佛化身無數과 與觀
명 제 십 이 관 무 량 수 불 화 신 무 수 여 관
관함이며, 이름이 제12관이니라. 무량수불 화신의 수 없음과,

世音及大勢至하야 常來至此行人之所하시니라 作是
세 음 급 대 세 지 상 래 지 차 행 인 지 소 작 시
관세음과 대세지를 더불어, 항상 이 수행하는 사람의 처소에 오시느니라.

觀者名爲正觀이고 若他觀者名爲邪觀이니라
관 자 명 위 정 관 약 타 관 자 명 위 사 관
이 관을 지으면 이름이 바른 관이요, 만약 다르게 관하면 이름이 삿된 관이 되느니라.

⑬ 雜想觀

잡 상 관
⑬ 잡다한 생각의 관

佛告阿難及韋提希하사되 若欲至心生西方者
불 고 아 난 급 위 제 희 약 욕 지 심 생 서 방 자
부처님께서 아난과 위제희에게 이르시되, 만약 지극한 마음으로 서방에 나고자 하는 이는,

관무량수경 297

先當觀於一丈六像在池水上하라 如先所說
선당관어일장육상재지수상 여선소설
먼저 마땅히 한길 6척의 불상이 연못의 물위에 있다고 관하라. 먼저

無量壽佛身量無邊하야 非是凡夫心力所及
무량수불신량무변 비시범부심력소급
설한 바와 같이, 무량수불의 몸의 분량은 끝이 없어, 이 범부의 마음의

然彼如來宿願力故로 有憶想者必得成就
연피여래숙원력고 유억상자필득성취
힘으로는 미칠 바가 아니니라. 그러나 저 여래의 전생 서원의 힘 때문으로, 기억하고 생각이 있는 이는 반드시 성취함을 얻으리라.

但想佛像得無量福할진대 況復觀佛具足身相
단상불상득무량복 황부관불구족신상
오직 불상만을 생각하여도 한량없는 복을 얻을진대, 하물며 또 부처님의

阿彌陀佛神通如意하야 於十方國變現自在
아미타불신통여의 어시방국변현자재
구족하신 몸의 모습을 관함이랴! 아미타불의 신통력은 뜻과 같아,

或現大身滿虛空中커나 或現小身丈六八尺
혹현대신만허공중 혹현소신장육팔척
시방의 나라에 변화하여 나타남이 자유자재시니, 혹 큰 몸을 나타내 허공 가운데 가득하거나 혹은 적은 몸 한길 육척 팔척으로도 나타내시며

所現之形皆眞金色으로 圓光化佛及寶蓮花
소현지형개진금색 원광화불급보연화
나타내시는 바의 형상은 다 참 금색으로, 둥근 광명과 화신불과 보배

如上所說하니 觀世音菩薩及大勢至난 於一
여상소설 관세음보살급대세지 어일
연꽃은 위에서 설한 바와 같으니라. 관세음보살과 대세지보살은

切處身同하시나 衆生但觀首相하고 知是觀世音하고
체처신동 중생단관수상 지시관세음
모든 곳에서 몸이 똑같으시나, 중생이 단지 머리 모습만 보고, 이 관세음

知是大勢至하느니라 此二菩薩助阿彌陀佛하사 普化
지시대세지 차이보살조아미타불 보화
보살을 알고, 이 대세지보살을 아느니라. 이 두 보살은 아미타불을 도우시어, 널리 일체를 교화하시느니라.

一切하시느니라 是爲雜想觀이며 名第十三觀이니라 作是觀
일체 시위잡상관 명제십삼관 작시관
이것이 잡다한 생각의 관함이 되며, 이름이 제 13관이니라.

者名爲正觀이고 若他觀者名爲邪觀이니라
자명위정관 약타관자명위사관
이 관을 지으면 이름이 바른 관이 되고, 만약 다르게 관하면 이름이 삿된 관이 되느니라.

3 三輩九品往生

삼배구품왕생

3, 세 무리의 중생이 9품(아홉 단계)으로 극락세계에 가서 태어남(왕생)

⑭ 上輩觀

상배관

⑭ 위의 무리의 관법

1 上品上生

상품상생

1 상품에 상중하품이 있는 대 그중 상품에 태어남

佛告阿難과 及韋提希하사되 凡生西方有九品

불고아난 급위제희 범생서방유구품

부처님께서 아난과 위제희에게 이르시되, 무릇 서방에 태어남에는

人하되 上品上生者란 若有衆生願生彼國者이면

인 상품상생자 약유중생원생피국자

9품의 사람이 있되, 상품의 상에 태어남이란, 만약 어떤 중생이 그 나라 (극락국토)에 태어나기를 바라는 이는,

發三種心卽便往生하느니라 何等爲三오 一者至誠

발 삼 종 심 즉 변 왕 생 하 등 위 삼 일 자 지 성

세 종류의 마음을 내면 곧 문득 왕생하느니라. 어떠한 것이 셋이 되는가? 첫째는 지극한 정성의 마음이며,

心이며 二者深心이며 三者廻向發願心이니라 具三心
者必生彼國하느니라 復有三種衆生하야 當得往生하나니

둘째는 깊은 마음이며, 셋째는 회향하여 서원의 마음을 냄이니라. 셋의 마음을 갖추면 반드시 저 나라에 태어나느니라. 다시 세 가지의 중생이

何等爲三오 一者慈心不殺具諸戒行이며 二者
讀誦大乘方等經典이며 三者修行六念廻向發
願生彼佛國이니라 具此功德하야 一日乃至七日하면
卽得往生하리라 生彼國時에 此人精進勇猛故로

있어, 마땅히 왕생을 얻나니, 어떠한 것이 셋이 되느냐? 첫째는 자비한 마음으로 살생하지 않고 모든 계행을 갖추며, 둘째는 대승의 방등경전을 읽고 외우며, 셋째는 6념을 닦고 행하며 회향하여 저 불국토에 태어나는 서원을 냄이니라. 이런 공덕을 갖추어, 하루에서 7일에 이르면, 곧 왕생을 얻으리라. 저 나라에 태어날 때, 이 사람은 정진과 용맹 때문으로,

관무량수경 301

阿彌陀如來與觀世音及大勢至無數化佛百千比丘聲聞大衆無量諸天과 七寶宮殿하시되 觀世音菩薩執金剛臺하시고 與大勢至菩薩至行者前하고 阿彌陀佛放大光明照行者身하시며 與諸菩薩授手迎接하시고 觀世音大勢至與無數菩薩은 讚歎行者勸進其心하느니라 行者見已歡喜踊躍하야

아미타 여래께서 관세음보살과 대세지보살과 수없는 화신불과 백천의 비구와 성문의 대중과 한량없는 모든 하늘과 칠보궁전과 함께하시되, 관세음보살은 금강대를 잡으시고, 대세지보살과 더불어 수행자 앞에 이르고, 아미타불께서는 큰 광명을 놓아 수행자의 몸을 비추시며, 모든 보살과 더불어 손을 내밀어 맞으시고, 관세음보살과 대세지보살은 수없는 보살과 더불어, 수행자를 찬탄하며 더욱 그 마음을 정진하게 권하느니라. 수행자는 보고 나서 기쁨이 용솟음 쳐,

自見其身乘金剛臺하고 隨從佛後하니 如彈指頃
자견기신승금강대 수종불후 여탄지경
스스로 그 몸을 보니 금강대를 타고, 부처님의 뒤를 쫓아 따르니,

往生彼國하느니라 生彼國已하야 見佛色身衆相具足
왕생피국 생피국이 견불색신중상구족
손가락 퉁기는 사이에 저 나라에 왕생하느니라. 저 나라에 태어나고 나서, 부처님의 색신은 온갖 모습이 구족하였음을 보고,

하고 見諸菩薩色相具足하느니라 光明寶林演說妙法
견제보살색상구족 광명보림연설묘법
모든 보살도 색신의 모습이 구족함을 보느니라. 광명의 보배의 숲은 미

하야 聞已卽悟無生法忍하느니라 經須臾間歷事諸佛
문이즉오무생법인 경수유간역사제불
묘한 법을 펴 설하여, 듣고 나면 바로 무생법인을 깨닫느니라. 잠깐 지나는 사이에 모든 부처님의 일도 겪느니라.

하니라 遍十方界하야 於諸佛前次第受記하고 還至本
변시방계 어제불전차제수기 환지본
시방세계를 두루 모든 부처님 앞에서 다음 차례로 수기를 받고, 도로 본

國하야 得無量百千陀羅尼門하느니라 是名上品上生
국 득무량백천다라니문 시명상품상생
이르러, 한량없는 백 천의 다라니(총지) 문을 얻느니라. 이 이름이

者이니라

이것

자

상품의 상으로 태어남이니라.

② 上品中生

으뜸 품수 속 살
품종 종류 가운데 날

상품중생

② 상품의 중품에 왕생함

上品中生者란 **不必受持讀誦方等經典**하야도

7 1 3 4 5 6 2
반듯 받을 가질 읽을 외울 모 무리 글 법
  방법 같을 지날

상품중생자 불필수지독송방등경전
상품의 중품에 왕생함이란, 반드시 방등경전을 받아 지녀 읽고 외우지

善解義趣하고 **於第一義心不驚動**하며 **深信因果**

1 4 2 3   3 1 2 4 7 5 6
잘 풀 뜻 뜻 ~에 차례   놀랠 움직   깊을 믿을 인할 과실
좋을 알 옳을 갈,곳 에게   일   진실 원인 결과

선 해 의 취   어 제 일 의 심 불 경 동   심 신 인 과
않아도, 잘 뜻의 취지를 알고, 제1의 뜻에 마음이 놀래거나 움직이지

不謗大乘하며 **以此功德**으로 **廻向願求生極樂國**

                              1 4 5 3 2
비방   탈   공,일 큰   빙빙 향할 바랄 구할 다할 즐길 나라
헐뜯을   오를   보람 은혜 돌을 구할   찾을   지극 좋을요

불 방 대 승   이 차 공 덕   회 향 원 구 생 극 락 국
않으며, 깊이 인과(원인과 결과)를 믿고 대승을 헐뜯지 않으며, 이 공덕
으로써, 회향하여(되돌려주어) 극락국에 태어나기를 바라 구하면,

하면 **行此行者命欲終時**에 **阿彌陀佛與觀世音**

3 1 2 4 5 6 7 8   1   8 2
갈   목숨 하고 끝 때   큰언 찰 비탈 줄 볼 인간 소리
행할   명령 자할 마칠 이 덕   험할 더불 살펴볼

행 차 행 자 명 욕 종 시   아 미 타 불 여 관 세 음
이런 행을 행하는 이는 목숨이 끝나려 할 때, 아미타불께서 관세음과

及大勢至와 無量大衆眷屬圍繞하야 持紫金臺

급 대세지 무량대중권속위요 지자금대

대세지와, 한량없는 대중과 더불어 권속에 둘러 싸여, 자금색의 연화대를

至行者前讚言하사되 法子야 汝行大乘解第一義

지 행자 전 찬 언 법자 여 행 대 승 해 제 일 의

가지고 수행자의 앞에 이르러 칭찬하여 말씀하시되, '진리의 아들이여,

是故我今來迎接汝라하시며 與千化佛一時授手

시 고 아 금 래 영 접 여 여 천 화 불 일 시 수 수

너는 대승을 행하고 제1의 뜻을 알았으니, 이러므로 내가 이제 와서 맞이하노라.' 하시며, 1천의 화신불과 더불어 일시에 손을 내미시느니라.

行者自見坐紫金臺하야 合掌叉手讚歎諸佛

행 자 자 견 좌 자 금 대 합 장 차 수 찬 탄 제 불

수행자는 스스로 자금색 연화대에 앉아, 합장하여 손을 깍지 끼고 모든

如一念頃에 卽生彼國七寶池中하느니라 此紫金

여 일 념 경 즉 생 피 국 칠 보 지 중 차 자 금

부처님을 차탄함을 보고, 마치 한 찰나쯤에, 곧 저 나라 칠보의 연못

臺如大寶花하야 經宿卽開하느니라 行者身作紫磨金

대 여 대 보 화 경 숙 즉 개 행 자 신 작 자 마 금

가운데 태어나느니라. 이 자금대는 큰 보배 꽃과 같아, 하루 밤을 지나면 바로 피느니라. 수행자의 몸은 자마금색이 되고,

色하고 足下亦有七寶蓮華하며 佛及菩薩俱放光
발아래는 또 칠보의 연꽃이 있으며, 부처님과 보살이 함께 광명을 놓아,

明하사 照行者身目卽開明하며 因前宿習普聞衆
수행자의 몸을 비추면 눈이 바로 열려 밝아지며, 전생의 묵은 습기로

聲하며 純說甚深第一義諦하느니라 卽下金臺禮佛合
인하여 널리 온갖 소리를 들으며, 매우 깊은 제1의 뜻의 진리를 온전하게
설하느니라. 곧 자금대에서 내려 부처님께 예배하고 합장하여 세존을

掌讚歎世尊하느니라 經於七日하야 應時卽於阿耨多
찬탄하느니라. 7일을 지나, 때를 맞추어 아뇩다라삼먁삼보리에 나아가,

羅三藐三菩提하야 得不退轉하느니라 應時卽能飛至
불퇴전을 얻느니라. 때를 맞추어 곧 능히 날아서 시방에 이르러,

十方하야 歷事諸佛하며 於諸佛所修諸三昧하느니라 經
모든 부처님의 일을 겪으며, 모든 부처님 처소에서 온갖 삼매를 닦느니라.

一小劫得無生法忍現前受記하느니라 是名上品中生者이니라

一소겁을 지나 태어남이 없는 진리(무생법인)를 얻어 (부처님이) 앞에 나타나 수기를 주시느니라. 이 이름이 상품의 중품에 태어남이니라.

③ 上品下生

상품하생

③ 상품의 상중하품 중 가장 아래품에 태어나다.

上品下生者는 亦信因果不謗大乘하며 但發無上道心하야 以此功德으로 廻向願求生極樂國

상품하생자 역신인과불방대승 단발무상도심 이차공덕 회향원구생극락국

상품의 하품에 태어남이란, 또 원인과 결과를 믿고 대승을 헐뜯지 않으며, 오직 위없는 도심을 내어, 이 공덕으로써, 되돌려 극락국에 태어나기를

하면 彼行者命欲終時에 阿彌陀佛及觀世音幷

피행자명욕종시 아미타불급관세음병

바라 구하면, 저 수행자는 목숨이 끝나려 할 때, 아미타불과 관세음보살과 대세지보살을 아울러,

관무량수경

大勢至하야 與諸眷屬持金蓮華하야 化作五百化
대세지   여제권속지금연화   화작오백화
모든 권속과 더불어 금 연꽃을 가지고, 5백의 화신불로 변화하여

佛來迎此人하며 五百化佛一時授手하시며 讚言하시되
불래영차인   오백화불일시수수   찬언
와 이 사람을 맞으며, 5백의 화신불이 일시에 손을 내미시며, 칭찬하여

法子야 汝今淸淨發無上道心하니 我來迎汝하노라
법자   여금청정발무상도심   아래영여
말씀하시되, '진리의 아들이여. 너는 이제 청정한 위없는 도의 마음을

見此事時에 卽自見身坐金蓮花하며 坐已華合
견차사시   즉자견신좌금연화   좌이화합
내었으니, 내가 와 너를 맞이하노라.' 라고. 이런 일을 볼 때, 곧 스스로
몸을 보니 금 연꽃에 앉았으며, 앉고 나서 꽃과 합쳐져(오므려 져)

하야 隨世尊後卽得往生七寶池中하느니라 一日一夜
     수세존후즉득왕생칠보지중   일일일야
세존의 뒤를 따라 곧 칠보의 연못 가운데 왕생함을 얻느니라. 하룻날

蓮花乃開하며 七日之中乃得見佛하느니라 雖見佛身
연화내개   칠일지중내득견불   수견불신
하룻밤 만에 연꽃이 이에 피며, 7일 중에 이에 부처님을 보리라. 비록
부처님의 몸을 보지만

於衆相好心不明了 하야 於三七日後乃了了見

어중상호심불명요　어삼칠일후내요요견

온갖 상호에 마음이 분명하고 또렷하지 못하여, 삼칠(21)일 뒤에서야

聞衆音聲皆演妙法 이며 遊歷十方供養諸佛

문중음성개연묘법　유역시방공양제불

이에 또렷하게 보이느니라. 온갖 소리로 다 미묘한 법을 연설함을 들으며,

於諸佛前聞甚深法 하고 經三小劫得百法明

어제불전문심심법　경삼소겁득백법명

시방을 지나 다니며 모든 부처님께 공양하고, 모든 부처님 앞에서 매우 깊은 법을 듣고, 3소겁이 지나 1백 진리(법)의 밝은 문(백법명문)을 얻어,

門 하야 住歡喜地 하느니라 是名上品下生者 이며 是名上

문　주환희지　시명상품하생자　시명상

기쁨의 땅(환희지)에 머무느니라. 이 이름이 상품의 하품에 태어남이며

輩生想 이며 名第十四觀 이니라 作是觀者名爲正觀

배생상　명제십사관　작시관자명위정관

이 이름이 우엣 무리의 왕생의 생각이며, 이름이 제 14관이니라. 이 관을 지으면 이름이 바른 관이 되고,

若他觀者名爲邪觀 이니라

약타관자명위사관

만약 다르게 관하면 이름이 삿된 관이 되느니라.

⑮ 中輩觀

중배관

⑮ 가운데 무리의 관법(관찰,)

① 中品上生

중품상생

① 중품에 상중하가 있는 대 그 상품으로 왕생함

佛告阿難及韋提希 하사되 中品上生者 란 若有

불고 아 난 급 위 제 희   중 품 상 생 자   약 유

부처님께서 아난과 위제희에게 이르시되, 중품의 상에 왕생함이란,

衆生受持五戒 하고 持八戒齋 하며 修行諸戒 하며 不

중 생 수 지 오 계   지 팔 계 재   수 행 제 계   부

만약 어떤 중생이 5계를 받아 지니고, 8계를 가지런히 지니며, 모든 계를 닦고 행하며, 5역을 짖지 않으며,

造五逆 하며 無衆過惡 하면 以此善根 으로 廻向願求

조 오 역   무 중 과 악   이 차 선 근   회 향 원 구

온갖 허물과 악이 없으면, 이 선의 근본으로써, 되돌려 주어(회향하고)

生於西方極樂世界 하면 行者臨命終時 하야 阿彌

생 어 서 방 극 락 세 계   행 자 임 명 종 시   아 미

서방의 극락세계에 태어나기를 바라 구하면, 수행자는 목숨이 끝날 때를 임하여, 아미타불께서

陀佛與諸比丘眷屬圍繞하야 放金色光至其人
여러 비구와 더불어 권속에 둘러 싸여, 금색의 광명을 놓으며 그 사람의

所하야 演說苦空無常無我하시며 讚歎出家得離衆
처소에 이르러, 고통, 공, 무상(떳떳함이 없음)과 무아(내가 없음)를 연설

苦하시니라 行者見已心大歡喜하야 自見己身坐蓮花
하시며, 집을 나와 온갖 괴로움에서 떠남을 얻음을 찬탄하시느니라. 수행자는 보고 나서 마음이 크게 기뻐, 스스로 자기의 몸을 보니

臺하야 長跪合掌爲佛作禮하고 未擧頭頃卽得往
연화대에 앉아, 길게 꿇어앉아 합장하고 부처님을 위하여 예배를 드리고,

生極樂世界하야 蓮花尋開하야 當華敷時에 聞衆
머리를 들쯤도 안 되어 바로 극락세계에 왕생함을 얻어, 연꽃이 이윽고 피어, 꽃 필 때를 당하여, 온갖 소리로 4제를 찬탄함을 듣도다.

音聲讚歎四諦함이러라 應時卽得阿羅漢道하야 三明
그 때를 맞추어 곧 아라한의 도를 얻어, 3명과 6신통과 8해탈을

六通具八解脱하니 是名中品上生者이니라

육통구팔해탈 시명중품상생자
갖추니, 이 이름이 중품의 상품에 태어나니라.(중품중 가장 위에 태어남)

② 中品中生

중품중생

② 중품의 중품에 태어남

中品中生者란 若有衆生이 若一日一夜持

중품중생자 약유중생 약일일일야지
중품의 중에 왕생함이란, 만약 어떤 중생이, 만약 하룻날 하룻밤에

八戒齋커나 若一日一夜持沙彌戒커나 若一日一

팔계재 약일일일야지사미계 약일일일
8계를 가즈러 가지거나, 만약 하룻날 하룻밤을 사미계를 지니거나,

夜持具足戒하야 威儀無缺하면 以此功德으로 廻向

야지구족계 위의무결 이차공덕 회향
만약 하룻날 하룻밤을 구족계를 지녀, 위엄의 거동에 결함이 없으면, 이 공덕으로써, 회향하여

願求生極樂國하면 戒香薰修하면 如此行者命欲

원구생극락국 계향훈수 여차행자명욕
극락국에 태어나기를 바라 구하며, 계의 향기에 베어 닦으면, 이와 같은 수행자는 목숨이 끝나려 할 때,

終時에 見阿彌陀佛與諸眷屬放金色光하시며 七
끝 때　　　　큰언 찰 비탈　　줄　　겨레 붙을 놓을
마칠 이　　　　덕　　험할　　더불　　돌아볼 속할
종 시　　견 아 미 타 불 여 제 권 속 방 금 색 광　　칠
아미타불께서 모든 권속과 더불어 금색 광명을 놓으시며,

寶蓮花至行者前하고 行者自聞空中有聲커늘 讚
보배 연꽃 꽃 이를　　　　　　　들을 빌　 소리　　기릴
　　　　　　지극　　　　　　　　맡을　　　　　　　칭찬
보 연 화 지 행 자 전　　행 자 자 문 공 중 유 성　　찬
칠보 연꽃이 수행자의 앞에 이름을 보고, 수행자는 스스로 공중에서

言하사 善男子야 如汝善人은 隨順三世諸佛敎
　　　　좋을　　　 너　　　　따를 순할　　　　　가르
　　　　착할　　　　　　　　　　순서　　　　　　칠
언　　선 남 자　　여 여 선 인　　수 순 삼 세 제 불 교
소리가 있음을 듣고 찬탄하여 말씀하시되, '선남자야. 너와 같이 착한 사
람은, 3세의 모든 부처님의 가르침을 순히 따른 까닭으로,

故로 我來迎汝하시니라 行者自見坐蓮花上하야 蓮花
　　　나 올 맞을　　　　　　　　　앉을
　　　　 강조사
고　　아 래 영 여　　행 자 자 견 좌 연 화 상　　연 화
내가 와 너를 맞이하노라.' 하시니라. 수행자는 스스로 보니 연꽃 위에

卽合하야 生於西方極樂世界在寶池中하되 經於
곧 모을　　　　　　 서녘　　　　　　있을 못　　　　글
나아갈 합할　　　　　　　　　　　　　　　　　　　지날
즉 합　　생 어 서 방 극 락 세 계 재 보 지 중　　경 어
앉으니, 연꽃이 곧 합쳐져(오므려 져), 서방의 극락세계에 태어나 보배

七日蓮花乃敷하야 花旣敷已하면 開目合掌讚歎
　　　　　 이에 필　 이미　 이미　 열 눈　　손바　 탄식
　　　　　　　　　　 벌써　 마칠　　　　　　닥　　칭찬
칠 일 연 화 내 부　　화 기 부 이　　개 목 합 장 찬 탄
연못 가운데 있되, 7일이 지나 연꽃이 이에 피어, 꽃이 이미 피고 나면,
눈을 뜨고 합장하여 세존을 찬탄하며,

世尊하며 聞法歡喜得須陀洹하느니라 經半劫已成阿

세존 문법환희득수다원 경반겁이성아
법을 듣고 기뻐 수다원을 얻음이라. 반 겁이 지나고 나서 아라한을

羅漢하느니라 是名中品中生者이니라

라 한 시 명 중 품 중 생 자
이루느니라. 이 이름이 중품의 중품에 왕생함이니라.

③ 中品下生

중 품 하 생
중품의 가장 아래품에 왕생함

中品下生者란 若有善男子善女人이 孝養

중 품 하 생 자 약 유 선 남 자 선 여 인 효 양
중품의 하품에 왕생함이란, 만약 어떤 선남자 선여인이,

父母行世仁義하면 此人命欲終時遇善知識이

부 모 행 세 인 의 차 인 명 욕 종 시 우 선 지 식
부모에게 효도하고 봉양하여 세간에서 어짊과 의리를 행하면, 이 사람은
목숨이 끝나려 할 때, 선지식이

爲其廣說阿彌陀佛國土樂事하고 亦說法藏比

위 기 광 설 아 미 타 불 국 토 락 사 역 설 법 장 비
그를 위하여 널리 아미타불 국토의 즐거운 일을 설하고, 또한 법장비구의

丘四十八大願하며 聞此事已尋卽命終하리라 譬如

언덕　　　　　　바랄　들을 이 일 이미 인할 곧 목숨 끝　비유
　　　　　　　　　　 말을 여기 섬길 마칠 찾을 나아갈 명령 마칠

구 사 십 팔 대 원　 문 차 사 이 심 즉 명 종　비 여

48의 큰 서원을 설함을 만나며 이 일을 듣고 나서 이윽고 곧 목숨이 끝

壯士屈伸臂頃에 卽生西方極樂世界하며 生經

씩씩 선비 굽을 펼 팔 쯤　　　서녘 모 　다할　지경 　　글
굳셀 벼슬 　　　　　잠깐　　　　 방법 지극 둘레　　지날

장 사 굴 신 비 경　 즉 생 서 방 극 락 세 계　 생 경

나면, 비유컨대 힘센 장사가 팔을 굽혔다 폄과 같은 시간에, 바로 서방의

七日遇觀世音及大勢至하야 聞法歡喜得須陀

　　 만날 　　　　　　세력 이를　　　기쁠 기쁠 얻을 모름
　　 우연　　　　　　　 　　 지극　　　　　　　　　　특별 지기

칠 일 우 관 세 음 급 대 세 지　 문 법 환 희 득 수 다

극락세계에 태어나며, 나고 7일이 지나 관세음보살과 대세지보살을 만나, 법문을 듣고 기뻐 수다원을 얻으며,

洹하며 過一小劫成阿羅漢하느니라 是名中品下生者

흐를　 지날　적을 세월 될　　벌일 한나라
강이름 허물　　　겁탈 이룰　　　　은하수

원　　과 일 소 겁 성 아 라 한　　시 명 중 품 하 생 자

1소겁이 지나 아라한을 이루느니라. 이 이름이 중품의 하품류에

이며 是名中輩生想이며 名第十五觀이니 作是觀者

　　　　　　때　 생각　　　　 차례　 볼　　　 될
　　　　　　무리　　　　　　　　　　 살펴볼　　 지을

　시 명 중 배 생 상　 명 제 십 오 관　 작 시 관 자

왕생하며, 이 이름이 가운데 무리의 왕생하는 생각이며, 이름이 제 15관이니라. 이 관을 지으면

名爲正觀이고 若他觀者名爲邪觀이니라

　　바를　　　 만약 다를　　　　삿될
　　갖출　　　 같을　　　　　　　간사

명 위 정 관　 약 타 관 자 명 위 사 관

이름이 바른 관이 되고, 만약 다르게 관하면 이름이 삿된 관이 되느니라.

⑯ 下輩觀

하 배 관

⑯ 아래 무리의 관

① 下品上生

하 품 상 생

① 하품에도 상중하가 있는 대 그중 가장 위의 품에 태어남

佛告阿難及韋提希하사 **下品上生者**란 **或有**

불 고 아 난 급 위 제 희   하 품 상 생 자   혹 유

부처님께서 아난과 위제희에게 이르시되, 하품의 상품으로 왕생함이란,

衆生作衆惡業하고 **雖不誹謗方等經典**하되 **如此**

중 생 작 중 악 업   수 불 비 방 방 등 경 전   여 차

혹 어떤 중생이 온갖 악한 일을 짓고, 비록 방등경전을 비방하지는 않았으되, 이와 같이 어리석은 사람은,

愚人은 **多造惡法無有慚愧**하지만 **命欲終時遇善**

우 인   다 조 악 법 무 유 참 괴   명 욕 종 시 우 선

많은 악한 법(죄)을 지어도 부끄러움이 있지 않치만, 목숨이 끝나려 할 때

知識이 **爲讚大乘十二部經首題名字**하야 **以聞**

지 식   위 찬 대 승 십 이 부 경 수 제 명 자   이 문

선지식을 만나 대승 12부 경의 머리 제목의 이름자만 찬탄하여 주어도,

如是諸經名故로 除却千劫極重惡業하며 智者
여시제경명고 제각천겁극중악업 지자

이와 같이 여러 경전의 이름을 들은 까닭으로 1천겁의 지극히

復敎合掌叉手하고 稱南無阿彌陀佛하야 稱佛名
부교합장차수 칭나무아미타불 칭불명

무거운 악업을 물리쳐 없애며, 지혜로운 이는 또 합장이나 손을 깍지 끼

故로 除五十億劫生死之罪하느니라 爾時彼佛이 卽
고 제오십억겁생사지죄 이시피불 즉

고, 나무아미타불을 부르게 가르쳐, 부처님의 이름을 부른 까닭으로, 50억겁의 나고 죽는 죄를 없애느니라. 그때 저 부처님께서, 곧

遣化佛化觀世音化大勢至하야 至行者前하야 讚
견화불화관세음화대세지 지행자전 찬

화신불과 화신 관세음보살과 화신 대세지보살을 보내어, 수행자 앞에

言善哉善男子아 汝稱佛名故諸罪消滅하야 我
언선재선남자 여칭불명고제죄소멸 아

이르러, 찬탄하여 말씀하시되 '착하도다. 선남자여, 너는 부처님의

來迎汝하노라고 作是語已하면 行者卽見化佛光明遍
래영여 작시어이 행자즉견화불광명변

이름을 부른 까닭으로 모든 죄를 소멸하여, 내가 와 너를 맞이하노라.'라고. 이 말씀을 짓고 나면, 수행자는 바로 화신불의 광명이 두루

滿其室하며 見已歡喜卽便命終하야 乘寶蓮花하고
그 방에 가득함을 보며, 보고 나서 기뻐하며 곧 문득 목숨이 끝나,

隨化佛後生寶池中하야 經七七日蓮花乃敷하느니라
보배 연꽃을 타고, 화신불의 뒤를 따라 보배 연못 가운데 태어나, 칠칠일

當花敷時에 大悲觀世音菩薩과 及大勢至菩
(49일)이 지나 연꽃이 이에 피느니라. 마땅히 꽃이 필 때는, 큰 자비의

薩이 放大光明住其人前하야 爲說甚深十二部
관세음보살과 대세지보살께서, 큰 광명을 놓으시며 그 사람 앞에 머물러,
위하여 매우 깊은 12부 경을 설하시나니, 듣고 나서 믿고 알아

經하시나니 聞已信解發無上道心하야 經十小劫具百
위없는 도의 마음을 내, 10소겁을 지나 1백 법의 밝은 문(백법명문)을

法明門하야 得入初地하느니라 是名下品上生者이니라 得
갖추어, 첫 땅에 듦을 얻느니라. 이 이름이 하품의 상품에 태어남이니라.
부처님의 이름과 법의 이름과

聞佛名法名及聞僧名하야 聞三寶名卽得往生

문불명법명급문승명　문삼보명즉득왕생

스님의 이름을 얻어 들어, 3보의 이름을 듣고 바로 왕생을 얻느니라.

② 下品中生

하 품 중 생

② 하품의 중품극락에 왕생함

佛告阿難及韋提希하사되 下品中生者란 或有

불 고 아 난 급 위 제 희　　하 품 중 생 자　　혹 유

부처님께서 아난과 위제희에게 이르시되, 하품의 중품에 태어남이란

衆生이 毀犯五戒八戒及具足戒하면 如此愚人

중 생　훼 범 오 계 팔 계 급 구 족 계　　여 차 우 인

혹 어떤 중생이, 5계, 8계, 및 구족계를 범하여 헐면, 이와 같이

은 偸僧祇物盜現前僧物커나 不淨說法無有慚

투 승 지 물 도 현 전 승 물　　부 정 설 법 무 유 참

어리석은 사람은, 승단의 물건을 훔치거나 현재 앞의 스님 물건을 훔치거나, 청정하지 못한 법을 설하고도 부끄러움이 없거나,

愧커나 以諸惡法而自莊嚴하면 如此罪人은 以惡

괴　　이 제 악 법 이 자 장 엄　　여 차 죄 인　　이 악

온갖 악법으로써 스스로 장엄하면, 이와 같은 죄인은, 악한 업 때문에

관무량수경 319

業故應墮地獄하리라 命欲終時에 地獄衆火一時
마땅히 지옥에 떨어지리라. 목숨이 끝나려 할 때, 지옥의 온갖 불이

俱至하리라 遇善知識以大慈悲로 卽爲讚說阿彌
일시에 함께 이르리라. 선지식을 만나 큰 자비로써, 곧 (그를) 위하여

陀佛十力威德커나 廣讚彼佛光明神力커나 亦讚
아미타불의 10력의 위엄하신 덕을 설하여 찬탄하거나, 널리 저 부처님의 광명과 신통력을 찬탄하거나, 또

戒定慧解脫解脫知見하면 此人聞已除八十億
지계, 선정, 지혜, 해탈, 해탈지견을 찬탄하면, 이 사람이 듣고 나면 80억겁의 나고 죽는 죄를 덜어,

劫生死之罪하야 地獄猛火化爲涼風하야 吹諸天
지옥의 맹렬한 불길이 변화하여 서늘한 바람이 되어, 온갖 하늘 꽃을

華하면 華上皆有化佛菩薩하샤 迎接此人하느니라 如一
불면, 꽃 위에 다 화신불과 보살이 계셔, 이 사람을 맞이하느니라.

念頃에 卽得往生七寶池中蓮華之內하야 經於

한 찰나와 같은 쯤에, 곧 칠보의 연못 가운데 연꽃의 안에 왕생함을 얻어,

六劫蓮花乃敷하나니 當華敷時에 觀世音大勢至

6겁을 지나면 연꽃이 이에 피어나나니, 마땅히 꽃이 필 때 관세음보살과

以梵音聲安慰彼人하시며 爲說大乘甚深經典

대세지보살께서, 청정한 음성으로써 저 사람을 위로하여 편안히 하시며, 위하여 대승의 매우 깊은 경전을 설하시느니라.

聞此法已하면 應時卽發無上道心하나니 是名下

이 법을 듣고 나면, 때를 맞추어 곧 위없는 도의 마음을 내나니, 이

品中生者니라

이름이 하품의 중품에 탄생함이라 하나니라.

③ 下品下生

하 품 하 생
③ 하품의 하품극락에 태어남

관무량수경

佛告阿難及韋提希하사 下品下生者란 或有
부처님께서 아난과 위제희에게 이르시되, 하품의 하품에 태어남이란 혹

衆生作不善業五逆十惡하며 具諸不善하면 如此
어떤 중생이 좋지 못한 일(업)로 5역과 10악을 지으며, 온갖 좋지 못함을

愚人以惡業故로 應墮惡道經歷多劫受苦無
갖추면, 이와 같이 어리석은 사람은 악업 때문에 마땅히 악도에 떨어져 많은 겁을 겪고 지나며 고통을 받음이 끝이 없느니라. 이와 같이 어리석

窮하느니라 如此愚人臨命終時하야 遇善知識種種安
은 사람은 목숨이 끝날 때를 임하여, 선지식이 가지가지로 편안히 위로하

慰爲說妙法敎令念佛하되 彼人苦逼不遑念佛
며 위하여 미묘한 법을 설하여 가르쳐 부처님을 생각하게 하되, 저 사람이 고통이 닥쳐 염불할 겨를이 못되면

하면 善友告言하되 汝若不能念彼佛者이면 應稱歸
좋은 벗(선지식)이 말하여 이르되, 네가 만약 능히 저 부처님을 생각하지 못 할 것 같으면

命無量壽佛코 如是至心令聲不絶하야 具足十
念稱南無阿彌陀佛하면 稱佛名故로 於念念中
에 除八十億劫生死之罪하느니라 命終之時見金蓮

마땅히 '무량수불께 목숨을 (바쳐) 귀의합니다.'고 칭하라고. 이와 같이 지극한 마음으로 소리가 끊이지 않게 하여, 10념을 족히 갖추고, 나무아 미타불을 생각하여 부르면, 부처님 이름을 부른 때문에, 생각하고 생각하는 가운데 80억겁의 나고 죽는 죄를 없애리라. 목숨이 끝날 때 금 연꽃이

花猶如日輪住其人前하느니라 如一念頃卽得往生
極樂世界하야 於蓮花中滿十二大劫하면 蓮花方
開當花敷時에 觀世音大勢至以大悲音聲으로

마치 해 바퀴 같이 그 사람 앞에 머무름을 보느니라. 한 찰나와 같은 사이에 바로 극락세계에 왕생함을 얻어, 연꽃 가운데서 12대겁을 채우면, 연꽃이 바야흐로 피나니 마땅히 꽃이 필 때, 관세음보살과 대세지보살께서 큰 자비의 음성으로써,

卽爲其人廣説實相除滅罪法하시나라 聞已歡喜하야

즉위기인광설실상제멸죄법 문이환희

곧 그 사람을 위하여 널리 진실한 모습(실상)의 죄를 멸하여 없애는 법을

應時卽發菩提之心하느니라 是名下品下生者이며 是

응시즉발보리지심 시명하품하생자 시

설하시느니라. 듣고 나면 기뻐, 때를 맞추어 곧 보리의 마음을 내느니라.

名下輩生想이니라 名第十六觀이니라

명하배생상 명제십육관

이 이름이 하품의 하품에 탄생하는 것이며, 이 이름이 아래 무리의 왕생하는 생각이니라. 이름이 제 16관이니라.

第二節　利益分

제 이 절　이 익 분

제2절 이익의 부분

爾時世尊説是語時에 韋提希與五百侍女

이시세존설시어시 위제희여오백시녀

그때 세존께서 이 말씀을 설하실 때, 위제희는 5백의 시녀와 더불어,

하야 聞佛所説하고 應時卽見極樂世界廣長之相

문불소설 응시즉견극락세계광장지상

부처님께서 설하시는 바를 들고, 때를 맞추어 곧 극락세계의 넓고 장대한 모습을 보았느니라.

得見佛身及二菩薩하야 心生歡喜歎未曾有
득견불신급이보살 심생환희탄미증유
부처님의 몸과 두 분의 보살을 뵙고 마음에 기쁨과 생기고 미증유함을

豁然大悟得無生忍하며 五百侍女發阿耨多
활연대오득무생인 오백시녀발아뇩다
찬탄하였느니라. 훤히 크게 깨달아 무생인을 얻었으며, 5백의 시녀는

羅三藐三菩提心하야 願生彼國하난지라 世尊悉記皆
라삼먁삼보리심 원생피국 세존실기개
아뇩다라삼먁삼보리의 마음을 내었느니라. 저 나라에 태어나기를 바라는지라, 세존께서 모두 다 수기하여 다

當往生하야 生彼國已하고 獲得諸佛現前三昧하시니
당왕생 생피국이 획득제불현전삼매
마땅히 왕생하여 저 나라에 태어나고 나서, 모든 부처님 계시는 앞에서 삼매를 얻으니,

無量諸天發無上道心하얏나니라
무량제천발무상도심
한량없는 모든 하늘은 위없는 도의 마음을 내었느니라.

○第三章　流通分

제 3 장 유통분(결론)

第一節　經名及受持法

제 1 절 경의 이름과 받아 지니는 법

爾時阿難이 卽從座起前白佛言하사 世尊하

이시아난 즉종좌기전백불언　세존

그때 아난이 곧 자리로부터 일어나 나아가 부처님께 말씀 여쭈되,

當何名此經하오며 此法之要當云何受持하소서 佛告

당하명차경　차법지요당운하수지　불고

세존이시여, 마땅히 이 경의 이름이 무엇이오며, 이 법의 요지는 마땅히

阿難하사 此經名觀極樂國土無量壽佛觀世音

아난　차경명관극락국토무량수불관세음

어찌 받아 지니옵니까?. 부처님께서 아난에게 이르시되, 이 경의 이름은

극락국토의 무량수불과 관세음보살과 대세지보살을 관함이니라.

菩薩大勢至菩薩이니라 亦名淨除業障生諸佛前

보살대세지보살　역명정제업장생제불전

또한 이름이 업의 장애를 깨끗하게 덜고 모든 부처님 앞에 태어남이니라,

汝等受持無令忘失하라 行此三昧者난 現身
여등수지무령망실 행차삼매자 현신
너희들은 받아 지녀 잊어 잃음이 없게 하라. 이 삼매를 행하는 이는,

得見無量壽佛及二大士하리라 若善男子及善女
득견무량수불급이대사 약선남자급선여
현재의 몸으로 무량수불과 두 대사를 보리라. 만약 선남자와

人이 但聞佛名二菩薩名하야도 除無量劫生死之
인 단문불명이보살명 제무량겁생사지
선여인이, 단지 부처님 이름과 두 보살의 이름을 듣기만 해도, 한량없는

罪커늘 何況憶念이랴 若念佛者이면 當知此人卽是
죄 하황억념 약념불자 당지차인즉시
겁의 나고 죽는 죄를 없애거늘, 어찌 하물며 기억하고 생각함이랴! 만약 염불하는 이라면, 마땅히 알라, 이런 사람은 곧 이는 사람 가운데 분다리

人中芬陀利花니라 觀世音菩薩大勢至菩薩은
인중분다리화 관세음보살대세지보살
꽃(백련화)이니라. 관세음보살과 대세지보살은

爲其勝友하며 當坐道場生諸佛家하리라 佛告阿難
위기승우 당좌도량생제불가 불고아난
그와 수승한 벗을 삼을 것이며, 마땅히 도량에 앉아서 모든 부처님의 가문에 태어나리라. 부처님께서 아난에게 이르시되,

汝好持是語하라 持是語者卽是持無量壽佛
 여 호 지 시 어 지 시 어 자 즉 시 지 무 량 수 불
너는 좋아하며 이 말을 지니어라. 이 말을 지니는 이는 곧 이는

名이니라 佛說此語時에 尊者目連과 尊者阿難과
 명 불 설 차 어 시 존 자 목 연   존 자 아 난
무량수불의 이름을 지님이니라. 부처님께서 이 말씀을 설하실 때,

及韋提希等은 聞佛所說하고 皆大歡喜하얏나니라
 급 위 제 희 등 문 불 소 설   개 대 환 희
목련존자와 아난존자와 위제희 등은 부처님께서 말씀하시는 바를 듣고,
다 크게 기뻐하였느니라.

第二節　重說還耆闍崛山
제 이 절　중 설 환 기 사 굴 산
제 2 절　기사굴산에 돌아오셔서 거듭 설하심

爾時世尊이 足步虛空還耆闍崛山하샷나니라 爾時
이 시 세 존   족 보 허 공 환 기 사 굴 산   이 시
그때 세존께서 발로 허공을 걸어 기사굴산에 돌아오셨느니라. 그때

阿難이 廣爲大衆說如上事하니 無量人天龍神
 아 난   광 위 대 중 설 여 상 사   무 량 인 천 용 신
아난이 널리 대중을 위하여 위와 같은 일을 설하니, 한량없는 사람과 하늘. 용, 귀신과

夜叉난 聞佛所説皆大歡喜禮佛而退하얏니라

야차 문불소설개대환희예불이퇴
야차는, 부처님께서 설하신 바를 듣고 다 크게 기뻐하며 부처님께 예배하고 물러갔느니라.

佛説觀無量壽佛經 終

불 설 관 무 량 수 불 경   종
불설관무량수불경   끝.

불설아미타경
佛說阿彌陀經

요진 구자국 삼장 구마라집역
姚秦龜玆國 三藏 鳩摩羅什譯

김진철 국역
金鎭澈 國譯

○ 佛說阿彌陀經

부처 말씀 큰언 찰 비탈 글
기쁠열 덕　　　험할 지날

불 설 아 미 타 경

부처님께서 설하신 아미타[무량수(無量壽), 무량광(無量光)] 경

姚秦　龜茲三藏　鳩摩羅什　譯

예쁠 나라　거북 이 석 감출　비둘 만질 벌일 시편 가릴
멀 이름　　　검을　창고　기　　　　집 통역
　　　　　　　　　　　　　　　　　열사람

요 진　　귀 자 삼 장　　구 마 라 집　　역

요진(요흥이 세운 나라)에 와서 국사가 된 구자국(의 출신) 삼장 구마라즙(집) 번역

○ 第一章　序分

차례　글　담　나눌
　　문장　차례 구별

제 일 장　　서 분

제 1 장 서분

第一節　證信序

마디　증명 믿을
　　증거 진실

제 일 절　　증 신 서

제 1 절 경문의 증명

1 六成就

될 이룰
이룰 나아갈

육 성 취

1, 여섯 가지 성취

如是我聞 하사오니 一時佛在舍衛國祇樹給孤獨

같을 이 나 들을　　때　있을 집 지킬 나라 다만 나무 대줄 홀로 홀로
이룰 옳을　맡을　　이　　　　막을 지신　　　　　　　외로울 어찌

여 시 아 문　　일 시 불 재 사 위 국 기 수 급 고 독

이와 같이 나는 들었사오니, 한때 부처님께서 사위국의 기수급고독원
(중인도 사위성 남쪽 1마일에 있는 땅, 바사익왕의 태자가 소유한 동산을 급고독장자가 사서 부처
님 께 바쳤는 데 두 사람이름 기타와 고독을 따서 기수급고독 이라함)에 계시며,

園^{하사} 與大比丘僧千二百五十人俱^{하시니} 皆是大

동산 줄 큰 견줄 언덕 중   함께 다 이
     더불 길(태 본뜰)   갖출 옳을
원   여 대 비 구 승 천 이 백 오 십 인 구   개 시 대

큰 비구스님 1250인과 더불어 계셨으니, 다 이는 큰

阿羅漢^{으로} 衆所知識^{이니라}

큰언 벌일 한나라   무리 바 알 알
덕   은하수   많을 것,곳 지식 지식
아 라 한   중 소 지 식

아라한으로, 대중이 아는 바이니라.

2 祇園精舍大衆

        다만 동산 자세 집   무리
        지신   할   많을
        기 원 정 사 대 중

2. 기원정사(중인도 사위성 남쪽 1마일 기수급고독원에 수달다장자가 지어 부처님과 제자에 바친 절이름)의 대중

長老舍利弗^과 摩訶目乾連^과 摩訶迦葉^과

길 늙을 집 이로울 아니   만질 꾸짖 눈 마를 이을   부처 잎
어른 익숙할   날카롤   을(가)   하늘   이름 (엽)
장 노 사 리 불   마 하 목 건 연   마 하 가 섭

장로(덕과 나이 많은 이의 존칭) 사리불과 마하목건련과 마하가섭과

摩訶迦栴延^과 摩訶拘絺羅^와 離婆多^와 周梨

              단향 이끌   잡을 췱베 벌일   떠날 할미 많을   두루 배나
              목   갈포   (파) 겹칠   무
마 하 가 전 연   마 하 구 치 라   이 바 다   주 리

마하가전연과 마하구치라와 이바다와 주리반타가와

槃陀迦^와 難陀^와 阿難陀^와 羅睺羅^와 憍梵波

쟁반 비탈   어려   애꾸   교만 하늘 물결
즐길 험할   울   거만 불경 (파)
반 타 가   난 타   아 난 타   라 후 라   교 범 바

아난과 아난타와 라후라와 교범바제와

아미타경 정종분

提 와 賓頭盧頗羅墮 와 迦留陀夷 와 摩訶劫賓

제　　빈두로파라타　　　가류다이　　마하겁빈
빈두로파라타와 가류다이와 마하겁빈나와

那 와 薄俱羅 와 阿㝹樓馱 와로 如是等諸大弟子

나　　박구라　　아누루다　　여시등제대제자
박구라와 아누루다와, 이와 같은 등의 여러 큰 제자와,

와 幷諸菩薩摩訶薩 과 文殊師利法王子 와 阿

　　병제보살마하살　　문수사리법왕자　　아
아울러 모든 보살마하살과 문수사리 법의 왕자와 아일다보살과

逸多菩薩 과 乾陀訶提菩薩 과 常精進菩薩 과

일다보살　　건다하제보살　　상정진보살
건다하제보살과 상정진보살과

與如是等諸大菩薩 과 及釋提桓因等 과 無量

여여시등제대보살　　급석제환인등　　무량
이와 같은 등의 여러 큰 보살과 석제환인(제석천) 등과 한량없는

諸天大衆俱

제 천 대 중 구
모든 하늘의 대중과 더불어 함께 계셨느니라.

○ 第二章　正宗分

차례　글　바를 마루 나눌
　　　문장　갖출 높을 구별

제 이 장　정 종 분
제 2 장 정종분

第一節　極樂世界功德莊嚴

마디　다할 즐길 인간 지경 공,일 큰 꾸밀 엄할
　　　지극 좋을요 둘레 보람 은혜 씩씩할 위엄

제 일 절　극 락 세 계 공 덕 장 엄
제 1 절 극락세계의 공덕과 장엄

1 總說

모을 말씀
거느릴 기쁠열

총　설
1, 총설

爾時佛告長老舍利弗_{하사되} 從是西方過十萬
1　2　4　3　　　　　　　　2　1　3　5　4
너 때 알릴 길 늙을 집 이로울 아니　쫓을 서녘 모 지날 일만
그럴 이　　어른 익숙 날카롤　　　부터 방법 허물

이 시 불 고 장 노 사 리 불　　종 시 서 방 과 십 만
그때 부처님께서 장로인 사리불에게 이르시되, 여기에서부터 서방으로

億佛土_{하야} 有世界名曰極樂_{이라니} 其土有佛號阿
　　　　　　2　1　3　4　5　　　1　3　2　4　5
억　흙　둘 인간 지경 이름 가로 다할 즐길　　이름 큰언
　　　　있을　둘레　부를　　지극 좋을요　　부를 덕

억 불 토　유 세 계 명 왈 극 락　　기 토 유 불 호 아
10만억 불국토를 지나, 세계가 있으니 이름을 극락세계라 하느니라. 그

彌陀_{시며} 今現在說法_{하나니라}
　　　　　1　2　4　3
찰 비탈　이제 현재 있을
　험할　　오늘 나타날

미 타　금 현 재 설 법
땅에 부처님이 계시되 이름이 아미타시며, 지금 현재 법을 설하시고 계시느니라.

2 依報莊嚴

의지 갚을 꾸밀 엄할
기댈 알릴 씩씩할 위엄

의 보 장 엄

2. 극락세계의 의보 장엄

① 極樂義

다할 즐길 뜻
지극 좋을요 옳을

극 락 의

① 극락의 뜻(의의)

舍利弗아 彼土何故名爲極樂코 其國衆生

저 흙 어찌 옛 이름 할   나라 무리
무엇 연고 부를 될   많을

사 리 불   피 토 하 고 명 위 극 락   기 국 중 생

사리불아, 저 땅은 어떤 까닭으로 이름이 극락인가 하면, 그 나라의

無有衆苦하고 但受諸樂故名極樂이니라 又舍利弗

쓸   다만 받을   또
괴로울   오직

무 유 중 고   단 수 제 락 고 명 극 락   우 사 리 불

중생은 온갖 괴로움이 없고, 오직 온갖 즐거움만 받는 까닭으로 이름이 극락이니라. 또 사리불아,

아 極樂國土난 七重欄楯七重羅網七重行樹

거듭 울 난간   벌일 법   줄 나무
무거울 난간 방패   그물   갈행

극 락 국 토   칠 중 난 순 칠 중 라 망 칠 중 항 수

극락국토는 일곱 겹의 난간과 일곱 겹의 벌어진 그물과 일곱 겹 가로수

하며 皆是四寶周匝圍繞하얏니라 是故彼國名曰極樂

다 이 보배 다 돌 쌀 쌀   가로
이것   두루 두루 두를 두를

개 시 사 보 주 잡 위 요   시 고 피 국 명 왈 극 락

며, 다 이것은 넷의 보배로 두루 돌며 둘러쌌느니라. 이런 까닭에 저 나라의 이름이 극락이라 하느니라.

② 極樂殊勝

극락수승

② 극락의 수승한(남다른 뛰어남) 모습

1 淵池樓閣蓮華莊嚴

연지누각연화장엄

1 연못과 누각과 연꽃의 장엄

又舍利弗아 極樂國土有七寶池하되 八功德

우 사리불 극락국토유칠보지 팔공덕

또 사리불아. 극락국토에는 일곱의 보배(칠보) 연못이 있되, 8공덕의

水充滿其中하얏으며 池底純以金沙布地하얏으며 四邊階

수 충만기중 지저순이금사포지 사변계

물이 그 가운데 가득히 찼으며, 연못 밑바닥은 순전히 금모래로써 땅에

道이 金銀琉璃頗梨合成하얏고 上有樓閣하며 亦以

도 금은유리파리합성 상유누각 역이

깔았으며, 사방(변) 계단 길은 금, 은, 유리, 파리로 섞어 이루어졌고,

金銀琉璃頗梨車磲赤珠馬瑙而嚴飾之하얏으며 池

금 은 유리 파리 자 거 적 주 마 노 이 엄 식 지   지

위에는 누각이 있으며, 또한 금, 은, 유리, 파리, 자거, 붉은 구슬과 마노로써 장엄하게 꾸몄으며, 못 가운데는

中蓮花大如車輪^{듯하}야 青色青光^을 黄色黄光^을

중 연 화 대 여 거 륜 　청 색 청 광 　황 색 황 광
연꽃이 큰 수레바퀴 같아, 푸른색은 푸른 광명을, 누른색은 누른 광명을,

赤色赤光^을 白色白光微妙香潔^{하니라} 舍利弗^아

적 색 적 광 　백 색 백 광 미 묘 향 결 　사 리 불
붉은색은 붉은 광명을, 흰색은 흰 광명으로 미묘하고 향기로우며 깨끗하

極樂國土成就如是功德莊嚴^{하얏니라}

극 락 국 토 성 취 여 시 공 덕 장 엄
니라. 사리불아. 극락국토는 이와 같은 공덕과 장엄으로 이루었느니라.

② 大地音樂花莊嚴

대 지 음 악 화 장 엄
② 큰 땅과 음악과 꽃의 장엄

又舍利弗^아 彼佛國土常作天樂^{하며} 黄金爲

우 사 리 불 　피 불 국 토 상 작 천 악 　황 금 위
또 사리불아. 저 불국토에는 항상 하늘의 음악이 연주되며, 황금으로 땅

地^{하고} 晝夜六時天雨曼陀羅華^{하며} 其國衆生常

지 　주 야 육 시 천 우 만 다 라 화 　기 국 중 생 상
이 되고, 낮밤 여섯 시로 하늘에 만다라 꽃비가 내리며, 그 나라의 중생
은 항상

以淸旦各以衣裓盛衆妙華하야 供養他方十萬億佛하고 卽以食時還到本國하야 飯食經行하느니라 舍利弗아 極樂國土成就如是功德莊嚴하얏나니라

맑은 새벽부터 각각 꽃바구니에 온갖 아름다운 꽃을 담아, 다른 곳에 다니면서 10만억 부처님께 공양하고, 곧 식사 때에 본국에 돌아와서, 밥 먹고는 걸어 다니느니라. 사리불아, 극락국토는 이와 같은 공덕의 장엄으로 이루었느니라.

③ 大自然法聞 - 靈鳥微風樹木莊嚴 -

③ 대자연의 법문 - 신령한 새와 미풍과 나무의 장엄 -

復次舍利弗아 彼國常有種種奇妙雜色之鳥하되 白鵠孔雀鸚鵡舍利迦陵頻伽共命之鳥니라

또 다음으로 사리불아. 저 나라는 항상 가지가지 기이하고 미묘한 여러 가지 빛을 가진 새가 있는데, 흰 고니, 공작새, 앵무새, 사리새, 가릉빈가와 공명조느니라.

아미타경 정종분

是諸衆鳥난 晝夜六時出和雅音하나니 其音演
시 제 중 조　　주 야 육 시 출 화 아 음　　　기 음 연
이 온갖 새들은 낮밤 6시로 조화롭고 우아한 소리를 내나니, 그 소리는

暢五根五力七菩提分八聖道分如是等法하야
창 오 근 오 력 칠 보 리 분 팔 성 도 분 여 시 등 법
5근, 5력, 7보리분(7각지)과 8정도의 부분과 이와 같은 등의 법을

其土衆生聞是音已하면 皆悉念佛念法念僧하느니라
기 토 중 생 문 시 음 이　　개 실 염 불 염 법 염 승
설하며, 그 땅의 중생은 이 소리를 듣고 나면, 모두 다 부처님을 생각하고 법을 생각하며, 스님을 생각하느니라. 사리불아.

舍利弗아 汝勿謂此鳥實是罪報所生하라 所以
사 리 불　　여 물 위 차 조 실 시 죄 보 소 생　　소 이
너는 이 새가 실지로 이는 죄의 과보로 태어난 바라고 생각하지

者何오 彼佛國土無三惡趣느니라 舍利弗아 其佛
자 하　　피 불 국 토 무 삼 악 취　　　사 리 불　　기 불
말라. 어째서냐? 저 불국토에는 3악도가 없느니라. 사리불아, 그 불국토는

國土尙無三惡道之名한데 何況有實이오 是諸衆
국 토 상 무 삼 악 도 지 명　　하 황 유 실　　시 제 중
오히려 3악도라는 이름도 없는데, 어찌 하물며 (3악도가) 실지로 있겠느냐. 이 온갖 새들은,

鳥난 皆是阿彌陀佛이 欲令法音宣流變化所
     5 6 1 2 3 4 7   9
새 다 큰언 찰 비탈 하고 ~게 소리 베풀 흐를 변할 될
        덕 험할 자할 도록 해낼   화할
조   개 시 아 미 타 불   욕 령 법 음 선 류 변 화 소
다 이는 아미타 부처님이 법의 소리(법문)를 펴 유전하고자하여 화현하

作이니라 舍利弗아 彼佛國土난 微風吹動諸寶行
 8
될   적을 바람 불 움직   보배 줄
지을   쓸어갈 일   갈앨
작   사 리 불   피 불 국 토   미 풍 취 동 제 보 항
여(변화) 이루어 진 것이니라. 사리불아, 저 부처님 나라의 땅은, 미풍이

樹及寶羅網出微妙音하나니 譬如百千種樂同時
나무 및   벌일 법   비유   씨 음악 같을
     미칠   그물   가지 즐길 한가지
수 급 보 라 망 출 미 묘 음   비 여 백 천 종 악 동 시
불면 온갖 보배로 장식된 가로수와 보배그물이 움직여 미묘한 소리를 내
나니, 비유하면 백 천 가지 악기로 동시에 함께

俱作듯하야 聞是音者皆自然生念佛念法念僧之
함께   들을   부터 그럴   중
갖출   말을   스스로 태울
구 작   문 시 음 자 개 자 연 생 념 불 념 법 념 승 지
연주 하듯 하여, 이 소리를 듣는 이는 다 저절로 부처님을 생각하며

心하느니라 舍利弗아 其佛國土成就如是功德莊嚴
                          될 이룰   공,일   꾸밀 엄할
                          이룰 나아갈   보람   굳셀 위엄
심   사 리 불   기 불 국 토 성 취 여 시 공 덕 장 엄
법을 생각하며 스님을 생각하는 마음이 나느니라. 사리불아, 그 불국토
는 이와 같은 공덕과 장엄으로 나아가 이루었느니라.

하얏 3 正報莊嚴
니라
        바를 갚을
        갖출 알릴
        정 보 장 엄
    3, 극락세계의 정보 장엄

① 極樂世界敎主

극락세계교주

① 극락세계의 교주

舍利弗아 於汝意云何오 彼佛何故號阿彌
사리불 어여의운하 피불하고호아미
사리불아, 너의 생각에는 엇떠하냐? 저 부처님은 어떤 까닭으로 이름이

陀오 舍利弗아 彼佛光明無量하야 照十方國無
타 사리불 피불광명무량 조시방국무
아미타불이냐? 사리불아, 저 부처님 광명은 한량이 없어, 시방의 나라를

所障碍하니라 是故號爲阿彌陀니라 又舍利弗아 彼
소장애 시고호위아미타 우사리불 피
비추어도 막히는 곳이 없느니라. 이 때문에 이름이 아미타불이라 하느니

佛壽命과 及其人民無量無邊阿僧祇劫이니라 故
불수명 급기인민무량무변아승지겁 고
라. 또 사리불아, 저 부처님 수명과 그 인민(백성)의 수명은 한량없고 끝

名阿彌陀시니라 舍利弗아 阿彌陀佛成佛已來於
명아미타 사리불 아미타불성불이래어
없는 아승지 겁이니라. 그래서 이름이 아미타불이시니라. 사리불아, 아미
타 불께서 성불한 지가(이래로)

今十劫이시니라.

금 십 겁
지금에 10겁이시니라.

② 極樂世界聲衆

극 락 세 계 성 중
② 극락세계의 성문 대중

又舍利佛아 彼佛有無量無邊聲聞弟子하되

우 사 리 불 피 불 유 무 량 무 변 성 문 제 자
또 사리불아, 저 부처님은 한량없고 끝없는 성문의 제자가 있는 되,

皆阿羅漢이니라 非是算數之所能知니라 諸菩薩亦

개 아 라 한 비 시 산 수 지 소 능 지 제 보 살 역
다 아라한이니라. 이는 수로 헤아려서는 능히 알 수가없느니라. 보살들

復如是하니라 舍利弗아 彼佛國土成就如是功德

부 여 시 사 리 불 피 불 국 토 성 취 여 시 공 덕
도 또한 이와 같으니라. 사리불아, 저 불국토는 이와 같은 공덕의장엄으로 이루졌느니라.

莊嚴하얏니라 又舍利弗아 極樂國土衆生生者皆是

장 엄 우 사 리 불 극 락 국 토 중 생 생 자 개 시
또 사리불아, 극락국토의 태어나는 중생들은 다 이는 아비발치(물러남이 없고부처의 지위가 결정 된 경지)니라.

아미타경 정종분 343

阿鞞跋致니라 **其中多有一生補處**하시며 **其數甚多**

아비발치 기중다유일생보처 기수심다

그 가운데 많이 일생의 보처(부처님의 좌우에 모신 보살)에 계시며, 그

하야 **非是算數所能知之**니라 **但可以無量無邊阿**

비 시 산 수 소 능 지 지 단 가 이 무 량 무 변 아

수는 매우 많아 이는 셈을 놓아서 능히 알 수가 가 없느니라. 단지 한량없고 끝없는

僧祇劫說하느니라

승 지 겁 설

아승지 겁쯤으로 말하느니라.

第二節 念佛往生

제 이 절 념 불 왕 생

제 2 절 염불로 왕생하다.

舍利弗아 **衆生聞者**면 **應當發願願生彼國**

사 리 불 중생문자 응당발원원생피국

사리불아, 중생이 들으면, 마땅히 서원을 세어 저 나라에 나기를

하라 **所以者何**오 **得與如是諸上善人俱會一處**
            8 5 2 1 3 4 6 7

소 이 자 하 득 여 여 시 제 상 선 인 구 회 일 처

발원해야 할 것이니라. 어떤 까닭이냐? (거기 가면)이와 같은 으뜸가는 선한 사람들과 더불어, 함께 한 곳에 모여 살 수 있기 때문이니라.

舍利弗아 不可以少善根福德因緣得生彼

사리불아, 적은 선근이나 복과 덕의 인연쯤으로써는 저 나라에

國이니라 舍利弗아 若有善男子善女人이 聞說阿

태어날 수 없느니라. 사리불아, 만약 어떤 선한 남자나 선한 여인이,

彌陀佛하고 執持名號하야 若一日이나 若二日이나 若

아미타불에 대한 말씀을 듣고, 이름을 잡아 지녀, 만약 1일이나, 만약

三日이나 若四日이나 若五日이나 若六日이나 若七日

2일이나, 만약 3일이나, 만약 4일이나, 만약 5일이나, 만약 6일이나,

이나 一心不亂하면 其人臨命終時하야 阿彌陀佛與

만약 7일이나, 한 마음으로 흐트러지지 않으면, 그 사람은 임종 할 때

諸聖衆하야 現在其前하시리라 是人終時心不顛倒하야

아미타불께서 여러 성인 대중과 함께, 그 앞에 나타날 것이니라. 이 사람은 끝날 때 마음이 뒤바뀌지 않아,

即得往生阿彌陀佛極樂國土하리라

즉 득 왕 생 아 미 타 불 극 락 국 토
곧 아미타불의 극락국토에 왕생하게 될 것이니라.

第三節　諸佛證明及信心勸諭

제 삼 절　제 불 증 명 급 신 심 권 유
제3절 부처님들의 증명과 믿는 마음의 권유

1 釋尊勸諭

석 존 권 유
1, 석존의 권유

舍利弗아 我見是利故說此言하느니라 若有衆生

사 리 불　아 견 시 리 고 설 차 언　약 유 중 생
사리불아, 나는 이런 이익을 알기 때문에 이 말을 설하느니라. 만약

聞是說者이면 應當發願生彼國土하리라

문 시 설 자　응 당 발 원 생 피 국 토
어떤 중생이 이 말을 들으면, 마땅한 저 국토에 태어나기를 발원해야 하느니라

2 六方佛證明

육 방 불 증 명
2, 6방 부처님의 증명

① 東方佛證明

동방불증명

① 동방 부처님의 증명

舍利弗아 **如我今者讚歎阿彌陀佛不可思**

사리불 여아금자찬탄아미타불불가사

사리불아, 내가 이제 아미타불의 불가사의한 공덕을 찬탄함과 같이,

議功德듯 **東方亦有阿閦鞞佛**과 **須彌相佛**과

의공덕 동방역유아촉비불 수미상불

동방에는 또 아촉비불과 수미상불과

大須彌佛과 **須彌光佛**과 **妙音佛**하시니라 **如是等恒**

대수미불 수미광불 묘음불 여시등항

대수미불과 수미광불과 묘음불께서 계시느니라. 이와 같은 등의 항하의

河沙數諸佛이 **各於其國出廣長舌相**하야 **遍覆**

하사수제불 각어기국출광장설상 변부

모래 수의 모든 부처님께서, 각각 그 나라에서 넓고 긴 혀의 모습(광장설상)을 내어,

三千大千世界說誠實言하시니라 **汝等衆生當信是**

삼천대천세계설성실언 여등중생당신시

두루 3천 대천세계를 덮으시며 성실하게 말씀을 설하시느니라. 너희들

稱讚不可思議功德一切諸佛所護念經하라

칭찬 불가사의 공덕 일체 제불 소호념경

중생은 마땅히 이 불가사의한 공덕을 칭찬하시며 모든 부처님들께서 보호하시고 생각하시는 바의 경을 믿어라.

② 南方佛證明

남방불증명

② 남방 부처님의 증명

舍利弗아 **南方世界有日月燈佛**과 **名聞光**

사리불 남방세계유일월등불 명문광

사리불아, 남방의 세계에는 일월등불과 명문광불과

佛과 **大焰肩佛**과 **須彌燈佛**과 **無量精進佛**하느니라

불 대염견불 수미등불 무량정진불

대염견불과 수미등불과 무량정진불께서 계시느니라.

如是等恒河沙數諸佛이 **各於其國出廣長舌**

여시등항하사수제불 각어기국출광장설

이와 같은 등의 항하의 모래 수의 부처님들께서, 각각 그 나라에서

相하사 **遍覆三千大千世界說誠實言**하시느니라 **汝等衆**

상 변부삼천대천세계설성실언 여등중

광장설의 모습을 내시어, 두루 3천 대천세계를 덮으시며 성실한 말씀으로 설하시느니라. 너희들 중생은

生當信是稱讚不可思議功德一切諸佛所護
念經하라

생각하시는 바의 경을 믿어라.

③ 西方佛證明

③ 서방 부처님의 증명

舍利弗아 西方世界有無量壽佛과 無量相佛과 無量幢佛과 大光佛과 大明佛과 寶相佛과 淨光佛하시나니라 如是等恒河沙數諸佛이 各於其

사리불아, 서방의 세계에는 무량수불과 무량상불과 무량당불과 대광불과 대명불과 보상불과 정광불이 계시느니라. 이와 같은 등의 항하의 모래 수의 부처님들께서, 각각 그 나라에서

國出廣長舌相하야 遍覆三千大千世界說誠實

국 출 광 장 설 상　　변 부 삼 천 대 천 세 계 설 성 실

광장설상을 내시어, 두루 3천 대천세계를 덮으시며 성실한 말씀으로

言하시니라 汝等衆生은 當信是稱讚不可思議功德

언　　여 등 중 생　　당 신 시 칭 찬 불 가 사 의 공 덕

설하시느니라. 너희들 중생은 마땅히 이 불가사의한 공덕을

一切諸佛所護念經하라

일 체 제 불 소 호 념 경

칭찬하시며 모든 부처님께서 보호하시고 생각하시는 바의 경을 믿어라.

④ 北方佛證明

북 방 불 증 명

④ 북방 부처님의 증명

舍利弗아 北方世界有焰肩佛과 最勝音佛

사 리 불　　북 방 세 계 유 염 견 불　　최 승 음 불

사리불아, 북방의 세계에는 염견불과 최승음불과

과 難沮佛과 日生佛과 網明佛하느니라 如是等恒河

난 저 불　　일 생 불　　망 명 불　　여 시 등 항 하

난저불과 일생불과 망명불께서 계시느니라. 이와 같은 등의 항하의

沙數諸佛이 各於其國出廣長舌相遍覆三千

사 수 제 불 각 어 기 국 출 광 장 설 상 변 부 삼 천

모래 수의 부처님들께서, 각각 그 나라에서 광장설상을 내시어 두루 3천

大千世界說誠實言하시니라 汝等衆生은 當信是稱

대 천 세 계 설 성 실 언 여 등 중 생 당 신 시 칭

대천세계를 덮으시며 성실한 말씀을 설하시느니라. 너희들 중생은

讚不可思議功德一切諸佛所護念經하라

찬 불 가 사 의 공 덕 일 체 제 불 소 호 념 경

마땅히 이 불가사의한 공덕을 칭찬하시며 모든 부처님들께서 보호하시고 생각하시는 바의 경을 믿어라.

⑤ 下方佛證明

하 방 불 증 명

⑤ 하방 부처님의 증명

舍利弗아 下方世界有師子佛과 名聞佛과

사 리 불 하 방 세 계 유 사 자 불 명 문 불

사리불아, 하방의 세계에는 사자불과 명문불과

名光佛과 達摩佛과 法幢佛과 持法佛하느니라 如是

명 광 불 달 마 불 법 당 불 지 법 불 여 시

명광불과 달마불과 법당불과 지법불께서 계시느니라. 이와 같은

아미타경 정종분 351

等恒河沙數諸佛이 **各於其國出廣長舌相**하사

등 항하사 수 제불　　각 어 기 국 출 광 장 설 상

등의 항하의 모래 수의 부처님들께서, 각각 그 나라에서 광장설상을

遍覆三千大千世界說誠實言하시니라 **汝等衆生**은

변 부 삼 천 대 천 세 계 설 성 실 언　　여 등 중 생

내시어, 두루 3천 대천세계를 덮으시며 성실한 말씀으로 설하시느니라.

當信是稱讚不可思議功德一切諸佛所護念

당 신 시 칭 찬 불 가 사 의 공 덕 일 체 제 불 소 호 념

너희들 중생은, 마땅히 이 불가사의한 공덕을 칭찬하시며 모든

經하라

경

부처님께서 보호하시고 생각하시는 바의 경을 믿어라.

⑥ 上方佛證明

상 방 불 증 명

⑥ 상방의 부처님의 증명

舍利弗아 **上方世界有梵音佛**과 **宿王佛**과

사 리 불　　상 방 세 계 유 범 음 불　　수 왕 불

사리불아, 상방의 세계에는 범음불과 수왕불과

香上佛과 香光佛과 大焰肩佛과 雜色寶華嚴
　　　　빛　　　　　불꽃 어깨　　섞일 빛 보배 꽃 엄할
　　　　　　　　　　　　　　　　모양　　빛날 위엄
향 상 불　　향 광 불　　대 염 견 불　　잡 색 보 화 엄
향상불과 향광불과 대염견불과 잡색보화엄신불과

身佛과 娑羅樹王佛과 寶華德佛과 見一切義
몸　　　춤출 벌일 나무　　　　　　볼　　모두　뜻
　　　　세상　　　　　　　　　　은혜　생각　끊을절 옳을
신 불　　사 라 수 왕 불　　보 화 덕 불　　견 일 체 의
사라수왕불과 보화덕불과 견일체의불과

佛하시니라 如須彌山佛　如是等恒河沙數諸佛이
　　　　　　모름 찰 뫼　　　　　무리　항상 큰물 모래 셀
　　　　　　지기　　산　　　　　같을　　　　　　　자주삭
불　　　여 수 미 산 불　　여 시 등 항 하 사 수 제 불
여수미산불께서 계시느니라. 이와 같은 등의 항하의 모래 수의

各於其國에 出廣長舌相하사 遍覆三千大千世
각각　　나라　날 넓을 길 혀 서로　다 덮을
　　　　　　드러날　어른　바탕　두루 뒤집힐
각 어 기 국　　출 광 장 설 상　　변 부 삼 천 대 천 세
부처님들께서, 각각 그 나라에서 광장설상을 내시어, 두루 3천

界說誠實言하시니라 汝等衆生은 當信是稱讚不可
　　　　정성　참　　　　너　　　　마땅 믿을　　들을　　쯤
　　　　　　열매　　　　　　　　　당할 진실　　일컬　옳게
계 설 성 실 언　　여 등 중 생　　당 신 시 칭 찬 불 가
대천세계를 덮으시며 성실한 말씀으로 설하시느니라. 너희들 중생은,

思議功德一切諸佛所護念經하라
생각 의논 공,일　　　　　보호 생각 글
　　　　　보람　　　　　　할　찰나 지날
사 의 공 덕 일 체 제 불 소 호 념 경
마땅히 이 불가사의한 공덕을 칭찬하시며 모든 부처님들께서 보호하시고
생각하시는 바의 경을 믿어라.

아미타경 정종분 353

第四節　現世來世利益

제 사 절　현세래세이익

제4절 현세와 내세의 이익

舍利弗아 於汝意云何오 何故名爲一切諸

사리불　어여의운하　하고명위일체제

사리불아, 너의 생각에는 어떠하냐? 어떤 까닭으로 이름이 모든

佛所護念經이오 舍利弗아 若有善男子善女人

불소호념경　사리불　약유선남자선여인

부처님들께서 보호하시고 생각하시는 바의 경이라고 하느냐? 사리불아,

이 聞是經受持者커나 及聞諸佛名者하면 是諸善

문시경수지자　급문제불명자　시제선

만약 어떤 선한 남자와 선한 여인이, 이 경을 듣고 받아 지니거나 또는
부처님들의 이름을 들으면, 이 모든 선한 남자와 선한 여인은,

男子善女人은 皆爲一切諸佛共所護念이며 皆

남자선여인　개위일체제불공소호념　개

다 모든 부처님들께서 함께 보호하시며 생각하시는 바가 되며, 다

得不退轉於阿耨多羅三藐三菩提하리라 是故舍

득불퇴전어아뇩다라삼먁삼보리　시고사

아뇩다라삼먁삼보리에서 물러나 옮기지 않음(불퇴전)을 얻으리라. 이러므
로 사리불아,

利弗아 汝等皆當信受我語及諸佛所説하라 舍
리불 여등개당신수아어급제불소설 사
너희들은 다 마땅히 내 말과 또 부처님들께서 설하신 바를 믿고 받아드리

利弗아 若有人已發願커나 今發願커나 當發願커나
리불 약유인이발원 금발원 당발원
라. 사리불아, 만약 어떤 사람이 이미 서원을 했거나, 이제 서원을 하거나,

欲生阿彌陀佛國者하면 是諸人等은 皆得不退
욕 생 아 미 타 불 국 자 시 제 인 등 개 득 불 퇴
장차 발원을 하거나, 아미타불의 나라에 태어나고자 하면, 이 모든

轉於阿耨多羅三藐三菩提하야 於彼國土若已
전 어 아 뇩 다 라 삼 먁 삼 보 리 어 피 국 토 약 이
사람들은, 다 아뇩다라삼먁삼보리에서 불퇴전을 얻어, 저 국토에 혹은

生커나 若今生커나 若當生하리라 是故舍利弗아 諸善
생 약 금 생 약 당 생 시 고 사 리 불 제 선
이미 태어났거나, 혹은 지금 태어나거나, 혹은 장차(當來) 태어나리라.

男子善女人이 若有信者아면 應當發願生彼國
남 자 선 여 인 약 유 신 자 응 당 발 원 생 피 국
이러므로 사리불아, 선한 남자들과 선한 여인들이, 만약 믿음이 있는 이
라면, 마땅히 저 국토에 태어나기를 발원해야 하느니라.

土 하리라
흙
토

第五節　諸佛讚歎
차례　마디　　　기릴 탄식
　　　　　　　　칭찬 칭찬

제 오 절　　제 불 찬 탄
제 5 절 모든 부처님의 찬탄

舍利弗아 **如我今者稱讚諸佛不可思議功**
집 이로울 아니　같을 나 이제　들을 기릴　　　쯤 생각 의논 공,일
　날카롤　　　　　　이를 오늘　일컬 칭찬　　　옳게　　　　　　보람

사 리 불　　여 아 금 자 칭 찬 제 불 불 가 사 의 공
사리불아, 내가 지금 모든 부처님의 불가사의한 공덕을 칭찬함과 같이,

德 틋 **彼諸佛等** 도 **亦稱說我不可思議功德** 하시며
　　　　저　　　　　또

덕　　피 제 불 등　　역 칭 설 아 불 가 사 의 공 덕
저 모든 부처님들께서도 또한 나의 불가사의한 공덕을 칭찬하여 설하시며

而作是言 하시니라 **釋迦牟尼佛能爲甚難希有之事**
될　　말씀　　　농을 부처 칼집 여승　　잘　　매우 어려 드물　　　일
지을　　　　　해석 이름 마상복　　능할　　몹시 울 바랄　　　섬길

이 작 시 언　　석 가 모 니 불 능 위 심 난 희 유 지 사
이런 말씀을 하시리라. '석가모니불께서 능히 매우 어렵고 희유한

토다 **能於娑婆國土五濁惡世** 의 **劫濁** 과 **見濁** 과
　　　　춤출 할미　　　　　흐릴 모질　　세월　　볼
　　　　세상 (파)　　　　　　더럴오　　겁탈　　생각

능 어 사 바 국 토 오 탁 악 세　　겁 탁　　견 탁
(드물게 있는) 일을 하셨도다. 능히 사바세계에서 다섯의 흐린 악한 세상
(5탁악세)의, 시대가 흐리고(겁탁(劫濁)) 견해가 흐리고 (견탁(見濁))

아미타경 정종분 355

煩惱濁과 衆生濁과 命濁中에 得阿耨多羅三
번뇌탁 중생탁 명탁중   득아뇩다라삼
번뇌가 흐리고 (번뇌탁(煩惱濁) 중생이 흐리고(중생탁(衆生濁) 수명이 흐린(명탁(命濁)가운데서,

藐三菩提하야 爲諸衆生하야 說是一切世間難信
먁삼보리   위제중생   설시일체세간난신
아뇩다라삼먁삼보리를 얻어, 중생들을 위하여, 이 모든 세간에서 믿기

之法토다 舍利弗當知하라 我於五濁惡世에사 行此
지법   사리불당지   아어오탁악세   행차
어려운 법을 설하셨다.'라고. 하시느니라. 사리불아, 마땅히 알라. 나는

難事하야 得阿耨多羅三藐三菩提하야 爲一切世
난사   득아뇩다라삼먁삼보리   위일체세
5탁악세에서, 이 어려운 일을 행하여, 아뇩다라삼먁삼보리를 얻어,

間하야 說此難信之法하나 是爲甚難이니하
간   설차난신지법   시위심난
모든 세간을 위하여, 이 믿기 어려운 법을 설하는 것은, 이는 매우 어려우니라.

○ 第三章　流通分

제 삼 장　유 통 분
제3장 유통분(결론)

佛說此經已하시니 **舍利弗及諸比丘**와 **一切世**

불설차경이　사리불급제비구　일체세

부처님께서 이 경을 설하고 나시니, 사리불과 모든 비구와,

間天人阿修羅等은 **聞佛所說歡喜信受**하야 **作**

간 천 인 아 수 라 등　문 불 소 설 환 희 신 수　작

모든 세간의 하늘과 사람과 아수라 등은, 부처님께서 말씀하신 것을 듣

禮而去하얏니라

예 이 거

고 기뻐하며 믿고 받아지니고, 예배하고(를 짓고) 갔느니라.

佛說阿彌陀經　終

불 설 아 미 타 경　종
불설아미타경　　끝.

도서출판 법화원출판 목록 2011,8월,년 현재

권수		출판 책명	판형	면수	가격	편역자	비고
1	사경용 한자풀이	묘법연화경 전 12권	4×6판	총 2415쪽	권당 10,000원	김진철	출간
2	법화삼부경	무량의경 1권	4×6판	216	〃	〃	〃
3		관보현보살행법경 1권	4×6판	192	〃	〃	〃
4	사경용 한자풀이	금강경 외 8종	4×6판	170	10,000	〃	〃
5	〃	명심보감	4×6판	246	10,000	〃	〃
6	〃	천자문	4×6판	46	3,000	〃	〃
7	〃	사자소학	4×6판	52	3,000	〃	〃
8	〃	계몽편	4×6판	73	3,000	〃	〃
9	한자풀이	노자,장자일부.(합본)	4×6판	155	10,000	〃	〃
10	〃	불교-금강경.	〃	217	10,000	〃	〃
11	〃	불교.초발심자경문,기타7종 유교-천자문,기타5종합본.		317	10,000	〃	〃
12	한자풀이	중용, 대학(합본)	〃	110	10,000	〃	〃
13	한자풀이	법화삼부경.5가해 1권	4×6판	2604	100,000	〃	〃
14	국역	세종왕조국역장경. 묘법연화경. 1권 계환해,일여집주	〃	1890	100,000	〃	〃
15	국역	알기쉬운 묘법연화경(5가해)	4×6〃	700	20,000	〃	〃
16	국역	법화론 소, 호 길장, (세친,법화경논,우바제사 해설)	〃		15,000	〃	〃
17	국역	8만 대장경 분석 천태사교의	〃		15,000	〃	출간
18	〃	법화경 예규	4×6〃	189	8,000	〃	출간
19	한자풀이	지옥,극락가는 길 정토3부 경(미타삼부경)	4×6〃	360	10,000	〃	출간
20	〃	단번에 깨닫는 6조단경	4×6〃	326	10,000	〃	출간
21	우리말	묘법연화경	4x6판		20,000	〃	〃
22	국,한문,번역	법화경 예규	〃	200	8,000	〃	〃
23	동국대 영인본	세종왕조국역장경. 묘법연화경. 1권	4×6〃	781	15,000	백성욱 박사	출간
24	시.수필	빙선(氷船)에 의지하여					근간
25	동서 경전 번역	유불선,기독교,도통길라잡이					근간
26	증보	불교.초발심자경문, 외7종 유교-천자문, 외6종합 14종.	4X6	367	15,000	김진철	출간

역자소개

김진철 (법명 : 白牛. 堂號 玄空)
경주 생
소백산 입산
동국대 불교학과 졸
도서출판 법화원
법화 선원 마 하 사 창립

역서
동국대학 역경원 동참 역경
한자풀이(字解)법화삼부경. 묘법연화경 우바제사. 길장의 법화론 소. 천태사교의, 세종왕조 국역장경
묘법연화경 국역. 중용, 노자. 장자 일부. 알기쉬운 묘법연화경5가해. 등 외 다수 역출(譯出)

한자풀이 지옥,극락가는 길-정토(미타)3부경

불기 2555 신묘(2011) 7월 15일 백중 초판 발행.

| 편집 번역 | 법화선원 마하사 백우(白牛) 김진철 |
서울 동작구 동작동 329 신동아 1003호
전화 02-591-4170 HP 010-8008-4170
발행인   경기도 용인씨 수지구 고기동 158-6
법화선원 제2 도량 원장 이 정내
발행처   도서출판 법화원(法華園)
서울 동작구 동작동 329 신동아 1003호
전화 02-591-4170. HP 010-8008-4170

출판등록 2002,1,8 제15-599호   값 10,000.

지로, 국민은행   527801-01-019091.김진철

ISBN 978-89-90440-29-7

홈페이지 --법화선원 마하사